KB075248

세계 경제가 만만해지는 책

THE NEW WORLD ECONOMY

세계 경제가 만만해지는 책

새로운 세상을 이해하는 뉴노멀 경제학

랜디 찰스 에핑 지음 | 이가영 옮김

어크로스

이해받고 싶다면 경제학자는 더 일상적인 단어를 써야 한다.
(…) 정치인을 향한 말은 줄이고 대중을 향한 말은 늘려야 한다. 정치인들은 유권자의 생각, 특히 자기 지역구 유권자의 생각에나 관심이 있지 경제학자의 생각에는 티끌만큼도 관심이 없다. 그러므로 정치인에게 경제에 대해 말하는 건 시간 낭비다. 정부가 경제를 잘 아는 것처럼 행동하게 하려면, 경제를 잘 아는 유권자들을 상대하게 만드는 수밖에 없다.

_《이코노미스트》

앞으로 세상은 어떻게 변할까? 마치 '카오스 이론'에서 말하는 나비효과처럼 중국의 한 지방에서 시작된 박쥐의 날갯짓이 거대한 태풍으로 변해 세계 경제에 예상치 못한 타격을 주고 있다. 학교가 문을 닫고 공장은 폐쇄됐다. 인기에 영합하려는 정치인들이 경제와 보건에 관한 터무니없는 결정을 내리면서 상식적인 보건 정책은 뒤로 밀려났다.

문제는 정치인들이 코로나19의 대유행이나 자산 불평등, 아동 영양실조처럼 해결하기 어려운 국제 문제를 해결한답시고 벌이는 일 대부분이 탐욕스러운 자신의 정치적 야망을 이루기 위한 도구로 활용될 뿐, 그들이 돕고 싶다던 보통 사람들에게 오히려 해가 된다는 데 있다. 지난 30년 동안 여러 선진국에서 상위 1퍼센트의 소득과 자산은 천문학적으로 증가한 반면, 노동계급의 실질소득은 제자리를 맴돌았다. 그러는 동안 포퓰리즘 정치인들은 엄청난 재정 적자를 감내하면서까지 세금을 크게 낮췄다. 이론적으로는 경제 성장이 촉진되고 일자리가 생겨나야 했다. 그러나 놀랍지 않게도 뜻밖의 추가 소득을 얻은 기업들은 고용을 늘리기보다는 자사주를 매입했고, 그 혜택은 대개 부유한 주주들에게 돌아갔다. 마찬가지로 무역전쟁은 보호무역을 염원해온 소수의 기업에만 도움이 될 뿐, 무역장벽을 세워 보호하겠다던 노동자를 포함해 모든 사람에게 피해를 주는 경우가 많다.

하지만 우리가 이 상황을 바로잡을 수 있을까? 사람들은 대부분 빠르게 변하는 세계 경제가 너무나 거대하고 복잡하다고 생각해서 당황한다. 그러고는 정치인들에게 자기 일에 대한 결정 권한을 맡겨버린다. 하지만 불행히도 정치인들이 언제나 우리 대신 최선의 결정을 내려주지는 않는다. 그들은 자신들에게 좋은 일, 즉 재선 가능성을 높일 수 있는 일을 할 뿐이다.

암호화폐, 이민, 샤프파워, 무역전쟁, 일자리를 위협하는 로봇…. 지난 몇 년 동안 세계 경제의 복잡성은 폭발적으로 증가했고, 우리는 이 모든 것을 이해하라는 압박을 받고 있다. '배출권', '알고리즘 기반 인공지능', '핫머니' 같은 표현이 뉴스에 주기적으로 등장하지만, 많은 사람은 이런 단어가 정확히 무엇을 뜻하는지 모른다. 게다가 뉴스와 인터넷에서 끊임없이 접하는 공포심을 자극하는 말들은 우리를 더 혼란스럽고 불안하게 할 뿐이다.

사실 이 모든 것을 이해하는 게 불가능하지는 않다. 세계 경제의 기초는 우리가 매일 살아가는 국내 경제보다 크게 복잡하지 않다. 우리는 가전제품을 더 싼값에 사기 위해 인터넷을 검색하거나 길 건너편에 있는 더 먼 가게까지 가는 수고를 마다하지 않는다. 물건과 서비스를 사고팔기 위해 국경을 넘는 일도 이와 마찬가지다. 올바른 경제적 결정을 내리는 능력은 오늘날 세상을 사는 데 꼭 필요한 능력이 됐다. 정치인들이 공포를 자극하고 분열을 유도해 대중을 조종하기 위한 미사여구를 남발하는 세상에서, 우리는 스스로 자신의 경제적 이익을 챙겨야 한다. 이 책은 지금 세계 경제에서 일어나는 일에 대한 기초 지식을 전달하는 데서 그치지 않고 좋은 일이든 나쁜 일이든 미래에 경제적 사건이 벌어졌을 때 여러분 스스로 그 사건을 이해할 수 있도록 도와줄 것이다.

대학생이든 사업가든 환경운동가든 농부든, 책임감 있는 시민이자 소비자가 되고자 하는 사람이라면 누구나 우리가 속해 있는 경제의 기초를 알아야만 한다. 하지만 많은 사람은 경제학 공부가 일상생활과 전혀 관련 없어 보이는 복잡한 그래프와 수식을 이해해보려는 헛된 노력에 불과하다고 생각한다.

안타깝게도 오늘날 대부분의 경제학자는 간단히 설명하는 법을 모른다. 내가 예일대학교에서 들었던 첫 경제학 수업의 교수님은 어느 모로 보나 똑똑한 분이었지만, 모든 질문에 복잡한 그래프와 수식으로 답했다. 질문에 "그렇다"나 "아니다"로 간단히 답하는 모습은 본 적이 없다. "인플레이션이 뭔가요?"라고 물으면 "수식을 하나 써주죠"라고 답하고, "무역전쟁은 뭐죠?"라고 물으면 "그래프를 그려줄 테니 봐요"라고 답할 분이었다. 나는 교수님이 칠판에 쓰고 있는 복잡한 숫자와 그리스 문자를 바라보며, '경제학은 이렇게밖에 가르칠 수 없는 건가?'라고 생각했다.

　요즘 뉴스에는 경제 용어가 심심치 않게 등장한다. 하지만 쏟아지는 전문용어를 친절히 설명해주는 경우는 거의 없다. 그럼 어떻게 해야 할까? 때로는 경제 개념을 일상 경험과 연관 지어 생각하면 도움이 된다. 주가지수? 시장 가격이 어떻게 움직이는지 알기 위해 마트에서 몇몇 물건의 가격표를 들여다보는 것과 비슷하다. 차입매수? 지렛대를 떠올리자. 지렛대를 이용해 무거운 물건을 힘들이지 않고 들어 올리듯, 빌린 돈을 활용해 적은 돈으로 큰 수익을 올리는 기법이다. 관세? 수입품에 붙는 세금을 떠올리자. 다시 말해 우리는 모두 세계 경제를 이해할 수 있다. 그저 말만 단순하고 쉽게 바꾸면 될 일이다.

　팽창하는 세계 경제는 인공지능과 폭증하는 웹 기반 커뮤니케이션을 만나 불과 몇 년 전까지는 상상도 못했던 방식으로 우리 생활 속에 들어와 있다. 세계 경제의 기초를 이해하면, 우리 자신과 집단의 미래를 위해 더 나은 결정을 내릴 수 있다. 유권자가 경제에 밝아지면, 정치인들도 더 합리적인 결정을 내리게 되어, 더 변화하고 환경·사회적으로도 나은 세상이 될 것이다. 우리 모두는 상호 연결된 세계의 시민으로서, 우리의 일상을 지배하는 경제의 힘에 대해 알아야만 한다.

　이 책에는 내가 전에 쓴 책에 대한 독자 의견이 많이 반영돼 있다(여러분도 언제든 주저 말고 RCEpping@aya.yale.edu로 메일을 보내주길 바란다). 자선가, 전자상거래 전문가, 경영자, 학생 등 전 세계에서 다양한 사람들이 새로운 세계 경제를 이해하는 데 내 책이 도움이 되었다고 말해주었다.

　경제가 꼭 따분하고 지루해야 할 이유는 없다. 이 책에는 그래프도 수

식도 전혀 등장하지 않는다. 통계를 언급할 때는 의미가 쉽게 와 닿도록 언제나 실제 사례를 덧붙였다. 우리가 일상생활에서 접하는 기초 개념을 명확하고 간결하게 설명하는 것이 이 책의 목표다.

코로나19의 세계적 대유행은 자산 불평등, 온라인 학습, 21세기 의료 등 다양한 문제를 재조명하는 계기가 되고 있다. 지난 10년 동안 선거 때만 반짝 주목받았을 뿐 보이지 않는 곳에 숨어 있던 문제들이 이제는 당장 해결해야 할 문제로 떠올랐다. 여러 가지 해결책이 쏟아지는 요즘, 우리는 대공황 이후 최대 위기라 불리는 이 난제를 어떻게 이해하고 풀어나가야 할까? 세계 경제의 혼란은 어쩌면 과거에는 상상도 못했던 방법을 시도해볼 기회가 될지도 모른다.

이 책을 읽는 순서에 대해 말하자면, 세계 경제의 개념을 다룬 앞부분부터 차례로 읽는 것도 좋겠지만, 각 장을 독립적으로 읽어도 무방하다. 앞 장부터 차례로 읽어도, 뒷장부터 거꾸로 읽어도, 아무 장이나 무작위로 읽어도 괜찮으니 가장 마음에 드는 방식으로 읽으면 된다. 각 장 뒤에는 나중에 낯선 경제 용어를 만났을 때 참고할 수 있도록 용어 풀이를 실었다. 날이 갈수록 신문, 잡지, 웹사이트, 블로그, TV 프로그램은 물론이고 일상 대화에서까지 새로운 경제 용어가 점점 더 많이 쓰이고 있다. 영향력 있는 소비자, 사업가, 유권자가 되려면 새로운 '융합' 경제의 언어에 익숙해져야만 한다.

어디에 살고 있고 무슨 일을 하고 있든, 세계 경제에 참여하고자 하는 사람이라면 모두 기초를 알아야 한다. 그리고 조만간 우리 모두가 참여하게 될 것이다.

　그럼 즐거운 시간 보내시길!

CONTENTS

새로운 세계 경제를 이해하는 기초 지식

CONTENTS

일러두기

1. 원서에는 '만만한 경제 용어'가 책의 맨 뒤에 실려 있으나, 본문 내용의 이해를 돕기 위해 편집 과정에서 재배치했다. Basic은 본문에 등장하는 용어이고, More 는 본문에는 없지만 함께 알아두면 좋을 용어들이다.
2. 하단의 주석은 옮긴이주로 본문에서 ● 기호로 표기했다.

Level 1

새로운 세계 경제를
이해하는 기초 지식

뉴욕 증시를 움직이는 건 미국 경제가 아니다

#융합경제

코로나19의 세계적 유행이 대공황 이후 가장 심각한 세계 경제위기로 이어지자, 각국 지도자들은 현대 사회에 발생한 최악의 공중보건 위기를 해결하는 동시에 경제를 무너뜨리지 않을 묘책을 찾기 위해 분주해 졌다. 이들은 기존 경제학에서 이런 문제를 어떻게 해석하고 해결하는 지 묻기 위해 경제학자들을 찾았지만, 성과는 미미했다. 솔직한 경제학자라면 아마 이렇게 대꾸했을 것이다. "기존 경제학 이론은 끝났습니다! 경제학자든 아니든 미래에 어떤 일이 벌어질지, 이 위기를 어떻게 헤쳐 나갈지 누가 알겠습니까?"

　헤아릴 수 없이 많은 요인이 세계 경제에 영향을 미치는 요즘 시대에 낡은 수식과 이론으로 미래에 일어날 일을 예측하기란 점점 더 어려워지고 있다. 핵융합 과정에서 수소 원자들이 하나로 합쳐지며 엄청난 에너지를 내뿜듯, 새로운 융합 세계 경제는 이해하기 어려울 만큼 강한 에너지와 예측할 수 없는 사건을 만들어낸다.

과거 경제 환경에서는 간단한 절차를 따르면 논리적인 결론에 이를 수 있었다. 더 나은 제품을 만들거나 더 효율적으로 회사를 경영하면 생산성이 높아지고 모든 사람의 생활수준이 향상됐다. 요즘의 세계 경제는 그리 간단하지 않다. 경제 발전 과정에서 배출되는 오염물질이 지구 온난화를 가속화하는데도 개발도상국의 경제 발전이 꼭 좋기만 한 일일까? 소셜미디어 사용 시간이 길어질수록 청소년은 물론 어린아이까지 행복도가 낮아지고 고립감, 우울증, 심지어 자살 충동을 더 많이 느낀다고 한다. 그런데도 스마트폰으로 스냅챗이나 페이스북을 하며 항상 친구들과 연결된 삶이 우리를 더 행복하게 해준다고 말할 수 있을까?

카오스 이론의 관점에서 보면 세상에서 일어나는 많은 일은 본질적으로 예측하거나 제어할 수 없다. 날씨, 주가 변동, 자극을 주었을 때 뇌의 반응 같은 비선형적 사건은 너무 많은 변수의 영향을 받기 때문에 아무리 성능 좋은 컴퓨터를 쓴다 해도 한순간에 일어난 사건이 미래에 어떤 영향을 미칠지 정확히 알 수 없다. 카오스 이론을 처음으로 만든 MIT 기상학 교수 에드워드 로렌츠Edward Lorenz는 이 개념을 설명하기 위해 나비효과를 예로 들었다. 로렌츠에 따르면 아마존에서 나비의 날갯짓 같은 아주 사소한 사건이 벌어지면, 이로 인해 베이징 천안문 광장에는 거대한 태풍이 불어 닥칠 수 있다.

　21세기 경제에서는 또 다른 차원의 나비효과가 벌어진다. 21세기 경제의 원인과 결과는 한데 뒤섞여 완전히 파악할 수 없는 복잡한 그물망처럼 얽혀 있다. 그 결과는 어떨까? 최근 들어 세계 각국의 선거 결과에는 전략적으로 노출된 소셜미디어 광고가 큰 영향을 미치고 있다. 부도덕한 정치인들은 데이터 분석 회사를 고용해 선전에 가장 잘 넘어갈 만한 유권자를 찾아 집중 공략한다. 하지만 다른 사람은 물론이고 후보 본인을 포함한 정치인들조차 이런 광고가 미치는 영향을 정확히 알지 못한다.

계획대로 움직이지 않는 세계 경제

확장되는 세계 경제 속에서 인터넷의 범위는 급속도로 넓어지고 있다. 2010년대 말 현재 사물인터넷에 연결된 기기의 수는 이미 300억 개가 넘었다. 전 세계 수백만 가구에 전략적으로 배치된 아마존의 인공지능 스피커 알렉사와 애플의 시리는 우리가 하는 모든 말을 듣는다. 이들 기기와 정보는 앞으로 선량한 NGO(비정부기구)와 비양심적인 정치인들의 손에서 어떤 식으로 활용될까?

　새로운 융합경제의 예측 불가능성은 금융 투자 산업에 큰 혼란을 불러왔다. 대형 투자회사들은 컴퓨터 알고리즘을 써서 매일 수조 단위의 달러, 파운드, 유로, 엔을 세계 이곳저곳으로 옮긴다. 하지만 이런 강력한 컴퓨터를 갖춘 투자회사들조차 왜 증시가 여러 곳에서 동시에 폭락하는지 설명하지 못한다. 때로는 아무 이유 없이 눈 깜짝할 사이에 전 세계 증권 시장, 그러니까 전 세계 경제가 무너져 내리기도 한다. 2010년대 중반, 세계에서 가장 안전하고 변동이 적은 금융상품으로 분류되는 10년 만기 미국 국채 수익률이 급락하면서 전 세계 증시가 가파르게 하락했다. 이날 트레이더들은 시장이 붕괴되기 직전까지 증시가 폭락하는 광경을 지켜봐야 했다. 그날의 주가 하락 폭은 믿기 힘든 수준이었다. 이론적으로 주식시장에 이런 폭락이 올 가능성은 16억 년에 한 번밖에 되지 않는다. 이날 대체 무슨 일이 있었던 건지, 앞으로 이런 일이 일어나는 것을 막으려면 어떻게 해야 하는지 말해줄 수 있는 사람은 아무도 없다.

아르헨티나의 디폴트 선언이나 이탈리아의 정권 교체 같은 한 나라의 일은 곧바로 전 세계 증권 시장에 영향을 미친다. 한 부문에서 돈을 잃은 투자자들은 다른 부문 또는 다른 나라에 보유한 자산을 팔아 손실을 메우는 경향이 있다. 뉴욕이나 런던의 증시가 급락하면 현금이 필요해진 투자자들이 자국에서 진 빚을 갚기 위해 외국 주식을 팔면서 브라질이나 인도 같은 신흥시장의 증시가 폭락한다. 이처럼 한 나라(특히 개발도상국)의 주식시장은 그 나라 잘못도 아니고 그 나라가 손 쓸 수도 없는 일로 인해 타격을 받기도 한다.

한편 안전 자산으로 여겨지는 통화를 발행하는 나라는 경제위기 때 전혀 다른 경험을 한다. 일본 엔, 스위스 프랑, 미국 달러는 증시가 폭락하면 가격이 오른다. 전 세계 증시의 폭락과 그 이후의 경기 대침체를 불러온 2007년 미국발 금융위기 당시, 위기의 진원지가 미국임에도 불구하고 대부분의 국제 투자자가 가장 먼저 한 일은 달러를 사들이는 것이었다.

전 세계 중앙은행 가운데 3분의 1 정도가 주요 준비통화로 달러를 보유한다. 미국은 세계에서 가장 인기 있는 화폐를 지닌 덕분에 오랫동안 많은 이익을 누렸다. 미국이 전쟁 자금이나 정부 적자를 메울 돈을 외국으로부터 쉽게 빌릴 수 있는 이유도 달러가 준비통화이기 때문이다. 준비통화를 발행하는 국가의 단점은 무역수지가 적자가 될 가능성이 높다는 것이다. 통화 가치가 높아서 수출품의 가격 경쟁력이 낮기 때문이다. 이런 사정에도 불구하고 미국 대통령은 2018년부터 계속해서 무역 적자를 이유로 무역전쟁을 선포하고 있다. 준비통화를 발행해서 얻는 이익은 챙기면서, 무역전쟁을 위협 삼아 적자를 메우겠다는 입장이다.

대공황 시절 미국이 일방적으로 무역장벽을 세우자 다른 나라들도 보복성 무역장벽을 세우면서 전 세계가 혼란에 빠지는 일이 벌어졌다. IMF(국제통화기금) 총재는 미국발 무역전쟁이 같은 일을 초래하는 것을 막고자, 2018년 워싱턴에서 각국 재무장관과 함께 세계 경제위기를 방지할 방안에 대해 논의했다. 이 자리에서 당시 크리스틴 라가르드 총재는 자유무역의 이점을 되풀이해 설명하고 미국의 조치에 보호주의로 대응하지 않도록 당부하는 등 다른 국가들을 설득하려 애썼다. 또 모든 국가가 적자를 볼 수 있다면서, 심지어 중국조차 일부 국가를 상대로 적자를 보고 있다는 점을 강조했다.

새로운 융합경제는 많은 면에서 직관에 어긋난다. 새로운 세계 경제에서 혁신과 성공은 별로 중요해 보이지 않는 요인에 의해 판가름 날 것이다. 요즘 여러 학교에서는 아이들에게 기술이나 사업과는 전혀 관련 없는 능력을 길러주기 위해 노력한다. 일례로 실리콘밸리에 위치한 발도르프 페닌슐라 학교 The Waldorf School of the Peninsula에서는 화면이 있는 전자 기기를 전혀 사용하지 않는다. 주변 하이테크 기업에 근무하는 부모를 둔 학생이 대부분인데도 학교에서는 칠판, 분필, 콩 주머니, 과일 등을 활용해 실용적인 내용과 비실용적인 내용을 모두 가르친다. 학생들에게 여유를 가지고 비선형적 사고를 할 수 있는 기회를 주기 위해서인데, 컴퓨터와 스마트폰이 없는 조용하고 평화로운 분위기는 창의적 사고에 도움이 된다.

어쩌면 새로운 융합경제에서 성공은 모든 것을 통제할 수 없다는 사실을 깨닫는 데 달려 있는지도 모른다. 우리가 사는 복잡하고 상호 연관적인 세계에서는 미리 모든 것을 계획하기보다 우연과 '혼돈'에 몸을 맡기는 편이 더 유리할 수도 있다. 똑바로 난 길을 따라가는 것보다 막다른 골목과 부질없어 보이는 노력이 결국 우리를 더 멀리까지 데려다줄지도 모르는 일이다. 어찌됐든 변덕쟁이 정치인부터 경제위기, 테러까지 어지러울 정도로 급변하는 정치적·경제적 상황을 고려하면, 한 국가나 개인이 경제를 움직이는 복잡한 힘을 마음대로 조종하고 절대적 영향력을 행사할 가능성은 점점 줄어들 것이다.

Basic

개발도상국 중국, 브라질, 남아프리카공화국, 인도 등 세계 경제의 원동력이 된 스무 개 남짓한 국가를 말한다. 21세기의 첫 20년 동안 이들 국가는 미국, 프랑스, 일본 같은 '선진' 산업국가보다 더 높은 경제성장률을 유지했다. IMF와 S&P(스탠더드앤푸어스) 등 대다수 경제 조사 기관에서는 주로 다음의 국가들을 신흥시장으로 꼽는다. 브라질, 칠레, 중국, 콜롬비아, 헝가리, 인도네시아, 인도, 말레이시아, 멕시코, 페루, 필리핀, 폴란드, 러시아, 남아프리카공화국, 태국, 터키.

대공황/대침체 1929년 월스트리트 주식시장 붕괴 이후의 경기침체기를 대공황이라고 부른다. 1930년대 내내 지속된 대공황은 20세기에 발생한 경제 불황 가운데 가장 침울하고 심각한 불황이었다. 이 시기 동안 세계 GDP(국내총생산)의 15퍼센트가량이 증발했다. 반면 2008년에서 2009년 사이 대침체로 인한 세계 GDP 하락 수준은 1퍼센트 미만에 머물렀다. 대침체는 2007년 미국 부동산 시장의 붕괴 이후 시작되어 수년 동안 지속되며 전 세계 거의 모든 국가에 영향을 미쳤다.

디폴트 국가나 기업은 채권자들에게 제때 돈을 갚는 것이 불가능한 상황일 때 디폴트(채무불이행)를 선언한다. 일반적으로 디폴트를 선언한 뒤 자금난에 시달리는 기업 및 국가가 가장 먼저 하는 일은 채권과 어음의 이자 지급을 중지하는 것이다. 해결책을 찾지 못할 경우 채무 기업 또는 국가는 파산할 수밖에 없다. 디폴트를 선언하면 국가 신용등급이 크게 떨어지고 국제 투자자들로부터 돈을 빌리기가 힘들어진다.

유로 1999년 1월 1일, 유럽연합 내 11개 국가가 자국 통화를 새로운 통화인 유로화로 바꾸면서 유로가 출범했다. 이날부터 독일, 프랑스, 이탈리아, 스페인, 포르투갈, 아일랜드, 오스트리아, 핀란드, 벨기에, 룩셈부르크, 네덜란드의 국가 통화가 폐지되고 유로 지폐와 동전의 유통이 시작됐다. 2010년대 말에는 키프로스, 에스토니아, 그리스, 라트비아, 리투아니아, 몰타, 슬로바키아, 슬로베니아가 자국 통화를 포기하고 유로존에 합류했다. 코소보, 몬테네그로 등 일부 국가는 유럽연합 회원국이 아니지만 유로를 사용하기로 했다.

자산 금, 현금, 값비싼 건물 등 기업 대차대조표를 볼 때 긍정적으로 평가되는 항목으로, 부정적으로 여겨지는 '부채'의 반대 개념이다. 기업의 자산은 크게 현금 · 유가증권 등의 금융자산, 건물 · 컴퓨터 등의 고정자산, 영업권 · 특허 등의 무형자산으로 이뤄진다.

적자/적자 지출 믿기 힘들 만큼 즐거운 일. 적자 지출을 하면 버는 것보다 더 쓸 수 있다. 국제 경제의 적자는 재정 적자와 무역 적자로 나뉜다. 정부의 조세 수입보다 지출이 더 많은 경우를 재정 적자라고 말한다. 재정 적자를 메우기 위해 정부는 국채를 발행하는 등 빚을 내어 과도한 소비를 지탱한다. 심각한 경우에는 아예 돈을 더 찍어내기도 한다. 무역 적자는 수출로 버는 돈보다 수입을 하기 위해 쓰는 돈이 더 많을 때 발생한다.

주식 주식은 기업의 소유권이다. 이 소유권은 보통 '주권'이라 불리는 종이나 전자 회계상 기록으로 표시된다. 주주는 기업의 영업이익과 자산에 대한 권리를 가진다. 기업이 이익을 내면, 그 기업의 주식을 가진 사람은 누구나 그 이익을 누릴 수 있다. 이익은 보통 배당금 형태로 주주에게 배분된다. 하지만 기업이 이익을 배당하지 않고 사내에 유보할 때도 주주는 이득을 본다. 기업의 현금 보유량이 늘고 기업에 대한 긍정적 보도가 많아지면 대개 주가가 오르기 때문이다.

증권 가치를 지닌 재산에 대한 권리를 나타내는 금융상품. 증권에는 주식부터 배출권, 저축 채권까지 다양한 종류가 있다. 심지어 차용증도 증권인데, 차용증을 가진 사람에게 무언가 재산 가치가 있는 것(주로 돈)을 주겠다고 약속하는 문서이기 때문이다. 은행은 종종 모기지나 신용카드 미수금 같은 자산 여러 개를 묶어 채권이나 증권의 형태로 판매하는데, 이를 증권화라고 한다.

카오스 이론 전통적인 카오스 이론에서는 세상에서 일어나는 많은 일은 본질적으로 예측하거나 제어할 수 없다고 여긴다. 날씨나 주식 가격의 변동, 자극을 주었을 때 뇌가 보이는 반응 같은 비선형적 사건들은 너무 많은 변수의 영향을 받기 때문에 아무리 성능 좋은 컴퓨터를 쓴다 해도 한 시점에 일어난 사건이 미래에 어떤 영향을 미칠지 알 수 없다. 카오스 이론을 제창한 MIT 기상학 교수 에드워드 로렌츠에 따르면 나비효과란 아마존 나비의 날갯짓 같은 아주 사소한 사건이 베이징 천안문 광장에 거대한 태풍을 불러일으키는 것을 말한다.

통화 모든 현대 국가가 사용하는 유로, 엔, 달러, 파운드 같은 인쇄된 돈. 통화는 중앙은행과 화폐 당국에 의해 발행되며, 발행 기관에 대한 신뢰 외에 다른 담보물은 없다. 과거에는 달러 지폐를 금으로 태환할 수 있었지만, 1973년에 금태환제도가 폐기되었다. 오늘날 대다수 주요 통화의 가치는 기업과 개인이 그 돈을 얻기 위해 얼마를 지불하고자 하는지에 따라서만 결정된다.

투자 경제학자들은 경제 생산 가운데 저축이나 소비되지 않는 부분을 '투자'라고 부른다. 반면 회계사들은 기업이 공장, 건물, 설비, 자동차, 컴퓨터 등 생산에 필요한 자산을 구입하는 것을 투자라고 말한다.

More

거시경제학 큰 그림을 그리는 학문. 거시경제학은 실업, 경제 성장, 물가상승률, 정부 지출 등 경제의 종합적인 면을 연구하는 학문이다.

계량경제학 통계와 수학식을 과학적으로 이용해 경제 이론을 개발하고 검증하는 학문. 계량경제학에서는 복잡한 모델을 만들어 실생활과 유사한 상황을 시뮬레이션하고 이자율, 세금, 투자 유인책 등 다양한 경제활동 변수가 미치는 영향을 검증한다.

미시경제학 경제 참여자인 개인과 기업에 대해 연구하는 학문. 실업률이나 GDP 성장률 등에 관심을 갖는 거시경제학과 반대로, 미시경제학은 마치 현미경처럼 다양한 경제 상황에서 개인이 어떻게 행동하고 기업이 어떤 의사결정을 내리는지에 대해 살펴본다.

블랙스완 전혀 예상치 못한 사건이 세계 경제에 큰 영향을 미칠 때, 이 사건을 블랙스완이라고 부른다. 시장 폭락 같은 블랙스완 사건은 돌이켜보면 예측 가능한 일이었음에도 불구하고 사건 당시에는 모두를 놀라게 한다. 레바논계 미국 작가 나심 니콜라스 탈레브 (Nassim Nicholas Taleb)가 처음으로 주장한 블랙스완 이론은 기업과 개인이 예측 가능한 사건 외에 예측 불가능한 사건에도 주의를 기울이고 대비책을 갖추어 이익을 얻을 수 있도록 돕는다.

애덤 스미스 18세기 스코틀랜드 학자로 '현대 경제학의 아버지'로 불린다. 시장은 자유롭게 둘 때 가장 잘 작동한다고 믿었다. 그는 시장의 '보이지 않는 손'과 '분업' 등의 개념을 처음으로 제시했다. 그의 저서 《국부론》은 현대 자본주의 경제 체제의 기초가 됐다.

월스트리트/더시티/반호프슈트라세/가부토초/푸둥 증권 거래가 주로 이뤄지는 지역의 대표 거리 또는 지역명으로 금융 중심지를 부르는 경우가 많다. 런던의 대다수 은행과 거래소는 더시티에 밀집해 있다. 뉴욕의 금융 중심지는 월스트리트다. 취리히의 경우 반호프슈트라세가 금융 중심지다. 도쿄의 가부토초도 마찬가지다. 베네치아가 세계 경제의 중심이었던 중세에는 리알토 다리 근처에 은행과 환전소가 몰려 있었다. 셰익스피어의 《베니스의 상인》에 등장하는 고리대금업자 샤일록이 "자, 리알토 소식은?"이라고 묻는 이유다.

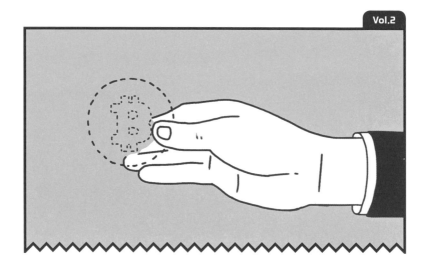

디지털 경제가 만들어낸
새로운 돈의 개념

#암호화폐와 블록체인

고대 그리스에서는 적진을 뚫고 정보를 전달하기 위해 통신병의 머리를 밀어 메시지를 문신한 뒤 머리가 다 자라면 내보내는 방법을 종종 썼다고 한다. 이 방법을 쓰면 정보를 안전하게 숨기는 동시에 누군가 중간에 메시지를 바꾸는 것을 막을 수 있다. 원시적이지만 효과적인 이 방법의 가장 큰 장점은 받는 사람이 통신병의 머리카락이 잘리지 않은 것을 보고 아무도 메시지를 보거나 바꾸지 않았다고 확신할 수 있다는 것이다.

21세기의 정보보호법은 모든 사용자의 승인을 받지 않으면 절대 바꿀 수 없는, 여러 컴퓨터 코드가 체인 형태로 연결된 시스템에 정보를 암호화하는 것이다. 블록체인이라 불리는 이 암호화 기술은 누군가 정보를 바꾸려고 하면 모든 사용자에게 이를 알림으로써 정보를 안전하게 보호한다. 블록체인 기술은 다양한 분야에 쓸 수 있다. 우리가 요리하려는 닭고기가 닭장에서부터 우리 집 프라이팬에서 요리되기까지 거쳐 온 경로를 추적하는 데 쓸 수도 있고, 연말정산 서류를 안전하게 전송하고 싶을 때도 쓸 수 있다. 블록체인 기술의 장점은 우리가 받은 정보가 조작되지 않은 정확한 정보라는 사실을 확실히 보장해준다는 데 있다.

블록체인 기술은 비트코인이라는 화폐를 암호화하고 안전하게 보관하기 위해 만들어졌다. 비트코인은 중앙은행이나 금융기관을 통하지 않고 분산 시스템에 의해 관리되는 세계 최초의 디지털 화폐다. 비트코인은 2009년 사토시 나카모토라는 가명을 쓰는 익명의 컴퓨터 개발자가 만들었다. 오픈소스 소프트웨어만 있으면 누구나 현재 누가 비트코인을 얼마나 가지고 있는지 알 수 있다. 그러나 비트코인 시스템은 가명을 허용하기 때문에 진짜 이름을 드러낼 필요가 없으므로 사실상 익명성이 보장되는 셈이다.

비트코인을 비롯한 암호화폐의 목표는 중앙 관리 기구의 통제를 받지 않고 비용이 적게 드는 개인 간 지불 시스템을 만드는 데 있다. 암호화폐는 진짜 돈이 아니라고 생각하는 사람도 있지만, 인간은 예부터 조가비, 구슬, 종이처럼 아무런 내재가치 없는 물건을 돈으로 여기며 쓰는 데 익숙하다. 디즈니 만화에 나오는 스크루지 영감이라면 금화 더미 속을 헤엄이라도 치겠지만, 사실 밖에 나가서 쓰지 않는 한 금화가 아무리 많아도 그것 자체로 할 수 있는 일은 없다.

화폐가 의미하는 것

돈이란 무엇일까? 속설과 달리 세상을 움직이는 것은 돈이 아니다. 세계 경제는 돈이 아닌 물건과 서비스의 거래에 의해 움직인다. 그저 돈이 없으면 거래가 무척 불편할 뿐이다. 돈이 없다면 프랑스에 복숭아를 보낸 뒤 그 대가인 치즈가 실린 배가 도착하기를 기다려야 할지도 모른다. 게다가 받은 치즈 중 일부를 더 오래가는 물건으로 바꿔서 보관하고 싶을 땐 어떻게 해야 할까? 치즈를 금고에 넣어둘 수는 없는 일이다. 아니, 그 전에 복숭아 한 상자가 치즈 몇 덩이에 해당하는지는 어떻게 정할까?

이런 문제는 무언가 가치를 표시하는 물건을 만들면 해결할 수 있다. 종이쪼가리든 금붙이든 비트코인 지갑에 표시된 숫자든 모든 돈의 역할은 세 가지다. 첫째, 교환을 매개해 우리가 물건이나 서비스를 국내외 시장에 팔 수 있게 해준다. 둘째, 기업과 개인이 가치를 저장해 미래에 쓸 수 있게 해준다. 셋째, 회계 단위로 기능해 널리 인정되는 기준을 제시함으로써 어떤 물건의 가치가 얼마나 되는지 알려준다.

과거 태평양의 일부 섬에서는 커다란 바위를 돈으로 썼다. 가령 야프섬에서는 바닷길로 약 450킬로미터 떨어진 팔라우섬에서 채석한 바위가 돈이었다. 큰 바위를 야프섬까지 옮기기가 어려웠기 때문에 야프섬에서 돈으로 쓰이는 바위의 수는 제한돼 있었다. 덕분에 화폐가 지나치게 공급되는 일이 없이 섬 내 물건과 서비스의 가격을 일정하게 유지할 수 있었다.

야프섬의 바위는 거래할 때마다 현금처럼 다른 사람에게로 넘어가는 것이 아니라, 중립적 공간에 그대로 남아 있다는 면에서 현대의 암호화폐와 꼭 닮았다. 어떤 바위의 소유권이 누구에게 있는지는 대개 입소문을 통해 주민 전체에게 알려졌다. 예를 들어 누군가 바위의 소유권을 넘겨주고 새로 만든 배를 사면, 이제 바닷가 왼쪽 끝에 있는 바위의 주인이 배를 판 사람이라는 소문이 퍼졌다.

암호화폐 거래도 비슷한 방식으로 이뤄진다. 별도로 발행되는 희귀한 비트코인 실물을 사들이지 않는 한, 비트코인 소지자는 절대 비트코인을 손에 쥘 수 없다. 그가 비트코인의 소유자라는 증거는 블록체인으로 암호화된 정보 저장소에 남아 있는 기록뿐이다.

비트코인 소지자가 무언가를 사면 시스템은 이 거래를 반영해 업데이트된다. 거래는 사는 사람의 비트코인 지갑과 파는 사람의 비트코인 지갑 사이에서 이뤄지지만, 이 소유권 변동은 모두가 보고 검증할 수 있도록 블록체인에 기록된다. 한 번 검증된 거래는 철회할 수 없다.

암호화폐 거래가 매력적인 이유 중 하나는 은행이나 금융기관을 거칠 필요가 없으므로 현금이나 금을 쓸 때와 마찬가지로 신원을 완벽하게 감출 수 있다는 것이다. 많은 국가가 암호화폐를 금지하려는 이유도 암호화폐가 마약이나 훔친 총 같은 불법 상품을 거래하는 데 쓰일 것을 우려해서다. 하지만 지금도 현금을 쓰면 불법 상품을 익명으로 구입할 수 있는데, 암호화폐를 쓴다고 해서 더 나쁠 게 있을까? 모든 사용자에게 실명을 쓰도록 하는 암호화폐를 만들면 오히려 이 문제에 대한 해결책이 될 수도 있다. 암호화폐 거래는 모든 사용자에게 공개되어 검증을 받아야 하므로 자금세탁이나 탈세 같은 범죄를 막는 이상적인 수단으로 쓰일 수 있을 것이다.

내재가치가 없는 화폐를 살 생각이 없다면서 암호화폐를 사용하지 않는 사람이 많지만, 사실 암호화폐는 문명이 시작된 이래로 오랫동안 사용돼온 동전이나 지폐와 별반 다르지 않다. 1973년 금본위제가 폐지되고 스미스소니언 협정에 의한 고정환율제도가 무너지면서 대다수 주요 통화는 외환시장에 따라 환율이 변하는 변동환율제도를 따르게 됐다. 현재 주요 통화의 가치는 사람들이 그 화폐를 소유하기 위해 지불하고자 하는 금액이 얼마인지에 따라서만 결정된다. 이제 화폐는 유럽중앙은행이나 일본은행 같은 통화 발행 기관이 특정 통화의 가치가 하락할 정도로 과도한 양의 화폐를 발행하지 않을 것이라는 신뢰에 기초한 시스템일 뿐이다.

주요국 정부에 의해 관리되는 이 법정 통화 시스템도 언제나 안정적인 것은 아니다. 통화 가치는 크게 널뛰고, 짐바브웨나 베네수엘라 사례에서 보듯 종종 휴지 조각이 되기도 한다. 이런 면에서 현재의 화폐 시스템이 암호화폐 시스템보다 더 낫다고 말하기는 어렵다. 실제로 비트코인을 비롯한 많은 암호화폐는 미래 '통화 공급량'에 제한을 두고 있는데, 이는 어떤 법정 통화도 하지 못한 일이다. 2008년부터 2009년 초까지 작성된 현재의 비트코인 프로토콜은 장기 안정성을 확보하기 위해 유통할 수 있는 비트코인의 총 공급량을 2100만 개로 제한했다. 현재 추세대로라면 2040년이면 비트코인 채굴이 완료될 것으로 보인다.

비트코인은 어떻게 만들어질까

암호화폐는 어떻게 생성될까? 비트코인을 비롯한 많은 암호화폐는 채굴자에 의해 채굴된 후 유통된다. 채굴자들은 복잡한 컴퓨터 계산을 하고, 그 대가로 비트코인을 받는다. 비트코인 시스템은 비트코인이라는 당근을 이용해 대형 컴퓨터를 소유한 개인과 기업에 시스템 유지를 맡긴다. 채굴자들은 새로운 거래 명세를 기록하고 아직 승인되지 않은 거래의 진정성을 검증해 이를 후보 블록block candidate 형식으로 작성한다. 자신이 작성한 후보 블록이 다른 사용자들의 검증을 받아 새로운 블록으로 승인되면 보상으로 비트코인을 받을 수 있다.

사실 자선사업 하듯 누구에게나 비트코인을 나눠줄 수도 있었을 것이다. 하지만 비트코인을 만든 이는 거래 횟수가 늘어날수록 시스템 운영비용이 기하급수적으로 증가할 것이라고 예상했다. 그래서 시스템 운영에 필요한 일을 하는 사람에게만 새로운 비트코인을 제공하기로 한 것이다.

비트코인은 누구나 채굴할 수 있다. 처음에는 주로 개인이 비트코인을 채굴했다. 하지만 2010년대 말이 되자 계산이 복잡해지면서 엄청나게 성능 좋은 컴퓨터가 필요해졌고, 결국 거대 컨소시엄이나 기업만 새로운 비트코인을 채굴할 수 있게 됐다. 현재 대형 서버 팜server farm들이 비트코인을 채굴하는 데 소모하는 에너지는 아일랜드 전체의 에너지 소비량에 맞먹는다고 한다. 더군다나 성능 좋은 컴퓨터가 채굴에 뛰어들면서, 비트코인 공급량을 제한할 목적으로 채굴에 필요한 계산이 점점 더 복잡해지고 있기 때문에 전력 소비는 더 늘어날 것으로 보인다.

비트코인 채굴 업체들은 컴퓨터 냉각 비용을 줄이고자 아이슬란드처럼 추운 곳이나 미국 워싱턴주 동부처럼 수력발전소가 있는 곳에서 주로 작업한다. 정부 정책으로 인해 전기세가 비정상적으로 낮은 중국에도 많은 채굴 업체가 있다. 이들은 이산화탄소를 내뿜는 석탄으로 만든 에너지를 채굴에 사용한다. 비트코인이 다른 주요 통화들과 어깨를 나란히 하려면 비트코인 채굴에 따르는 환경오염을 막을 장기적 해결책이 나와야 할 것이다.

암호화폐가 해결해야 할 일

한순간에 익명의 인물에게 옮겨질 수 있는 암호화폐의 형태로 많은 재산을 소유하는 것은 위험 부담이 클 수밖에 없다. 2010년대 말 암호화폐 백만장자를 납치해 암호화폐를 넘기라고 요구하는 범죄가 여러 건 일어났다. 사건은 수백만 달러에 달하는 몸값을 납치범들의 암호화된 계좌에 직접 송금하는 것으로 마무리됐지만, 납치범을 전혀 추적할 수 없었다. 2019년에는 바이낸스Binance라는 암호화폐 거래소가 4000만 달러에 달하는 암호화폐를 도난당하기도 했다. 가게의 신용카드 단말기를 해킹해 손님의 신용카드 정보를 빼돌리는 것과 비슷한 수법으로 거래소 이용자 중 일부의 '개인 키'를 빼돌린 것이다.

비트코인이 널리 사용되기 위해 극복해야 할 또 다른 문제점은 시간이 흐를수록 거래비용과 거래를 처리하는 데 걸리는 시간이 점점 늘어난다는 것이다. 신용카드 소액결제에 대해 판매자가 지불하는 수수료는 평균 2~3퍼센트 수준이다. 수수료 면에서 비트코인은 점점 신용카드에 비해 경쟁력을 잃고 있다. 현재 이런 문제가 없는 저렴하고 신속한 미래 거래 수단을 만드는 것을 목표로 여러 최신 암호화폐가 개발 중이다.

일례로 2019년 페이스북은 유로, 미국 달러, 영국 파운드 등 이미 통용 중인 주요 법정 통화로 구성된 통화 바스켓에 가격이 연동되는 새로운 형태의 화폐, '리브라 Libra'를 만들겠다고 발표했다. 이용자들이 페이스북이 운영하는 플랫폼인 왓츠앱, 인스타그램, 메신저 등에서 리브라라는 새로운 '돈'을 안전하고 편리하게 주고받을 수 있게 하는 것이 목표다.

마지막으로 짚고 넘어갈 문제점은 암호화폐의 높은 변동성이다. 2010년대에 비트코인 가격은 금이나 S&P500, 그리고 달러에 비해 몇 배나 높은 변동성을 보였다. 위험을 즐기는 투자자가 아닌 이상, 아직은 주식, 채권, 부동산 같은 전통적인 투자수단을 택하는 것이 더 나은 선택으로 보인다. 사실 높은 변동성은 암호화폐가 널리 받아들여지기 위해 넘어야 할 가장 큰 장애물 중 하나다.

Basic

금본위제 과거에는 통화의 가치가 금처럼 가치 있는 다른 재화에 연동돼 있었으며, 통화와 금 등의 교환 비율은 정부에 의해 정해졌다. 미국을 예로 들면, 1973년 이전까지는 미국 달러를 정해진 비율로 금과 바꿀 수 있었다. 금본위제는 화폐의 최소 가치를 보장하기 위해 도입됐지만, 현재 대부분의 통화는 시장에 의해 통화 가치가 결정되는 변동환율제를 채택하고 있다.

법정 통화 통화를 발행한 정부에 대한 대중의 신뢰를 기초로 기능하는 통화. 세계 경제에서 주로 통용되는 통화는 대부분 법정 통화다. 달러, 엔, 유로의 가치를 보증하는 것은 이들을 발행한 정부 은행에 대한 신뢰뿐이다. 금이나 은 같은 물리적 재화가 그대로 돈으로 쓰이는 경우 '실물화폐'라고 부른다.

변동성 시간에 따라 가격이 변하는 정도를 '(가격)변동성'이라고 한다. 예를 들어 가격이 자주 변하는 주식은 변동성이 크다고 말한다. 변동성은 변화의 빈도와 크기를 모두 반영한다. 대부분의 투자자들은 변동성을 좋아하지 않기 때문에, 변동성은 주식이나 채권처럼 가격이 변하는 자산의 가격에 큰 영향을 미친다.

블록체인 우리가 받은 정보가 중간에 조작되지 않은 정확한 정보임을 확신할 수 있게 해주는 암호화 기술. 블록체인 기술은 다양한 분야에 적용할 수 있다. 비트코인 같은 암호화폐에도 쓰이지만, 닭고기가 닭장에서 우리 집 프라이팬 위에 도달하기까지 거쳐 온 경로를 추적하는 용도로도 쓸 수 있다. 블록체인 기술의 장점은 한 번 기록된 암호화된 정보를 바꾸기가 거의 불가능하다는 것이다.

암호화폐 암호화폐는 비트코인이나 이더리움 같은 디지털 자산으로, 다른 화폐와 같은 기능을 한다. 암호화폐는 교환의 매개이자 가치 저장 수단으로 쓸 수 있다. 대부분의 암호화폐는 거래의 진실성을 검증하기 위한 블록체인 암호화 기술과, 추가 발행을 제한하기 위한 기술을 쓰고 있다. 암호화폐 소유자가 상품이나 서비스 등을 구매하면 구매자에게서 판매자에게로 암호화폐가 이전되는데, 이 거래를 반영해 전체 시스템이 업데이트된다. 일반적으로 암호화폐 거래는 검증이 완료되고 나면 무를 수 없다.

채권 가장 진화한 형태의 차용증. 채권은 '채무자 갑이 채권 소유자 을에게 미래에 특정 금액을 지급할 것을 약속한다'라는 의미의 종이다. 원래 채권에는 정기적으로 이자를 지급받을 권리를 나타내는 '이표(coupon)'라는 작은 쪽지가 붙어 있었다. 이제 채권은 국제 시장에서 전자로 거래되지만, 정기적으로 지급되는 이자에 대해서는 여전히 '이표 이자율'이라는 표현을 쓴다.

환율 국제 시장에서 화폐 가치는 환율에 따라 결정된다. 화폐 가치는 다른 화폐와의 비교를 통해서만 정해지므로, 환율은 그 순간에 화폐 가치가 얼마인지를 알려주는 셈이다. 가령 환율은 1노르웨이 크로나의 가치가 유로나 달러, 엔으로는 얼마인지 알려준다. 환율은 다른 통화의 가치를 반영해 끊임없이 재조정된다.

More

유로달러 eurodollar. 미국 외 국가의 은행에 예치된 달러를 말한다. 꼭 유럽만이 아니라 발행국이 아닌 다른 국가에 있는 통화는 모두 '유로'라는 말을 붙여 부른다. 예를 들어 싱가포르에 있는 일본 엔화는 '유로엔', 캐나다에 있는 영국 파운드화는 '유로파운드'다. 그렇다면 유럽연합 외 국가에 있는 유로화는 뭐라고 부를까? 당연히 '유로유로'라고 부른다.

평가절하/평가절상 통화 가치를 올리고 내리는 결정은 가벼운 일이 아니다. 정부는 공개 시장 조작을 통해 국제 시장 내 자국 통화의 가치를 조절한다. 하지만 투기 세력과 국제 투자자들이 가치가 낮다고 생각해 그 통화를 대량으로 팔기 시작하면 정부는 어쩔 수 없이 자국 통화의 가치가 절하되어 새로운 안정적 환율에 도달할 때까지 지켜볼 수밖에 없다. 과거 아르헨티나, 중국, 터키, 태국 등 많은 나라가 평가절하를 경험했다.

플라자 합의 Plaza Accord. 1985년 9월 22일, 뉴욕 플라자호텔에서 참가국이 공동으로 외환시장에 개입해 (특히 독일 마르크와 일본 엔화에 대한) 달러 가치를 평가절하하기로 하는 합의가 맺어졌다. 합의의 목적은 세계 시장에서 미국 제조업과 농업의 경쟁력을 높이는 데 있었다. 프랑스, 서독, 일본, 미국, 영국의 5개국이 참여했다.

한 나라의 경제위기는
어떻게 전 세계로 확산될까

#경기침체의 전염

전염병이 국경을 넘어 세계로 퍼지듯, 때론 한 나라의 경제위기가 다른 나라 경제에 재앙을 불러오기도 한다. 가령 1930년대의 세계 대공황은 수백만 명의 직업을 빼앗고 수많은 회사와 농장의 파산을 불러온 미국의 금융위기로부터 시작됐다. 1929년 미국 증권시장이 붕괴하자, 연방준비제도는 통화 공급을 제한했다. 그러자 경기는 더 침체됐고 실업과 파산이 줄을 이었다. 자금 조달이 어려워진 미국 은행들은 외국에 빌려준 대출금의 상환을 독촉했고, 그러자 독일과 아르헨티나 같은 채무국 은행이 연달아 무너졌다.

 그 후 미국 정부는 미국 기업과 농민을 보호할 목적으로 스무트-홀리 관세법을 시행해 수입품에 대한 관세를 높이고 수입량을 제한했다. 하지만 다른 국가들이 이에 맞서 즉시 관세를 올리면서, 한 나라의 경기 침체와 고립주의가 다른 나라에 더 심한 경기침체와 고립주의를 불러오는 악순환을 일으켜 결국 세계 대공황이 발생했다. 실업률은 유례없이 치솟았고 독일, 영국, 미국에서는 25퍼센트를 넘어섰다. 이런 경제 상황은 독일에서 파시즘이 득세하는 데 큰 역할을 했다. 경제가 무너지고 심각한 인플레이션이 발생하면서 독일에서는 히틀러가 이끄는 나치당이 권력을 차지했다.

최악의 경제위기

2000년대 후반의 세계 경기침체는 1930년대 대공황과 마찬가지로 미국에서, 이번에는 부동산 시장이 붕괴하면서 시작됐다. 당시 금융시장은 정부와 중앙은행이 전례 없는 수준의 개입을 해야 할 정도로 심하게 폭락했다. 불안정한 단기 대출금을 기초자산으로 하는 미국의 서브프라임(비우량) 모기지 상품에 투자했던 세계 각지의 은행이 파산했고, 대규모 세계 경제위기가 닥칠 것이 확실해졌다. 경제위기가 예고되자 몇몇 국가에서는 증시가 반 이하로 주저앉았다.

미국 연방준비제도와 잉글랜드은행, 유럽중앙은행, 일본은행 등 각국 중앙은행의 협력으로 얼마간 사태는 안정 국면에 접어들었다. 하지만 그 뒤 아이슬란드, 그리스 등의 국가마저 파산하자, 2008년 경제위기의 여파가 수년 동안 지속될 것이 분명해졌다.

2008년, 미국의 연방준비제도를 포함한 각국 중앙은행은 미래 경제위기를 심화시키지 않는 선에서 당면한 문제를 해결할 방법을 찾아야만 했다. 일부의 주장에 따르면 이번 금융위기는 2000년 닷컴 거품* 붕괴 당시 연방준비제도가 지나치게 유동성을 늘리고 금리를 낮추어 주택 시장의 거품을 키운 결과였다. 물론 아시아의 신흥국과 독일 등 수출 중심 국가의 '과잉저축'으로 주택 자금 대출의 문턱이 낮아지면서 더블린, 마드리드, 샌프란시스코의 주택 시장이 과열되어 2008년 경제위기를 불러왔다는 의견도 있다.

일부에서는 미국의 은행과 모기지 회사에 책임이 있다고 말한다. 은행과 모기지 회사는 원래 대출을 받을 수 없는 신용등급이 낮은 사람들에게 주택 자금을 빌려줌으로써 막대한 이득을 낼 방법을 찾아냈고, 덕분에 신용등급이 낮은 사람도 이자를 조금만 더 내면 대출을 받아 집을 살 수 있었다. 더군다나 이들이 받은 대출은 대부분 시장 상황에 따라 금리가 오르내리는 변동금리 조건이었다. 이 서브프라임 모기지 시장의 규모가 커진 것은 은행과 모기지 회사가 서브프라임 모기지 대출 여러 개를 한데 모아 이를 기초로 채권(주택저당증권)을 발행해 전 세계 투자

• 1995~2000년 사이 인터넷 관련 산업이 성장하면서 산업 국가의 주식시장에서 지분 금액이 급격하게 오른 현상.

자(주로 현금이 많은 은행 및 금융회사)에게 판매하기 시작하면서부터였다. 2007년 한 해 동안 수천억 달러에 달하는 주택저당증권(MBS)이 거래되었다. 서브프라임 모기지 채권 시장의 규모가 세계에서 가장 큰 채권 시장인 미국 국채 시장을 넘어선 것이다.

원래 사람들은 서로 다른 지역의 모기지 수천 개를 하나로 모으면, 그 집단의 모든 대출금이 동시에 미납될 가능성은 거의 없다고 믿었다. 주택저당증권을 발행하는 은행으로부터 엄청난 돈을 받는 신용평가기관들은 미국의 주택 시장은 다양해서 모든 곳에서 동시에 부동산 가격이 하락하는 일은 벌어질 수 없다는 가정에 기초해 주택저당증권의 위험성을 평가했다. 하지만 일어나지 않을 것으로 생각한 일이 실제로 일어났고, 모기지 수백만 개의 가치는 휴지 조각이 되었다. 런던부터 도쿄까지 전 세계 은행과 투자 회사가 세계 경제가 제대로 기능하는 데 필요한 만큼의 현금을 내놓지 못하게 되면서 미국의 신용위기는 전 세계로 퍼졌다. 각국 정부와 중앙은행은 서둘러 급한 불을 끌 방법을 찾아야 했다.

경제를 조절하는 두 개의 도구

미국 연방준비제도를 비롯한 각국의 중앙은행은 전통적으로 금리와 **통화량**을 이용해 경제성장률을 조절해왔다. 중요한 것은 이 두 도구의 사용 방법이다. 엔진의 속도가 연료 공급량에 따라 결정되듯, 한 나라의 경

제는 통화량과 그에 따라 정해지는 금리의 영향을 받는다. 중앙은행은
자국의 통화량을 조절한다. 영국의 잉글랜드은행, 스위스의 스위스중앙
은행, 미국의 연방준비제도, 유로존 국가의 유럽중앙은행(프랑크푸르트
소재), 일본의 일본은행은 모두 중앙은행이다. 중앙은행은 정부에 의해
설립된 준공공기관이지만, 변덕스러운 정치인의 과도한 입김을 피해 경
제를 안정적으로 유지하기 위한 독립성을 보장받는다.

언론은 GDP 성장률이나 실업률 같은 거시경제지표가 새로 발표될
때마다 특정 지표에 관심을 모으지만, 사실 한 가지 지표만 보고 경제 성
장 속도나 인플레이션 발생 가능성을 예측할 수는 없다. 더군다나 경제
가 중앙은행이 발표한 통화 정책에 얼마나 빠르게 반응할지도 알 수 없
는 일이다. 중앙은행이 통화량을 너무 늘려 경제 성장 속도가 지나치게
빨라지면, 거품이 생기고 심각한 인플레이션이 올 수 있다. 하지만 경제
성장 속도를 너무 느리게 조절하면 경기가 침체되어 금융위기와 실업을
유발한다. 경기 불황과 인플레이션이 동시에 발생하는 경우에는 스태그
플레이션이라 불리는 최악의 상황이 벌어지기도 한다.

그러므로 중앙은행은 선견지명을 가지고 물가상승률과 실업에 세심
한 주의를 기울여야 한다. 인플레이션은 대개 경기 과열의 결과로 나타
나며, 높은 실업률은 대개 경기침체의 결과로 나타나기 때문이다. 21세
기 들어 국경을 넘나드는 국제 자금의 양이 여러 국가의 통화량을 넘어
서면서, 한 나라 중앙은행의 화폐 정책이 세계 경제에 미칠 영향은 물론
이고 그 나라 경제에 미칠 영향조차 정확히 알기 힘들어졌다.

2010년대 들어 초저금리가 지속되자 일부에서는 다른 경제 성장 조절 방식이 필요하다는 주장이 나왔다. 중앙은행이 금리를 올리고 내려 통화량을 조절하는 '통화 정책' 대신, 중앙은행의 개입 없이 정부 스스로 대량의 돈을 찍어내 통화량을 늘리는 '재정 정책'을 쓰자는 주장이다. 경제성장률을 높이기 위해 정부가 통화를 발행해야 한다는 이 주장을 흔히 현대화폐이론(MMT)이라고 부른다. 하지만 현대화폐이론의 문제는 예상치 못한 인플레이션이 발생할 수 있다는 것이다. 미국 등 일부 국가의 정부가 발행하는 화폐는 언제든 전 세계 투자 수요에 의해 흡수될 수 있으므로 그럴 위험이 없다고 치더라도, 다른 많은 나라의 정부가 막대한 재정 적자를 메우기 위해 현대화폐이론을 악용한다면, 중앙은행이 마련해둔 재정 건전성 지침이 약화될 위험이 있다.

경제위기는 의외의 곳에서 해결된다

대공황은 한 나라의 경제위기가 세계 경제위기로 확산되는 과정을 뚜렷이 보여주는 하나의 사례일 뿐, 사실 세계 경제위기는 각국의 경제가 서로 연결되기 시작한 19세기부터 꾸준히 있어왔다. 가끔 전쟁, 기후 변화, 정치 변동이 금융시장의 무릎을 꿇릴 때도 있지만, 가장 흔한 금융위기의 원인은 반복되는 과잉생산, 투기, 유포리아 euphoria•에 있다. 일단 금융위기가 발생하면 주식시장 붕괴와 공장 폐쇄, 대규모 인원 감축이 이어지는 경우가 많다.

금융위기는 근본적인 문제와는 전혀 상관없는 이유로 발생하기도 하고 해결되기도 한다. 예를 들어 미국에서 남북전쟁이 발발하면서 시작된 지나친 물가 하락은 남아프리카의 금 생산량이 늘어나 세계 경제가 활력을 되찾으면서 해결되었다. 일반적으로 대공황 이후 침체돼 있던 미국 산업이 되살아난 이유는 1939년에 시작된 2차 세계대전에 있다고 여겨진다. 2차 세계대전은 1941년 미국이 참전 선언을 하기 훨씬 전부터 미국 경제에 영향을 미쳤으며 대공황을 끝내는 데 기여했다. 또 1970년대에는 중동 산유국들이 원유 가격을 높이기 위해 시행한 원유 수출 제한 조치가 직접적 원인이 되어 전 세계의 거의 모든 산업국가가 경기침체를 겪기도 했다.

1987년 블랙 먼데이, 2000년 닷컴 거품 붕괴, 2001년 9·11테러에 이은 주식시장 폭락 등 비교적 최근에 발생한 금융위기를 악화시켜 전 세계 시장에 커다란 영향을 미치게 한 경제적·사회적·정치적 힘은 대부분 한 나라가 통제할 수 있는 수준을 훨씬 넘어선 것이었다.

● 주가가 계속 상승하리라고 믿는 과하게 낙관적인 심리.

Basic

거품(버블) '시장 거품' 또는 경제 거품은 주식을 비롯한 자산의 가격이 심하게 고평가된 상태를 말한다. 경제 거품은 시장 경제가 시작된 이래 계속 발생해왔다. 17세기에 황금기를 누린 네덜란드에서는 튤립 거품이 형성됐고, 1990년대 후반 미국에는 닷컴 거품이 일었다. 1929년의 미국 주식시장 거품은 1930년대에 대공황을 일으킨 한 원인으로 지목된다. 21세기 초에는 미국과 일부 국가의 주택 시장에 거품이 형성됐고, 이는 곧 부동산 가격의 폭락으로 이어졌다. 특히 주택 시장 거품이 터지면서 서브프라임 모기지 사태가 발생해 피해가 커졌다.

경기침체 경기 하강 국면이 오래 지속되는 것을 말한다. 보통 경제가 2분기 연속으로 성장을 멈추면 경기침체가 '공식화'된다. 경제가 침체 국면으로 향한다는 판단이 들면, 중앙은행은 보통 소비와 기업 투자를 장려하기 위해 이자율을 낮춘다. 대개의 경우 효과가 나타나, 경제 성장이 다시 시작되고 실업률이 낮아진다. 불행히도 항상 이런 것은 아니다. 일본의 경우 21세기 초에 이자율을 0으로 낮췄지만, 경기침체를 벗어나지 못했다.

물가상승률 물가가 얼마나 변했는지를 퍼센트 단위로 보여주는 지표. 연 단위로 측정하면 물가가 짧은 기간 동안 갑자기 올랐는지, 서서히 올랐는지 파악하기 어렵다는 단점은 있지만, 주로 1년 단위로 측정한다. 1970년대 이래 물가상승률은 중앙은행의 가장 큰 관심사로 자리 잡았다. 지나친 물가 상승을 피하면서 경기를 부양하는 것이 중앙은행의 목표지만, 언제나 생각대로 되지는 않는다. 대다수 국가는 소비자물가지수를 기초로 물가상승률을 계산한다.

불황 2~3분기 이상 연속으로 경기가 둔화되는 것을 불황이라고 한다. 불황의 특징은 생산과 수요의 급격한 감소다. 그 결과 주가가 하락하고 기업이 도산하며, 실업률은 높아진다. 정부는 불황을 막기 위해 정부 지출과 화폐 공급을 늘리는 등의 경기 부양책을 사용한다.

수요 수요는 경제의 중요한 한 축으로 주로 소비와 관련이 있다. 수요곡선은 주어진 물가 수준에서 소비자 또는 기업이 얼마나 소비할지를 알려주는 곡선이다. 경제학자들은 수요 - 공급 곡선을 사용해 공급자들이 가격을 올리면 소비자가 구매를 줄여 수요가 적어지는 현상을 설명한다. 반대로 가격이 내려가면 수요는 증가한다.

스무트 - 홀리 관세법 Smoot-Hawley Tariff Act. 1930년에 제정된 스무트 - 홀리 관세법은 미국으로 수입되는 수천 가지 제품에 높은 관세를 부과했다. 미국 제품의 생산을 장려해 경제를 활성화하는 것이 목표였지만, 결과는 예상과 달랐다. 보복으로 다른 나라들도 관세를 올리면서, 미국의 수출은 급락했고 이는 실업으로 이어졌으며 불황은 훨씬 더 심해졌다.

스태그플레이션 인플레이션과 경기침체가 동시에 발생한 상황. 스태그플레이션은 물가 상승률은 높은데 경제성장률은 낮은 상황을 말한다. 인플레이션은 대개 경기침체기가 아닌 과열기에 나타나기 때문에 스태그플레이션이 발생하는 경우는 매우 드물다. 물가 상승 압박이 너무 거세서 경기 하강조차 널뛰는 가격을 통제하지 못하는 상황인 스태그플레이션은, 중앙은행에게 최악의 시나리오라 할 수 있다.

실업률 국가가 가장 유심히 관리하는 경제 통계 중 하나가 실업률이다. 실업률은 정치인과 경제학자에게 경제가 얼마나 잘 작동하고 있는지, 경제를 어떻게 관리해야 하는지를 알려준다. 실업률이 너무 높아지면 경기를 부양해야 하고, 너무 낮아지면 과열된 경기를 식혀 인플레이션이 심해지지 않도록 해야 한다. 어느 정도의 실업률은 경제에 좋은 것으로 여겨진다. 경제가 매끄럽게 돌아가려면 일을 찾는 사람이 필요하기 때문이다.

연방준비제도 미국의 중앙은행인 연방준비제도는 통화 공급량을 조절하고 은행 시스템을 규제하며 은행이 어려운 시기에 기댈 수 있는 최후의 대출 기관 역할을 한다. 연방준비제도는 독립 기관으로 의회에 정례 보고를 하는 것 외에는 누구에게도 보고 의무가 없다. 연방준비제도 이사회는 미국 대통령이 임명한 일곱 명의 이사로 구성된다.

유동성 거래에서 말하는 유동성은 자산이 쉽게 거래된다는 의미다. 가령 유동성 자산은 충분한 구매자와 판매자가 있어 꾸준히 거래가 이뤄지는 자산을 말한다. 재무에서 말하는 유동성은 기업이 가진 현금이 채무를 상환하기에 충분하다는 뜻이다.

유럽중앙은행(ECB) 독일 프랑크푸르트에 위치한 유럽중앙은행은 1990년대 말 유로의 탄생과 함께 설립되었다. 유럽중앙은행은 유로를 사용하는 국가의 경제 및 통화 정책을 감독하는 기능을 한다. 과거 독일 '분데스방크'와 프랑스의 '프랑스은행' 같은 각국 중앙은행이 하던 역할을 이제는 대부분 유럽중앙은행이 대신하고 있다. 금리와 통화 정책을 통합하지 않고 나라마다 독립적인 경제 정책을 세울 경우 새로운 공동 화폐인 유로가 성공할 확률이 희박하기 때문이었다. 유럽중앙은행 총재는 유로존 국가들에 의해 8년 임기로 선임된다.

재정 적자 정부 수입(주로 세금)보다 정부 지출이 더 많을 때, 그 국가는 재정 적자 상태에 있다고 말한다. 개인이 버는 돈보다 쓰는 돈이 많아지면 돈을 빌리듯, 재정 적자가 나면 정부도 돈을 빌려 이 적자를 메워야 한다. 미국처럼 신용등급이 높은 나라는 그 나라 국채를 사들여 소비를 지탱해주는 국내 및 국외 투자자들이 있는 한, 사실상 제한 없이 계속 적자 운영을 할 수 있다.

재정 정책 각국 중앙은행이 결정권을 갖는 통화 정책과 달리, 재정 정책은 각국 정부가 결정한다. 재정 정책은 정부가 세금을 얼마나 걷을지, 지출을 얼마나 할지, 돈을 얼마나 빌릴지를 결정하는 정책이다.

주택저당증권(MBS) 모기지 상환액을 기초자산으로 삼아 발행하는 증권. 은행과 금융회사는 미래에 들어올 모기지 상환액을 그냥 두지 않고 증권으로 만들어 다른 투자자들에게 판다. 이렇게 하면 은행과 금융회사는 돈을 미리 받을 수 있을 뿐 아니라, 모기지 대출자들이 파산할까 봐 걱정하지 않아도 된다. 문제는 모기지 대출금을 갚지 못하는 사람이 늘어날 경우, 투자자들이 가진 주택저당증권이 휴지 조각이 되어버린다는 것이다.

통화 정책 재정 정책은 조세나 정부 지출 등을 조절하는 것으로 정부가 정하지만, 통화 정책은 미국 연방준비제도, 유럽중앙은행, 한국은행 등 각국 중앙은행이 정한다. 중앙은행은 통화량과 이자율을 조절해 경제성장률과 물가상승률에 상당한 영향을 미칠 수 있다.

통화량 한 나라의 통화량은 현금부터 당좌 및 저축 예금 계좌 잔액까지 여러 종류로 이뤄져 있다. 언론에서는 'M1(협의통화)' 통화량을 언급할 때가 많은데, M1은 한 경제 내에 유통되는 전체 현금과 원할 때 언제든 찾을 수 있는 요구불 예금의 합계를 말한다. 장기성 예금은 M1에 포함되지 않는다.

현대화폐이론(MMT) Modern Money Theory. 일부 경제학자와 정치가들은 중앙은행이 이자율을 조정해 통화량을 조절하는 '통화 정책' 대신, '현대화폐이론'이라는 강력한 정책을 쓰는 것을 고려하기 시작했다. 현대화폐이론은 정부가 중앙은행을 통하지 않고 직접 많은 양의 돈을 찍어내 통화량을 늘려 경기를 부양하는 정책이다. 문제는 예상치 못한 인플레이션이 발생할 수 있고, 중앙은행만큼 제대로 된 경제 결정을 내릴 수 있는 정부가 많지 않다는 데 있다. 특히 우려되는 점은 많은 정치인이 물가상승률을 고려하지 않고 과도한 정부 지출을 충당하기 위해 돈을 찍어낼지도 모른다는 것이다.

More

과잉부채 2007년 서브프라임 모기지 사태에 이은 신용대출 시장 붕괴로 투자자들의 기업어음 구매가 줄면서 은행에 기업어음이 쌓였다. 일부 은행에서는 이 어음을 자신들의 대차대조표에 계상하기도 했다. 기업과 기관을 위해 은행이 발행한 단기채권 및 투자자산을 은행 자신이 사들인 셈이다.

베이시스포인트 basis point. 퍼센트포인트의 100분의 1. 금융시장이 매우 정교해지면서 금리가 4분의 1퍼센트포인트 변했다거나 16분의 1퍼센트포인트 변했다는 표현으로는 금리 변화를 정확히 설명하기 어려워졌다. 이제 금리는 100분의 1퍼센트포인트, 즉 1베이시스포인트씩 아주 미세하게 변한다. 예를 들어 채권 수익률의 0.5퍼센트 상승은 베이시스포인트 단위로 나타내면 50베이시스포인트 상승에 해당한다.

비이성적 과열 미국 연방준비제도이사회 전 의장인 앨런 그린스펀(Alan Greenspan)이 거품이 끼어 평소에 비해 가격이 과대평가된 시장을 두고 '비이성적 과열'이라고 표현하면서 처음으로 사용됐다. 그린스펀의 이 말 이후 처음으로 거품이 터진 것은 닷컴 기업들이었다. 닷컴 거품 기간에는 아무런 자산과 수익이 없는 회사가 미래 수익에 대한 기대만으로 세계의 주요 거대 기업과 순위를 다투는 것을 자주 볼 수 있었다. 거품이 터지고 이들 회사의 주식 가격이 조정되면서, 지분을 대량 보유하고 있던 가짜 백만장자들은 하루아침에 빈털터리가 됐다.

생산자물가지수 '공장 문 앞'에서 가격을 측정하는 생산자물가지수는, 물건이 유통 단계로 넘어가기 전의 가격을 보여준다. 생산자물가지수는 물가 상승을 예고해주는 지표로, 중앙은행은 생산자물가지수를 보고 일반적으로 사용되는 가격 지표인 소비자물가지수에 물가 상승분이 반영되기 전에 미리 대응할 수 있다.

서브프라임 채무/서브프라임 모기지 증권 우량 신용등급인 프라임 등급보다 신용등급이 낮은 사람을 대상으로 한 대출. 서브프라임 채무는 채권자가 지는 위험이 높은 만큼 이자율도 높다. 이론적으로는 서브프라임 채무를 여러 개 모아서 증권으로 만들면 위험이 줄어든다.

소득 정책 소비자의 실질 가처분소득을 낮춰 물가상승률을 조절하는 정책. 소득 정책의 한 예로 임금 동결이 있다. 임금 동결은 임금을 동결하면 소비가 줄면서 과열된 경기가 진정되어 물가상승률이 통제 범위 내로 들어올 거라는 기대에서 시행된다.

수요와 공급 모든 자유시장 경제는 어떤 상품이든 공급량이 제한돼 있다는 원칙 위에서 움직인다. (석유나 밀 같은 상품의) 공급량이 적을수록 가격은 비싸진다. 소비자와 기업은 수요와 공급의 법칙에 따라, 경제적으로 가장 합리적 결정을 내릴 수 있기를 바라며, 가진 자원을 어떻게 배분할지 결정한다.

쌍둥이 적자 정부 수입보다 정부 지출이 많으면 재정 적자가 발생한다. 수출량보다 수입량이 많으면 무역 적자가 발생한다. 두 적자가 동시에 발생하면 '쌍둥이 적자'라고 표현한다.

연방공개시장위원회(FOMC) 미국의 경제 · 통화 정책은 대부분 소수의 연방준비제도 이사회 임원들에 의해 결정된다. 이들은 정기적으로 모여 미국 경제의 진행 방향(때로는 세계 경제의 진행 방향)을 진단한다. 연방준비제도 이사회 산하의 연방공개시장위원회는 목표 통화 공급량, 목표 물가상승률, 목표 실업률, 목표 경제성장률을 정한다. 연방공개시장위원회의 회의록은 정기적으로 일반에 공개된다.

IMF머니 대출조건

- ☑ 경제위기 정부라면 누구나
- ☑ 공공기관 민영화 우대
- ☑ 환경평가 상관없이 가능
- ☑ 돈 많은 나라 동의 필수

국가도 살림이 어려우면
대출을 받는다

#구제금융의 역할

2차 세계대전이 끝날 무렵, 연합국 정상들에게는 전쟁에서 이기는 일 외에 또 다른 고민거리가 있었다. 1차 세계대전 이후 맺은 평화 협정인 베르사유조약은 패전국에 지나친 부담을 지워 심각한 인플레이션과 경쟁적 화폐 평가 절하, 경제적 고립주의를 불러왔다. 이는 결국 전체주의를 키웠다. 미국과 영국을 포함한 44개국 정상은 같은 실수를 되풀이하는 대신 추가적인 전쟁을 막고 세계 경제를 이끌 더 나은 방안을 찾고자 미국 뉴햄프셔주 브레턴우즈에 모였다.

브레턴우즈 합의에서 결정된 주요 내용 가운데 하나는 세계 경제의 안정성을 확보하기 위해 주요 통화의 가치를 미국 달러에 연동하는 일종의 고정환율제를 채택하기로 한 것이었다. 달러 가치는 35달러당 금 1온스로 고정됐다. 각국 정상은 통화의 가치가 달러 또는 금으로 얼마인지 확실히 알 수 있게 되면 국제 무역이 활성화될 것으로 기대했다.

확고한 반反고립주의자였던 당시 서양의 국가 원수들은 호혜와 공정성을 기반으로 완전히 새로운 경제 시스템을 만드는 것만이 평화를 지킬 유일한 길이라고 믿었다. 이들은 1차 세계대전 종전 당시 승전국들이 독일을 비롯한 패전국을 벌주기 위해 가혹한 경제 제재를 가하고 과도한 배상금을 물린 것을 실수로 보고, 같은 실수를 반복하지 않기 위해 노력했다. 이들은 패전국의 재건을 돕고 패전국이 전후 세계 경제에 제한 없이 참여할 수 있게 하기로 했고, 이 고결한 목적을 달성하기 위해 국제부흥개발은행을 만들었다. 훗날 국제부흥개발은행은 지금의 세계은행으로 발전했다.

이후 워싱턴에 본부를 둔 세계은행과 자매기관 국제통화기금(IMF)은 전쟁으로 폐허가 된 유럽의 재건을 돕는 본래 임무 외에도 세계 경제의 안정성을 높이고 성장을 촉진하는 임무를 추가로 맡게 됐다. 지금까지 국제통화기금은 단기 차관을 제공하고 구조개혁을 촉구해 금융위기에 빠진 나라들이 더 단단한 금융 기반을 바탕으로 세계 경제 무대에서 활동할 수 있도록 돕는 일을 해왔다. 일례로 2010년대 들어 지속적인 경제위기를 겪고 있는 아르헨티나는 개혁 효과가 나타날 때까지 시간을 벌기 위해 2018년 국제통화기금을 상대로 500억 달러 규모의 구제금융을 신청했다.

세계은행은 국제통화기금보다 더 장기적 관점에서, 주로 개발도상국에 차관을 제공하고 개발을 돕는 일을 한다. 이 중에는 학교, 병원, 발전소, 수력발전용 댐 같은 주요 인프라 건설 프로젝트가 포함된다. 세계은행 산하 원조 기구인 국제개발협회(IDA)는 터키나 중국 같은 여러 중간소득 국가의 민간 경제 활성화를 위해 일하기도 한다. 세계은행은 국제개발협회를 통해 개발도상국에 연간 수십억 달러의 차관을 제공하는데, 이 돈은 인프라 건설 프로젝트부터 에이즈 등 질병 퇴치 프로젝트까지 다양한 장기 빈곤 퇴치 및 경제 개발 촉진 프로젝트에 주로 투자된다.

국제기구가 하는 일

원래 세계은행과 국제통화기금은 물건과 서비스의 이동을 지휘하고 관리하는 일종의 '교통경찰' 역할을 수행할 예정이었다. 세계 대공황을 야기한 혼란과 대공황 이후 이어진 정치적 소란이 다시 일어나지 않도록 방지하기 위해서였다. 브레턴우즈 합의 당시에는 미국이 세계 금 준비의 3분의 2 이상을 보유하고 있었기 때문에 미국 달러를 주요 준비통화로 정하는 것이 논리적으로 당연해 보였다. 언제든 35달러당 1온스의 금으로 바꿀 수 있는 미국 달러는 금에 버금가는 자산으로 여겨졌다.

1970년대까지는 미국 달러에 대한 군건한 신뢰가 이어졌다. 일본, 독일, 프랑스, 브라질 등 많은 나라가 브레턴우즈 체제 아래서 성장하고 번영을 누렸다. 세계 경제는 역사상 유례가 없을 정도로 짧은 기간 안에 큰 성장을 이뤘다. 그러나 미국이 아시아에서의 전쟁과 '위대한 사회Great Society'라는 빈곤 퇴치 프로그램 등을 수행하느라 발생한 재정 적자를 메우기 위해 엄청난 양의 달러를 발행하면서, 달러는 점점 신뢰를 잃기 시작했다.

1960년대 말 브레턴우즈 체제를 더는 신뢰하지 않게 된 프랑스가 미국 달러를 금으로 바꿔달라고 요구하자, 다른 나라들도 연달아 같은 요청을 해왔다. 곧 미국이 보유한 금의 절반이 다른 나라로 이전됐다. 새로운 경제 체제의 중추였던 미국의 자리는 흔들렸고, 미국 정부는 금본위제를 폐지하는 것만이 유일한 해결책이라고 생각했다. 결국 1971년 금본위제가 폐지되면서 달러를 비롯한 거의 모든 통화는 통화 사용자들의 신뢰를 기초로 가치가 정해지는 신용화폐가 되었다.

이날부터 브레턴우즈 체제의 고정환율제는 폐지되고, 통화 가치가 외환시장에서 정해지는 자유변동환율제가 시작됐다.

브레턴우즈 체제의 고정환율제는 막을 내렸지만, 세계은행과 국제통화기금까지 문을 닫은 건 아니다. 두 기관 모두 오늘날까지 남아 개발을 장려하고 세계 경제의 안정성을 유지하기 위해 활발히 활동 중이다. 하지만 세계은행과 국제통화기금이 부자 나라의 도구일 뿐이라는 비판도 많다. 세계은행과 국제통화기금은 예산의 대부분을 부유한 선진국이 낸 출자·출연금으로 충당하며, 돈을 많이 낼수록 많은 의결권을 준다. 게다가 국제통화기금은 경제위기를 겪고 있는 나라에 공공지출을 줄이고 임금 수준을 낮추고 공공기관을 민영화하라고 요구함으로써 그 나라를 경제적으로 구속한다는 비판도 자주 받는다. 국제통화기금의 이런 획일적인 조치는 그 나라의 관습이나 요구 사항을 반영하지 못하는 경우가 많다.

　브라질, 남아프리카공화국, 중국 등 규모가 큰 일부 개발도상국은 국제통화기금의 구조를 바꾸기 위해 노력했지만, 효과를 보지는 못했다. 심지어 중국은 국제통화기금과 세계은행을 대체할 개발 기구를 직접 만들기까지 했다. 중국은 주변 아시아 국가를 비롯한 다양한 지역의 인프라 건설 프로젝트에 투자하기 위해 막대한 자금(아시아인프라투자은행은 1000억 달러, 신개발은행은 500억 달러)을 들여 각각 베이징과 상하이에 본부를 둔 아시아인프라투자은행(AIIB)과 신개발은행(NDB)을 설립했다. 그런가 하면 아시아 국가들은 금융 문제를 겪고 있는 아시아 국가에 자금을 지원하기 위해 치앙마이 이니셔티브(CMI)라는 공동 기금을 마련하기도 했다.

과연 제대로 쓰이고 있는가?

한편 세계은행은 개발도상국의 환경을 훼손하는 프로젝트에 자금을 지원한다는 비판을 받고 있다. 실제로 세계은행은 브라질에서 아마존 열대우림을 지나는 고속도로의 건설을 지원했으며, 인도에서는 수력발전

프로젝트를 지원해 농경지가 물에 잠기게 만들었다. 이 때문에 제대로 된 환경·사회 영향 평가가 이뤄지기 전까지는 세계은행의 자금 지원을 거부하자는 주장이 나오기도 했다.

또한 많은 나라에 만연한 부패로 인해 국제통화기금과 세계은행이 지원한 자금이 일부 힘 있는 지도층의 주머니로 흘러 들어간다는 비판도 있다. 이렇게 빼돌려진 자금은 대부분 원래 도움을 주려던 국가에서 멀리 떨어진 해외 은행에 개설된 계좌로 들어간다. 주로 개발도상국의 발전을 돕는 일을 하는 대규모 개발 구호 단체 옥스팜Oxfam에 따르면 세계은행 산하 국제금융공사로부터 자금을 지원받은 사하라 이남 아프리카 회사 가운데 절반 이상이 조세 회피처를 이용해 자금을 빼돌리고 있다.

최근 들어 세계은행과 국제통화기금은 부패가 심한 나라의 프로젝트에 대해 자금 지원을 거절하기 시작했다. 하지만 부패가 심한 나라일수록 외국의 원조가 꼭 필요한 경우가 많다. 사모펀드 등을 통해 자금을 지원하는 것이 해결책이 될 수도 있겠지만, 이렇게 하더라도 돈이 가난한 사람이 아닌 일부 지도층의 주머니로 흘러 들어가는 것을 완전히 막을 수는 없을 것이다.

또 다른 중요한 비판은 국제통화기금과 세계은행이 개발원조가 아닌 대출 형태로 자금을 지원함으로써 개발도상국의 부채 부담을 높인다는 것이다. 정부 예산의 대부분을 외채의 이자와 원금을 갚는 데 써야 하는 상황에서, 학교 및 병원 건설이나 사회복지 예산은 크게 삭감될 수밖에 없다.

결국 경제 생산을 늘리고 국민 소득을 높이기 위해 무턱대고 더 많은 돈을 빌려주는 방식으로 개발도상국의 빈곤 문제를 풀어나가려 해서는 안 된다. 경제 수치 외에 다른 요소도 고려해야 하기 때문이다. 예를 들어 유엔개발계획(UNDP)에서 발표하는 인간개발지수는 구매력 외에도 문맹률, 영아사망률, 기대수명 등 여러 기준으로 가난을 측정한다. 학교와 병원의 건축비만 지원하면 끝이 아니라, 지어진 학교와 병원이 좋은 인력을 확보하고 제대로 관리되도록 노력을 기울이고 모든 아이가 실제로 학교에 다닐 수 있게 해야 한다. 실제로 브라질에서는 자녀의 학교 출결 기록과 가족이 정기검진을 받는지에 따라 보조금을 차등 지급한 뒤로 기대수명과 문맹률이 극적으로 개선됐다.

세계의 가난을 단번에 해결해줄 마법 같은 해결책은 없다. 하지만 해당 국가 정부와 초국적 기관이 제대로 힘을 합쳐 노력한다면, 미래에는 개발도상국 주민들도 경제적 부유함뿐만 아니라 좋은 교육을 받고 더 건강하고 오래 사는 데서 오는 많은 장점을 누릴 수 있을 것이다.

Basic

국제개발협회(IDA) International Development Association. 개발도상국에 자금을 빌려주는 세계은행 산하 기관. IDA는 부유한 세계은행 회원국이 제공한 돈을 개발도상국에게 좋은 조건으로 저금리에 빌려준다.

국제통화기금(IMF) International Monetary Fund. 1945년 세계은행과 함께 설립됐다. 초기에는 세계 환율을 규제하는 일을 맡았지만, 지금은 채무국 경제를 구조조정하고 어려움에 처한 국가에 단기 자금을 빌려주는 일을 주로 하고 있다.

민영화 기업의 효율을 높이고 국고를 채우기 위해 공기업을 매각하는 것. 국가는 운영 실적이 나쁜 공기업의 부채나 손실이 커지면 이 기업을 팔아 경제 문제를 해결하는 경우가 많다. 민영화의 반대말은 국유화다.

부채 부채는 대차대조표에서 자산의 우변에 기록된다. 돈을 비롯해 기업이 미래에 갚을 의무가 있는 것은 모두 부채다. 12개월 이내에 갚아야 할 부채는 유동부채라고 부르며, 만기가 12개월 이상인 부채는 '장기부채'로 분류된다.

세계은행 World Bank. 국제통화기금(IMF)과 함께 설립된 세계은행은 매년 개발도상국에 수십억 달러를 대출한다. 이 대출금은 주로 빈곤 퇴치와 경제 성장 같은 장기 프로젝트에 쓰인다. 단기 대출과 원조를 제공하는 국제통화기금과 달리, 세계은행은 가난한 나라가 겪고 있는 문제를 장기적으로 해결하고자 한다. 세계은행은 선진국이 낸 분담금과 국제 자본 시장에서의 차입을 통해 대부분의 자금을 조달한다.

외채 '대외채무'로 불리기도 하는 외채는 한 국가가 해외 채권자들에게 지고 있는 모든 빚을 말한다. 개인, 기업, 정부의 빚이 모두 포함된다.

원금 돈을 빌려준 사람이라면 언젠가는 원금과 소정의 이자를 받을 수 있기를 기대한다. 처음에 빌려준 돈의 액수를 원금이라고 한다. 채권의 원금은 액면가라고 부를 때가 많다.

유엔개발계획(UNDP) United Nations Development Programme. 유엔개발계획은 세계의 지속 가능한 개발을 촉진하기 위해 만들어졌다. 유엔개발계획의 목표는 개발도상국이 일 자리를 만들고 환경을 보호하고 빈곤을 퇴치하도록 돕는 데 있다. 뉴욕 소재 유엔개발계 획은 유엔 조직 내에서 세 번째로 높은 지위를 가지며, 유엔 회원국의 자발적 후원금으로 자금을 조달한다.

인간개발지수(HDI) Human Development Index. 경제 통계 지표는 인간의 삶을 전반적 으로 보여주지 못한다. 이에 유엔개발계획은 회원국 국민의 생활수준 향상 실태를 조사하 기 위해 인간개발지수를 만들었다. 인간개발지수는 영아사망률, 평균 수명, 문맹률, 사망 률 등을 반영해 정해진다.

조세 회피처 개인 또는 기업에게 적용되는 세율이 아주 낮은 나라를 조세 회피처라고 부 른다. 카리브해와 태평양의 작은 섬나라 같은 조세 회피국들은 영업이익이나 소득에 붙는 세금을 낮추거나 폐지해 기업과 부유한 자본가들을 유인한다. 스위스와 모나코처럼 역외 국가들만큼 세율이 낮지는 않지만, 주변국에 비해 세율이 낮아서 조세 회피처로 분류되는 나라도 있다.

More

롬바드 금리 lombard rate. 여러 유럽 국가의 중앙은행이 일반은행에 담보 대출할 때 적용하는 금리. 돈을 빌리는 은행은 보통 신용등급이 높은 국채를 담보로 제공하고 낮은 롬바드 금리를 적용받는다. 롬바드라는 이름은 옛날 유럽에서 은행가 배출 지역으로 유명했던 밀라노가 위치한 지역인 이탈리아 북부 롬바르디아 지방에서 유래했다.

리스케줄링 rescheduling. 적은 돈을 못 갚으면 빌린 사람이 망하지만, 많은 돈을 못 갚으면 은행이 망한다는 말이 있다. 채무국이 빌린 돈을 갚지 못하는 상황에 처하면, 은행과 국가를 비롯한 채권단은 채무 기한을 연장하는 '리스케줄링'을 통해 채무국이 자금을 융통할 시간을 준다. 21세기 초 여러 아프리카 국가가 그랬던 것처럼, 추가 자금을 투자하지 않으면 경제가 침체될 것 같은 상황에서는 채무를 면제하기도 한다.

브리지론 bridge loan. 물살이 센 강을 건널 수 있게 해주는 다리처럼 급할 때 빌려주는 돈. 브리지론은 채무자가 장기 자금을 구할 때까지 버틸 수 있도록 도와준다. 국제통화기금과 국제결제은행(BIS)은 긴급구제를 신청하려는 가난한 나라가 세계은행 같은 장기 대출 기관으로부터 대출을 받기 전에 필요한 자금을 브리지론으로 제공한다.

자본 이탈 경제위기를 겪는 나라에서는 자국 경제의 불확실성이나 정부 정책 때문에 재산을 잃을지도 모른다는 두려움에 돈을 조세 회피처로 보내는 기업과 개인이 많아진다. 예를 들어 중남미 시민들은 인플레이션이 심해지자 국가가 내린 환전 금지령을 무시한 채 미국 달러와 유로를 사서 해외 은행 계좌로 보냈다. 외국으로의 자본 이동을 제한하는 정부 조치는 의도와 반대로 자본 이탈을 부추기는 결과를 낳을 때가 많다.

20XX BEST

GNP   GDP   HDI

국가 순위를 결정하는
새로운 기준

#세계 경제 순위

과거의 선거운동은 언제나 경제야말로 당선을 결정짓는 요인이라는 가정에 기초해 이뤄졌다. 역사적으로도 경제성장률이 높을 때 정권을 잡은 미국 대통령은 거의 다 재선에 성공했다. 하지만 온통 뒤죽박죽인 21세기 경제 지형 속에서 한 나라의 경제적 성과가 다른 나라보다 좋은지 나쁜지 어떻게 비교할 수 있을까?

유권자들이 통계 수치를 믿지 못하고 케이블 채널, 라디오 방송, 웹페이지를 통해 맞춤형 정보를 얻는 세상에서는 경제 성과를 어떻게 정의해야 할지조차 알기 어렵다. 2010년대 말 현재, 세계 국가 정상들은 경제가 성장하고 있음에도 유권자들이 행복해하지 않는다는 사실에 매우 놀라고 있다. 전 세계적 활황으로 대다수 선진국의 GDP가 크게 상승했지만, 미국, 프랑스, 독일 등 선진국 정치 지도자들의 지지율은 바닥에 떨어졌다. 반면 여러 권위주의 정권 지도자들은 나라 경기가 나쁜데도 불구하고 기록적인 지지를 받으며 재선됐다. 이처럼 정치와 경제 사이의 연결고리가 깨진 이유는 21세기 들어 경제 성과에 대한 정의가 완전히 바뀌었기 때문일 수 있다.

경제 성과를 나타내는 지표들

경제 성과를 나타낼 때 통상적으로 쓰이는 지표인 GDP(국내총생산)는 한 해 동안 물건과 서비스가 얼마나 생산됐는지 보여준다. 소비자, 기업, 정부가 한 해 동안 쓴 돈을 다 더하면 GDP를 구할 수 있다. GDP는 우리가 가게에서 물건을 사거나 스마트폰이나 태블릿으로 유료 영상을 볼 때마다 늘어난다. 기업이 새 건물을 사거나 건물을 빌려 임대료를 낼 때도 늘어난다.

GNP(국민총생산)는 GDP가 빠뜨린 해외 소득을 포함해 경제 성과를 보여주는 지표다. 예를 들어 애플 아이폰이나 넷플릭스 영화가 해외에서 돈을 벌어들이면 미국의 GNP가 높아진다. GNP에는 국민이 외국 주식을 사고 받은 배당금이나 정부가 다른 나라 정부에 국채를 판 대가로 지급하는 이자도 포함된다. 중국이나 사우디아라비아 같은 수출 중심 국가가 수조에 달하는 미국 국채를 보유하고 있기 때문에, 21세기 경제에서 국채 이자는 상당히 중요한 고려 사항이다.

GNP는 GDP보다 더 클 때도 있고 작을 때도 있다. 외국계 기업이 많은 아일랜드(대표적으로 더블린에 위치한 미국계 컨설팅 회사인 액센츄어 본사, 레익슬립에 위치한 인텔 공장 등이 있다) 같은 나라는 대체로 GNP가 GDP보다 작다. GDP에서 외국인 주주에게 지급하는 배당금이 빠지기 때문이다. 반대로 영국, 미국, 스위스 등은 국민이 외국에 소유한 기업이 많기 때문에 GNP가 GDP보다 크다. 외국 생산 제품을 팔아 벌어들인 수익이 GDP에는 포함되지 않지만, GNP에는 포함되기 때문이다.

GDP는 어떻게 비교할까

화폐 단위가 다른 여러 나라의 GDP를 비교하려면 어떻게 해야 할까? 환율이 항상 변하기 때문에 서로 다른 통화로 표시된 각 나라의 GDP를 비교하기란 쉽지 않다. 한 가지 방법은 달러 등을 기준 통화로 정한 뒤, 매년 말 발표되는 각국 GDP를 공정 환율•을 적용해 기준 통화로 바꿔 비교하는 것이다.

문제는 공정 환율을 적용해 바꾼 GDP가 많은 나라의 경제 상황을

• 정부가 인위적으로 정한 환율로, 시장 상황에 따라 변하지 않는다.

주요 국가의 GDP 비교			
국가명	화폐	GDP(자국 화폐 기준)	GDP(달러 기준)
미국	미국 달러	20,412,870,000,000	$20,412,870,000,000
중국	위안	97,748,500,000,000	$14,092,514,000,000
일본	엔	579,675,950,000,000	$5,167,051,000,000
독일	유로	3,668,650,000,000	$4,211,635,000,000
영국	파운드	2,259,190,000,000	$2,936,286,000,000
프랑스	유로	2,548,050,000,000	$2,925,096,000,000
인도	루피	209,530,110,000,000	$2,848,231,000,000
이탈리아	유로	1,901,150,000,000	$2,181,970,000,000
브라질	헤알	7,882,550,000,000	$2,138,918,000,000
캐나다	캐나다 달러	2,356,520,000,000	$1,798,512,000,000
러시아	루블	112,423,840,000,000	$1,719,900,000,000
한국	원	1,924,712,730,000,000	$1,693,246,000,000
스페인	유로	1,312,360,000,000	$1,506,439,000,000
오스트레일리아	오스트레일리아 달러	2,118,060,000,000	$1,500,256,000,000
멕시코	페소	23,482,970,000,000	$1,212,831,000,000

자료: IMF, 2018

왜곡한다는 데 있다. 물가가 나라마다 다르므로 비슷한 물건과 서비스를 생산한다고 해도 생산품의 가치는 나라마다 크게 달라진다. 가령 인도나 중국처럼 물가가 싼 나라에서는 콜라부터 영화표까지 모든 물건과 서비스의 가격이 미국, 싱가포르 등 물가가 비싼 나라보다 훨씬 싸다. 그러다 보니 인도와 중국의 GDP는 단지 물가가 싸다는 이유로 실제보다 훨씬 낮게 측정될 수 있다.

이런 이유로 대다수 경제학자와 통계학자들은 공정 환율보다 더 '현실적인' 환율을 사용해 각 나라의 GDP를 보정한다. 통상 이 환율을 구매력평가지수(PPP)라고 부른다. 구매력평가지수는 국가의 실제 경제 상황을 제대로 파악하고자 하는 사람이라면 누구나 알아야 할 중요한 개념이다. 경제 규모에 따른 국가 순위를 매길 때도 구매력평가지수를 사용해 명목 GDP를 보정하지 않으면 큰 의미가 없다.

구매력평가지수를 계산하는 방법은 간단하다. 먼저 미국 달러 같은 특정 통화를 기준 통화로 정한다. 그리고 물건과 서비스 여러 개를 정해 이들을 미국에서 살 때 몇 달러를 내야 하는지 조사한다. 그다음 다른 나라에서 비슷한 물건과 서비스를 살 때 내야 하는 가격을 달러로 환산해 비교하면 된다. 대부분 두 금액은 서로 다르다.

물론 이때 물건과 서비스 품목을 신중하게 정해야 한다. 힌두교 신자가 많은 인도에서 쇠고기 패티 햄버거를 보기 힘든 것처럼, 나라마다 주로 사용하는 물건과 서비스가 다르므로 완벽한 구매력평가지수를 정하기는 어렵다.《이코노미스트》는 전 세계 빅맥 가격을 사용해 만든 구매력평가지수인 빅맥 지수를 제안하기도 했다. 반쯤 장난으로 만들어진 빅맥 지수는 이제 나라별 물가를 대표하는 꽤 믿을 만한 지수로 여겨지고 있다. 전 세계에서 똑같은 빅맥이 팔리기 때문이다. 만일 영국의 빅맥 가격

각 나라의 '실질' GDP 순위 (구매력평가지수 기준, 2018)		
국가명	명목 GDP(미국 달러)	PPP 기준 GDP
중국	$14,092,514,000,000	$25,238,563,000,000
미국	$20,412,870,000,000	$20,412,870,000,000
인도	$2,848,231,000,000	$10,385,432,000,000
일본	$5,167,051,000,000	$5,619,492,000,000
독일	$4,211,635,000,000	$4,373,951,000,000
러시아	$1,719,900,000,000	$4,168,884,000,000
브라질	$2,138,918,000,000	$3,388,962,000,000
영국	$2,936,286,000,000	$3,028,566,000,000
프랑스	$2,925,096,000,000	$2,960,251,000,000
멕시코	$1,212,831,000,000	$2,571,680,000,000
이탈리아	$2,181,970,000,000	$2,399,825,000,000
한국	$1,693,246,000,000	$2,138,242,000,000
스페인	$1,506,439,000,000	$1,864,105,000,000
캐나다	$1,798,512,000,000	$1,847,081,000,000
오스트레일리아	$1,500,256,000,000	$1,312,534,000,000

자료: IMF, 2018

이 아르헨티나의 두 배라면, 단순히 현재 환율을 적용해 두 나라의 GDP 를 비교해서는 안 된다. 이 경우 아르헨티나의 GDP에 두 배를 곱해야 더 정확한 비교를 할 수 있을 것이다. 마찬가지로 국가 경제 규모를 비교해 순위를 매길 때도 GDP를 구매력평가지수로 보정해야만 어떤 국가가 진 정한 세계 1위인지 가릴 수 있다.

진정한 세계 1위는?

한 국가의 실제 생활수준을 알고 싶다면, 총 GDP를 인구로 나누는 것이
도움이 된다. 1인당 GDP라고 불리는 이 수치는 국가 간 경제력을 비교
할 때 흔히 쓰인다. 올림픽에 빗대 표현하자면, GDP는 한 국가가 딴 전
체 메달 수라고 할 수 있다. 당연히 스리랑카나 우루과이 같은 작은 나라
보다는 인구가 많은 중국이나 브라질이 훨씬 유리할 것이다. 그러므로
어떤 나라가 잘사는지 정확히 알려면 각 나라의 GDP를 그 나라에 사는
사람 수로 나눠야 한다. 인도의 명목 GDP는 캐나다보다 높지만, 그렇다
고 인도가 캐나다보다 잘산다고 말하기는 어렵다. 차가운 통계 수치를
인간에게 가치를 갖는 값으로 바꾸려면, 몇 사람이 부를 나눠 가지는지
고려해야만 한다.

하지만 어떤 경제력 지표나 경제 성장 지표도 모든 상황을 완벽히 보
여줄 순 없다. 예를 들어 일반적으로 사용하는 GDP는 삶의 질을 고려
하지 않는다. 프랑스 가족이 프로방스에 있는 할머니의 집에서 5주 동
안 돈 안 드는 여름휴가를 보내는 것은 5성급 호텔에서 한 달을 지내는
것만큼 GDP에 기여하지 못한다. 한편 프랑스보다 훨씬 휴가가 짧은 일
본이나 미국의 가정은 프랑스 가정보다 아이를 여름방학 캠프에 보내거
나 비싼 어린이집에 보내기 위해 더 많은 돈을 쓴다. 이러한 문화적 차이
는 국가 GDP에 큰 영향을 미칠 수 있다.

1인당 GDP 기준 국가 순위(2018)

국가명	명목 GDP(미국 달러)	1인당 GDP
미국	$20,412,870,000,000	$62,520
오스트레일리아	$1,500,256,000,000	$56,700
독일	$4,211,635,000,000	$48,670
캐나다	$1,798,512,000,000	$46,730
프랑스	$2,925,096,000,000	$42,930
영국	$2,936,286,000,000	$42,260
일본	$5,167,051,000,000	$40,110
이탈리아	$2,181,970,000,000	$34,350
한국	$1,693,246,000,000	$32,050
스페인	$1,506,439,000,000	$31,060
러시아	$1,719,900,000,000	$10,950
중국	$14,092,514,000,000	$9,630
멕시코	$1,212,831,000,000	$9,610
브라질	$2,138,918,000,000	$9,130
인도	$2,848,231,000,000	$2,020

자료: IMF, 2018

1968년 로버트 케네디[Robert Kennedy]•는 "우리 아이들의 건강, 교육의 질, 놀이의 즐거움은 GDP에 반영되지 않는다"라고 지적했다. 하지만 그전

● 존 F. 케네디의 동생이자 정치인이다.

부터 많은 경제학자가 GNP나 GDP가 완전한 경제 상황을 보여주지 못한다고 비판해왔다. 저명한 경제학자 조지프 스티글리츠 Joseph Stiglitz는 미국을 "GDP 페티시"에 빠진 나라라고 비판하면서, '그린 GDP'라고 불리는 지속 가능성과 환경오염 등 정의하기 힘든 무형의 개념이 반영된 더 포괄적인 경제지표를 만들어 GDP를 대체해야 한다고 주장했다.

물론 환경오염 주체들은 새로운 지표의 도입을 강하게 반대했다. 한때 미국 경제분석국 The Bureau of Economic Analysis은 환경오염을 GDP 계산에 반영하는 방안을 고려했지만, 지역 석탄산업이 입을 타격을 우려한 웨스트버지니아주 등의 반대에 부딪혔다. 이와 반대로 오리건주와 버몬트주는 GDP와 다른 시각에서 경제 상황을 보여주는 대안 지표인 참진보지수 genuine progress indicator(GPI)를 도입했다. 참진보지수는 범죄, 오염, 불평등한 소득 분배 등의 부정적 요인과 공공 인프라, 가족과 함께 보내는 시간 같은 긍정적 요인을 모두 반영한다.

경제적 삶의 질을 평가하기 위해 가장 널리 쓰이는 지표는 인간개발지수(HDI)다. 인간개발지수는 건강, 교육, 소득 수준 등을 고려해서 한 나라의 경제 개발 수준을 평가한다. 기대수명, 교육 접근성, 성인 문맹률, 교육 기간, 소득 분배의 공정성, 구매력평가지수 기준 1인당 GDP, 의료 서비스, 성 평등 등 다양한 분야를 고려해 산정한다. 당연히 교육이나 의료처럼 삶의 질과 연관이 높은 부문에 관심을 기울이는 노르웨이, 오스트레일리아, 스위스 등의 점수가 높다.

부탄 등 일부 국가에서는 물질적 수치보다 행복에 더 집중하기 위해

| 인간개발지수 순위(최고점: 1.00, 최하점: 0.00) ||
국가명	인간개발지수
1. 노르웨이	0.953
2. 스위스	0.944
3. 오스트레일리아	0.939
4. 아일랜드	0.938
5. 독일	0.936
6. 아이슬란드	0.935
7. 홍콩 (동점)	0.933
7. 스웨덴 (동점)	0.933
9. 싱가포르	0.932
10. 네덜란드	0.931
11. 덴마크	0.929
12. 캐나다	0.926
13. 미국	0.924
14. 영국	0.922
15. 핀란드	0.920

자료: 인간개발보고서 발행부, 2018

1972년부터 국민총행복^{Gross National Happiness}(GNH) 지수를 쓰고 있다. 이외에 기대수명, 삶의 질, 생태 발자국 등의 자료를 활용해 소비한 자원 대비 개인의 행복 수준을 측정하는 지구행복지수 ^{Happy Planet Index}도 있다.

잘 알려져 있다시피 행복과 삶의 질은 수치로 나타내기 어렵다. 하지만 여론 조사, 검색 기록, 소셜미디어 등의 귀중한 정보들을 활용하면, '우리가 최고!'라고 당당히 외칠 자격이 있는 나라를 가려낼 수 있을지 도 모른다.

Basic

1인당 경제 통계량을 1인당 수치로 환산하면, 경제 구성원의 실제 생활에 그 통계량이 미치는 의미를 더 잘 이해할 수 있다. 예를 들어 건강보험이나 교육 분야 예산이 '실제로' 어떤 영향을 미치는지 이해하려면 1인당 지출액을 살펴봐야 한다. 1인당으로 계산하면 큰 단위의 숫자를 이해하기 쉬운 단위의 숫자로 바꿀 수 있다.

구매력평가지수(PPP) purchasing power parity. 구매력평가지수는 외환시장에서 정해지는 환율과 달리, 각 나라의 돈으로 무엇을 얼마나 살 수 있는지에 따라 정해진다. 다른 말로 하면 화폐의 구매 능력을 평가하는 것이다. 구매력평가지수는 재화와 서비스로 구성된 바스켓(주거비, 미용비, 빵 한 덩이의 가격, 영화표 가격 등 무엇이든 포함될 수 있다)의 가격을 바탕으로 '실제 세상'의 환율을 계산한다. 구매력평가지수는 국가 규모를 비교할 때 자주 쓰인다. 국가 규모를 전통적인 환율로 계산하면 제대로 된 정보를 얻기 어렵기 때문이다. 예를 들어 중국은 유럽이나 미국보다 물가가 훨씬 낮으므로 일반 환율로 계산할 때보다 구매력평가지수로 계산할 때 훨씬 국가 규모 순위가 높을 것이다.

국내총생산(GDP)/국민총생산(GNP) 국내총생산과 국민총생산은 둘 다 경제활동을 측정하는 지표다. GDP는 한 해 동안 한 나라 안에서 생산된 모든 재화와 서비스의 가격을 더한 값이고, GNP는 GDP에 해외 소득 같은 일부 국제 부문을 추가해 산정된다. 하지만 GDP나 GNP에는 빠진 부분도 많다. 무급 가사노동, 봉사활동, 불법 마약 판매, 성매매 등 이들 지표에 반영되지 않는 활동은 국가 경제에서 상당한 비율을 차지한다. GDP와 GNP를 산출량(output)이라고 부르기도 한다.

배당금 기업이 주주에게 지급하는 보상. 기업이 올린 수익을 재투자하지 않고 주주에게 지급하기로 하면 배당금이 지급된다.

More

컨버전스 convergence. 한 나라 내에서도 지역마다 필요한 경제 정책이 다를 수 있다. 그래서 정부는 컨버전스 경제 정책을 통해 나라 전체의 경제적 균형을 잡기 위해 노력한다. 미국 연방준비제도가 여러 주 사이에서 균형을 맞추는 데 어려움을 겪는 것처럼(예를 들어 캘리포니아는 호황인데 중서부 지역은 경기침체를 겪을 수 있다), 유럽중앙은행 또한 유럽연합에 속한 다양한 회원국의 이해관계를 조율하는 데 어려움을 겪는다. 그래서 각국 중앙은행은 모든 지역의 경제지표, 특히 이자율, 경제성장률, 실업률을 최대한 비슷한 수준으로 맞추기 위해 노력한다.

통화주의 통화량을 변화시켜 경제 성장을 조절할 수 있다는 믿음에 근거한 경제 이론. 통화주의자들은 통화량 제한이 물가상승률을 조절하는 최선의 방법이라고 믿는다.

세계 경제는 어떻게
내 지갑을 조종하는가

미국 금리 인하가
내 통장에 미치는 영향

#인플레이션 vs 디플레이션

2018년 말, 베네수엘라의 포퓰리즘 정부가 지독한 초인플레이션에 대한 대책으로 새로운 경제 정책을 발표했을 때 베네수엘라 화폐는 쓸모없는 종잇장에 불과했다. 이전 한 해 동안 물가가 8만 퍼센트 상승한 이후, 빵 한 덩이 가격이 600만 볼리바르 이상으로 치솟았다. 물론 가게에 남은 빵이 있을 때 이야기다. 2010년대 말 베네수엘라는 10년 이상 지속된 잘못된 경제 정책으로 인해 심각한 금융위기를 겪었다. 많은 곳에서 상수도 공급이 중단되었고, 다른 나라에서 쉽게 고칠 수 있는 병을 제대로 치료받지 못한 채 간이 병상에서 죽어가는 환자가 속출했다.

반대로 21세기 초 현재, 일본은 심한 디플레이션으로 경제위기를 겪고 있다. 만성 디플레이션으로 인해 일본의 경제성장률은 수십 년째 매우 낮은 수준이다. 디플레이션과 소비자 수의 급격한 감소(2050년까지 일본의 인구는 가파르게 줄어들 전망이다)가 결합된 일본의 경제위기는 베네수엘라가 겪고 있는 초인플레이션만큼이나 해결하기 어려워 보인다. 심한 디플레이션이 문제가 되는 이유는 인플레이션과 마찬가지로 경제의 불확실성을 높여 경제 성장을 멈춰 세우기 때문이다.

만성 디플레이션으로 물가가 계속 내려가면, 소비자들은 조금 더 기다리면 더 싼 가격에 살 수 있을 거라는 생각에 물건과 서비스의 소비를 줄인다. 마찬가지로 기업도 상품 가격이 곧 내려갈 거라는 걱정에 새 공장이나 설비에 대한 투자를 뒤로 미룬다. 물가가 하락하면 기업은 원가를 줄일 방법을 찾게 되고, 그러다 보니 임금을 낮추는 경우가 많다. 임금 수준이 낮아지면 소비가 더 줄어들면서 디플레이션 경제위기가 심화되는 악순환이 벌어진다.

물가를 조절할 수 있을까?

동화《골디락스와 곰 세 마리》에 나오는 수프와 마찬가지로 경제는 너무 뜨거워도 문제고 차가워도 문제다.* 극심한 인플레이션이나 디플레이션은 둘 다 경제를 건강하게 유지하는 데 방해가 된다. 일부 포퓰리스트 정치인은 물가상승률이 3~4퍼센트로 높게 유지되길 바라지만, 대다수 경제학자는 연 2퍼센트의 '적절한' 물가상승률을 유지하라고 권고한다. 하지만 물가상승률을 어떻게 조절할 수 있을까?

첫 번째로 할 일은 그 나라의 현재 물가를 파악하는 것이다. 물가 수준을 파악할 때 주로 사용하는 방식은 평범한 사람이 일상생활에서 사용하는 대표적인 물건과 서비스를 골라 '바스켓'에 담은 뒤, 이 바스켓에 들어 있는 상품의 가격을 살펴보는 것이다. 바스켓에 포함되는 품목은 나라마다 달라서, 개발도상국의 경우에는 60퍼센트 이상이 식품인 나라도 있다. 중국의 경우 식품 비중이 30퍼센트, 미국이나 서유럽 국가의 경우에는 고작 10퍼센트밖에 되지 않는데, 이는 이들 국가의 평균적인 가정에서 식품보다는 다른 물건이나 서비스를 사는 데 돈을 더 많이 쓰기 때문이다. 이는 개발도상국일수록 식품 가격 상승이 물가상승률에 더 큰 영향을 미친다는 뜻이다.

미국을 비롯한 대다수 국가는 주로 소비자물가지수(영국에서는 소매물가지수라고 부른다)를 사용해 물가상승률을 계산한다. 소비자물가지수는 우유, 집세, 이발 비용 등 매우 다양한 물건 및 서비스의 가격을 반영해 정해지며, 연금이나 사회보장 급여 같은 고정소득 지급액을 물가상승률을 반영해 조정할 때 사용된다. 지급액 조정은 연금과 사회보장 급여로 대부분의 생활비를 충당하는 저소득 가정에게 매우 중요하다. 물

● 《골디락스와 곰 세 마리》에서 주인공 소녀 골디락스는 곰 가족이 외출한 사이 집에 들어가 식탁 위에 놓인 수프 세 그릇을 발견한다. 첫 번째 수프는 너무 뜨겁고 두 번째 수프는 너무 차다고 느낀 소녀는 알맞은 온도의 세 번째 수프를 맛있게 먹는다.

가상승률을 반영하지 않을 경우 오랫동안 물가가 오르면, 고정소득의 가치가 아예 사라져버릴 수도 있기 때문이다.

예일대학교의 저명한 경제학자인 제임스 토빈 James Tobin 은 임금과 사회보장 급여를 비롯한 모든 가격이 적절히 조정될 경우 물가 상승은 경제에 해가 되지 않는다고 주장했다. 토빈의 이론에 따르면 물가 상승으로 인해 발생하는 주요 비용은 '구두창 비용'뿐이다. 구두창 비용이란, 물가가 오르면서 월급이 많아진 소비자가 돈을 더 찾기 위해 현금 인출기를 자주 이용하느라 구두창이 더 빨리 닳아서 발생하는 비용이다.

하지만 초인플레이션의 혼란 속에서 물가에 맞춰 임금을 올리기란 불가능에 가깝다. 결국 통제를 벗어난 인플레이션으로부터 안전한 사람은 아무도 없다. 경제위기는 상위 1퍼센트부터 극빈층까지 사실상 모든 사람에게 타격을 준다. 하지만 가장 고통받는 이들은 취약계층이다. 빵 한 덩이 가격이 한 달치 최저임금을 넘어서자, 베네수엘라의 빈곤층은 경제위기의 가장 잔인한 얼굴인 기아에 직면했다. 수백만 명의 경제 난민이 국경을 넘어 콜롬비아나 브라질로 향했다.

독일, 멕시코, 아르헨티나 등 지금껏 많은 나라가 초인플레이션의 피해를 입었다. 심지어 원나라 시절의 중국 또한 지폐가 너무 많이 유통되면서 걷잡을 수 없는 인플레이션에 빠진 경험이 있다. 1923년, 전후 독일 바이마르공화국에서는 인플레이션이 심해지면서 정부가 500억 마르크짜리 우표를 발행하고 간단한 생필품을 사기 위해 수레 가득 돈을 싣고 가야 하는 상황이 벌어지기도 했다.

미국 금리에 주목해야 하는 이유

인플레이션이 극심할 때, 정부와 통화당국이 주로 쓰는 방법은 통화량을 줄이는 것이다. 당장 사용 가능한 화폐 중 대부분이 은행 예금 형태로 존재하기 때문에 가장 효율적으로 통화량을 줄이는 방법은 중앙은행이 시중은행의 대출을 제한하고 지급준비율을 높이는 것이다. 간단히 말해 은행이 대출을 늘리면 경제가 성장하고, 은행이 대출을 줄이면 경제 속도가 느려진다.

중앙은행의 화폐 정책이 강력한 효과를 낼 수 있는 이유는 승수효과 때문이다. 승수효과는 은행이 우리가 예금한 돈을 금고에 가만히 두지 않기 때문에 나타난다. 은행은 이 돈을 다른 사람에게 빌려준다. 가령 누군가 포틀랜드은행에 100달러를 저축하면, 이 돈은 돌고 돌아 결국 키웨스트에 사는 개인이나 기업의 손에 들어갈지도 모른다. 은행은 예금 중 일부를 지급준비금으로 떼어두기만 하면, 나머지 돈은 자유롭게 빌려줄 수 있다. 그 결과 새 화폐를 찍어내지 않아도 화폐 공급이 증가하는 효과가 나타나는데, 한 은행이 대출한 돈이 다른 은행에 예금되고 그중 일부가 다시 대출되는 과정이 반복되기 때문이다.

은행의 대출 능력을 결정하는 요인은 두 가지인데, 예금액과 지급준비율이다. 이 중 지급준비율은 중앙은행 같은 통화당국이 결정한다. 대다수 은행은 예금액 가운데 일정 비율* 이상을 지급준비금으로 보유해야 하며, 이 돈은 고객에게 빌려줄 수 없다. 중앙은행이 지급준비율을 높이면 은행이 기업과 소비자에게 빌려줄 수 있는 돈이 줄면서 통화량이 줄어든다. 반대로 지급준비율을 낮추면 은행이 더 많은 돈을 빌려줄 수 있게 되어 경제활동이 활발해지고 그 결과 대출이 더 늘어 통화량이 증가한다. 2008년 대침체 당시 많은 국가의 중앙은행이 이 효과를 노리고 지급준비율을 낮췄다.

경제성장률을 조절하는 또 다른 방법은 이자율을 조정하는 것이다. 중앙은행은 경제성장률이 너무 낮다고 판단하면, 시중은행에 돈을 빌려줄 때 적용하는 이자율인 '재할인율'을 낮춘다. 그러면 중앙은행으로부터 '싼값'에 돈을 빌린 시중은행은 기업과 가계에 전보다 낮은 이자율로 돈을 빌려줄 수 있기 때문에 대출이 늘면서 경제 성장이 촉진된다. 반대로 중앙은행이 재할인율을 높이면 돈을 빌리는 비용이 '비싸지기' 때문에 가계와 기업의 집, 차, 휴가, 공장 등에 대한 소비가 줄어들면서 경제 발전 속도가 느려진다.

기관차가 움직이면 열차 여러 칸이 따라 움직이듯, 중앙은행이 이자율을 조정하면 경제 전체의 이자율이 바뀐다. 예를 들어 중앙은행이 재할인율을 올리거나 내리면, 은행이 서로에게 대출할 때 적용하는 기준 금리인 유럽의 은행 간 금리와 미국의 연방기금 금리도 따라서 오르고 내린다. 은행이 돈에 지불하는 비용이 오르면 경제 내 모든 형태의 대출

● 지급준비율. 가령 지급준비율이 10퍼센트라면 총 예금액의 10퍼센트 이상을 지급준비금으로 보관해야 한다.

이자가 오르면서 언제나 결국 소비자와 기업에 그 부담이 전가된다.

돈은 다른 여러 상품과 마찬가지로 교환할 수 있기 때문에, 모든 국가의 이자율은 서로 연관돼 있다. 은행과 투자자는 언제나 이자율이 가장 낮은 곳, 즉 돈이 가장 '싼' 곳으로 몰린다. 가령 워싱턴의 연방준비제도가 이자율을 올리거나 내리면, 마이애미나 미네소타의 가계 및 기업 대출 금리만 바뀌는 것이 아니라 전 세계 금리가 영향을 받는다. 세계 금융시장이라는 지구촌에서 금리는 경제활동의 심장 박동이나 마찬가지다.

항상 도로 상황을 주시하는 신중한 운전자처럼, 중앙은행은 경제가 어느 쪽을 향하고 있는지 보여주는 경기선행지표에서 눈을 떼지 않는다. 주요 경기선행지표로는 주택 착공 건수, 소매 판매액, 신규 공장 및 설비 투자 등이 있다. 경기선행지표와 달리, 물가상승률이나 GDP 성장률 같은 경기후행지표는 과거 경제 상황만을 반영한다. 미래 경제 상황을 정확히 알 수는 없지만, 경기선행지표와 경기후행지표는 둘 다 경제의 궤적을 파악하는 데 유용하다.

마이너스 금리와 양적 완화

어떤 면에서 보면 심각한 디플레이션은 초인플레이션보다 더 해결하기 어렵다. 인플레이션 시기에 중앙은행은 제한 없이 이자율을 올릴 수 있다. 하지만 디플레이션 시기에는 이자율을 0퍼센트까지 내리고 나면 경제 성장을 촉진하기 위해 중앙은행이 할 수 있는 일은 거의 없다. 이자율을 0퍼센트까지 내려도 상황이 해결되지 않을 때 할 수 있는 일은 두 가지다. 마이너스 금리와 양적 완화다.

마이너스 금리가 시행되면 예금자는 은행에 돈을 맡길 때 비용을 내야 한다. 과거 스위스나 덴마크 같은 나라가 마이너스 금리를 도입한 바 있다. 마이너스 금리는 더 많은 상품과 서비스를 구매하도록 유도함으로써 소비자와 기업이 가진 돈이 경제 전반에 풀리도록 유도한다.

2008년 금융위기 이후 경기가 심각하게 나빠지자, 일부 국가의 중앙은행은 양적 완화를 통해 침체된 경기를 살리고자 했다. 양적 완화는 중앙은행이 무한한 구매력을 이용해 공개시장에서 대규모 채권을 매입해 경제에 현금을 공급하는 방법이다. 중앙은행은 양적 완화를 통해 전에는 존재하지 않았던 돈을 새로 만들 수 있다.

어떻게 이런 일이 가능할까? 사실 돈은 중앙은행이 일반은행이나 개인 투자자로부터 채권을 사들이기 위해 '금고'(이 금고는 무한대의 금융자산이 들어 있는 블랙홀이나 마찬가지다)에 손을 뻗을 때마다 '만들어진다.' 중앙은행이 시장에서 채권을 구매하는 것을 흔히 '공개시장 조작'이라고 부르는데, 중앙은행은 채권을 받은 대가로 원래 채권의 소유자인 은행에 '현금'을 지급함으로써 경세에 새로운 돈을 주입한다. 그러면 은행은 이 돈을 소비자와 기업에 대출할 수 있고, 통화량이 늘면서 경제가 살아난다.

그러나 중앙은행도 물가가 계속 상승하거나 하락할 거라고 믿는 소비자와 기업가의 심리까지 바꾸기는 어렵다. 디플레이션과 초인플레이션을 근본적으로 해결하려면 미래 물가상승률에 대한 사람들의 기대치를 바꿔야 한다. 하지만 경제가 통제를 벗어난 상황에서 이는 쉽지 않은 일이다.

Basic

경기선행지표 경제학자와 정치 지도자가 경제의 향방을 예측할 수 있도록 도와주는 통계 자료. 주요 경기선행지표로는 주택 착공 건수, 소매 판매액, 신규 공장 및 설비 투자 등이 있다. 이들 지표는 경제의 과거 상황이 아닌 앞으로 향할 방향을 보여준다.

경기후행지표 실업률과 GDP 성장률은 과거 경제 상황을 반영하는 성격이 있기 때문에 경기후행지표라고 불린다. 반대로 주택 착공 건수 등의 지표는 앞으로의 경제 상황을 예측하는 성격이 있다.

공개시장 조작 중앙은행은 경제 성장을 조절하기 위해 공개시장 조작 정책을 쓴다. 미국 연방준비제도 등 각국 중앙은행은 필요할 때 공개시장에서 증권을 사고팔아서 경제에 돈을 더 공급하거나 거둬들인다. 중앙은행이 보유한 돈은 통화량에 속하지 않기 때문에 중앙은행이 증권을 사면 그만큼 시중에 돈이 풀리면서 통화량이 늘어난다. 반대로 중앙은행이 공개시장에서 증권을 팔면 중앙은행이 매수자로부터 받은 돈이 중앙은행 금고로 들어가면서 그만큼 통화량이 줄어든다. 공개시장 조작 과정에서 매매되는 증권은 대부분 국채다.

마이너스 금리 중앙은행은 경기를 부양하고자 할 때 보통 중앙은행 금고에 있는 돈에 대한 이자율을 내린다. 기업과 소비자가 돈을 은행 계좌에 넣어두는 대신 투자나 상품 구입에 사용하도록 유도하기 위해서다. 하지만 금리를 0으로 내려도 소비가 충분히 늘지 않자 일본, 스위스, 덴마크 등 일부 국가의 중앙은행은 돈을 맡기는 투자자에게 오히려 비용을 받기 시작했다. 이 마이너스 금리는 경제 내 모든 계좌로 퍼졌다. 가령 덴마크에서는 은행에 돈을 맡기려면 돈을 내야 한다. 심지어 몇몇 은행은 '공짜' 주택담보대출을 받는 사람에게 돈을 주는 마이너스 금리 모기지 대출 상품을 만들기도 했다.

소비자물가지수(CPI) 미국에서는 CPI(Consumer Price Index), 영국에서는 RPI(Retail Price Index, 소매물가지수)라고 부른다. 소비자물가지수는 평범한 시민이 한 해 동안 구입할 만한 상품과 서비스로 구성된 바스켓의 가격을 요약해 보여준다.

양적 완화 2008년 금융위기 이후 경제가 붕괴하자, 일부 국가의 중앙은행은 침체된 경제를 되살리기 위해 양적 완화 정책을 폈다. 양적 완화란 중앙은행의 무한한 구매력을 이용해 공개시장에서 대량의 채권을 사들여 경제에 현금을 공급하는 정책이다. 중앙은행은 양적 완화를 통해 이전에 존재하지 않았던 돈을 만들어낸다. 원칙적으로 돈은 중앙은행이 시중은행이나 투자자가 가진 채권을 사들이기 위해 '금고'(이 금고는 무한대의 금융 자원이 들어 있는 블랙홀이라 할 수 있다)에 손을 뻗을 때마다 '만들어진다.' 흔히 '공개시장 조작'이라고 부르는 중앙은행의 채권 구매는 원래 채권을 가지고 있던 은행에게 채권을 판 대가로 '현금'을 쥐여줌으로써 경제에 새로운 돈을 주입한다. 이제 은행은 이 돈을 소비자와 기업에 대출할 수 있고 그 결과 경제 성장이 촉진된다.

연방기금 금리 미국 내 은행이 다른 은행에 하루 동안 자금을 빌려줄 때 적용하는 금리. '연방기금 금리'라고 부르는 이유는 은행 간의 대출금을 보통 연방준비제도에 보관하기 때문이다. 연방준비제도에 지급준비금 기준보다 많은 예치금을 가지고 있는 은행은 지급준비금 기준을 채우기 위해 돈이 필요한 다른 은행에게 남는 돈을 빌려줄 수 있다. 연방기금 금리는 할인율과 혼동될 때가 많다. 그러나 연방준비제도가 직접 정하는 할인율과 달리, 연방기금 금리는 연방준비제도의 정책에 많은 영향을 받기는 하지만, 어디까지나

시중은행의 결정 사항이다.

은행 간 금리 은행이 다른 은행에 대출할 때 적용하는 금리로, 대체로 시장 금리보다 낮게 형성된다. 은행 간 금리는 다른 대출 금리를 결정할 때 기준으로 사용된다.

저축 나라의 소득 가운데 소비되지 않은 부분을 '저축'이라고 부른다. 저축은 대부분 은행에 예치되어 다른 사람들에게 대출되므로, 저축률이 높다는 말은 기업이 투자할 수 있는 돈이 많다는 뜻이다.

More

디스인플레이션 disinflation. 다소 헷갈릴 수 있지만, 디스인플레이션은 인플레이션 속도가 느려지는 것, 즉 상품 및 서비스 바스켓의 가격 상승 속도가 느려지는 것을 의미한다. 디스인플레이션이 발생하면 물가는 계속 오르지만 빠르게 오르지는 않는다. 물가 하락을 뜻하는 '디플레이션'과 혼동하지 않도록 하자.

물가 · 임금 악순환 물가 · 임금 악순환이 발생하면, 물가가 빠르게 상승하면서 임금 인상 요구가 잦아지고 임금이 오르면서 물가가 더 빠르게 상승한다. 닭이 먼저냐 달걀이 먼저냐 하는 논쟁처럼, 물가가 먼저 올랐는지 임금이 먼저 올랐는지는 아무도 알지 못한다. 하지만 그 끝이 '걷잡을 수 없는 인플레이션'이라는 사실만은 자명하다.

상업은행 예금과 대출 업무를 하는 일반은행을 흔히 상업은행이라고 부른다. 원래 미국과 일본에서는 상업은행이 주식 매매나 신주(새로 발행한 주식) 인수 같은 투자은행 활동을 하는 것이 금지돼 있었다. 하지만 21세기 초에 법이 개정되면서 상업은행도 투자은행이 하는 활동을 대부분 할 수 있게 됐다.

투자은행 Investment Bank. 예치한 자금을 대출해 돈을 버는 상업은행과 달리, 투자은행 은 유가증권 발행 및 거래와 기업 재무 상담 업무를 주로 한다. 일부 국가에서는 투자은 행을 '머천트 뱅크'라고 부른다. 21세기 융합경제가 도래하면서, 많은 은행이 투자은행과 상업은행 업무를 동시에 하게 됐다. 이런 은행을 '유니버설 뱅크(universal bank)'라고 부른 다.

프라임레이트 prime rate. 미국 은행이 최상위 기업 고객에게 자금을 대출할 때 적용하는 우대 금리. 리보 금리(LIBOR)와 마찬가지로 프라임레이트는 은행이 고객의 위험 등급을 고 려해 대출 이자율을 정할 때 기준점으로 쓰인다. '저위험, 저수익' 원칙에 따라, 은행의 최 상위 기업 고객은 일반적으로 시장에서 가장 낮은 수준의 금리를 적용받는다.

할인율 중앙은행이 시중은행에 대출할 때 적용하는 이자율. 중앙은행은 경제 전체의 이 자율에 영향을 미쳐 경제성장률을 조절할 목적으로 할인율을 주기적으로 조정한다. 미국 의 중앙은행인 연방준비제도가 정하는 할인율을 연방기금 금리와 혼동하는 사람이 많지 만, 할인율만 연방준비제도가 직접 결정한다.

환매조건부채권(RP) repurchase agreements. 정해진 날, 정해진 가격으로 되팔기로 약 속하고 구매하는 채권을 환매조건부채권(환매채)이라고 한다. 본질적으로 대출이나 단기 투자의 한 형태로 볼 수 있다. 한국은행이나 미국 연방준비제도 같은 중앙은행은 경제 전체에 돈을 더 공급하거나 줄이기 위해 환매조건부채권을 이용한다. 중앙은행이 환매채를 매입하거나 매도한다는 소식을 들으면, 투자자들은 중앙은행의 행동으로 인해 이자율이 오르내릴 것이라 예상하고 자신이 가진 환매채를 팔거나 사들인다.

환율을 결정하는 손은
따로 있다

#환율 조작의 비밀

미국 정부는 2018년 중국을 상대로 무역전쟁을 선포하면서 중국을 '환율 조작국'으로 지정했다. 미국 정부에 따르면, 미국이 중국을 상대로 수십 년 동안 무역 적자를 본 이유는 위안화가 저평가됐기 때문이다. 하지만 당시 미국은 전 세계 80개국 이상을 상대로 적자를 보고 있었고, 위안화의 비교적 낮은 가치는 많은 원인 중 하나일 뿐이었다. 미국 정부는 위안화가 너무 저평가됐다고 주장했지만, 이 말은 달러가 너무 강세라는 말과 똑같은 의미다.

정의상 한 나라가 발행한 화폐의 가치는 다른 나라가 발행한 화폐의 가치와 연관돼 있을 수밖에 없다. 달러 대비 페소의 가격이 오른 동시에 유로 대비 달러의 가격이 올랐다면, 당연히 유로 대비 페소의 가격은 더 올랐을 것이다. 그런데 달러, 페소, 유로 같은 현금 외에 다른 형태의 돈도 있다. 비트코인이든 신용카드든 주머니에 들어 있는 지폐든 가치를 나타내는 것은 모두 돈이다. 이 모든 돈의 가치는 어떻게 정해지는 걸까?

길거리에서 사과를 산더미처럼 쌓아놓고 싸게 파는 날이 있는가 하면 어떤 날은 사과를 구경하기조차 힘든 것처럼, 희소한 물건은 가치가 오른다. 화폐도 다른 상품과 마찬가지다. 한 나라에서 다른 나라로 상품과 서비스가 이동할 때마다 돈은 반대 방향으로 이동한다. 각 나라 또는 경제권마다 고유의 화폐를 사용하므로, 이 통화의 가치에 따라 외국으로 팔리는 그 나라 상품과 서비스의 가격이 변한다. 마찬가지로 화폐 가치 또한 상품과 서비스 가격의 영향을 받아 변한다.

국제 시장에서 화폐는 시카고, 상하이, 파리 등 전 세계 거래소와 컴퓨터를 통해 매일 24시간 거래된다. 화폐의 가격은 1초에도 몇 번씩 바뀔 때가 많다. 21세기 경제에서 화폐의 가치는 끊임없이 변화하는 환경 속에서 파는 사람과 사는 사람이 원하는 가격에 따라 결정된다.

우리는 다양한 이유로 화폐를 사고판다. 한 가지 이유는 외국에서 상품이나 서비스를 수입한 대금을 지불하기 위해서다. 하지만 미래에 화폐 가치가 변할 것을 기대하고 화폐를 매매하는 투기꾼도 있다. 하락장에서 집을 사려는 사람이 누가 있을까? 누구나 가격이 오르기 시작할 때를 기다렸다가 사고 싶을 것이다. 통화 시장에서도 마찬가지다. 한 투기꾼이 몇 년 뒤 달러 가격이 오를 거라고 예상하면, 다른 투기꾼과 투자자가 그를 따라 달러를 사들이면서 자기실현적 예언처럼 달러 가격이 오른다.

국가가 환율에 개입하는 이유

종종 국가가 외환시장에 개입해 자국 통화의 가치를 인위적으로 올리거나 내릴 때가 있다. 정부는 특정 화폐를 대량으로 팔거나 사들임으로써 화폐 가격에 큰 영향을 미칠 수 있다. 21세기 초 100개가 넘는 국가가 다양한 방법으로 환율에 개입했다. 하지만 환율 조작 사실을 드러내놓고 인정한 국가는 많지 않다. 공개적으로 환율에 개입하는 국가는 대부분 자국 통화의 가치를 다른 통화에 연동하는 페그제를 채택한 국가들이다. 예를 들어 중서부 아프리카 14개국이 소속된 아프리카재정공동체Communauté Financière Africaine(CFA)는 이들이 발행하는 CFA 프랑의 가격을 유로에 연동하는 페그제를 시행하고 있다. 이외에도 홍콩, 아랍에미리트, 여러 카리브해 국가에서는 달러 페그제를 시행 중이다. 영국, 유로존, 미국 등 선진국이 주로 사용하는 자유변동환율제를 '클린플로트clean float'라고 부르는데, 이에 빗대 페그제를 '더티플로트dirty float'라고 부르기도 한다.

  일반적으로 환율 조작은 자국 통화의 안정성을 유지하기 위해 행해진다. 자국 통화의 가치가 높으면 수입품을 싸게 구할 수 있으므로 물가

상승 폭이 적고, 개인이 해외여행을 가거나 기업이 외국 자산을 구입하는 데 유리하다. 자국 통화 가치가 높을 때의 단점은 수출이 줄어들면서 실업이 발생한다는 것이다. 그래서 각국 정부는 통화 가치가 너무 오르지 않도록 주의를 기울인다.

하지만 정부가 국제 시장에서 오르내리는 자국 통화의 가격을 언제나 조절할 수 있는 것은 아니다. 영국, 아르헨티나, 태국을 비롯한 여러 나라의 통화 가치 폭락 사태가 보여주듯, 투기 자본은 외환시장에 엄청난 영향력을 행사한다. 정부가 투기 세력과의 싸움에서 종종 패하는 이유는 통화 가치가 하락할 때 정부가 안정을 되찾기 위해 할 수 있는 일이 많지 않기 때문이다. 가령 국채를 팔기 위해 이자율을 높이면, 경기가 침체되어 외국인 투자자들이 오히려 겁먹고 도망가는 상황이 벌어질 수도 있다.

세계 경제 내에 그 나라 통화를 가진 집단이 너무 많기 때문에 통화 가치를 조절하려는 중앙은행의 노력이 효과를 보지 못하는 경우도 많다. 예를 들어 달러 준비금의 약 80퍼센트는 유럽, 캐나다, 미국 같은 선진국 중앙은행이 아니라 대만, 중국, 페르시아만 산유국 같은 신흥국의 중앙은행에 보관되어 있다. 이들 국가의 중앙은행은 수출로 벌어들인 막대한 돈을 미국 국채를 비롯한 달러 표시 유가증권에 투자한다.

2010년대 말 신흥국 중앙은행의 외환 보유액은 6조 달러를 넘어선 것으로 보인다. 신흥국이 변동이 심한 자국 화폐 가치가 요동치는 것을 막거나 환율에 개입하기 위해 쓸 수 있는 돈도 그만큼 많아진 셈이다. 이들은 공급이 늘면 통화 가치가 오르고 공급이 줄면 통화 가치가 내린다는 사실을 이용해, 공개시장에서 특정 국가의 통화를 대량으로 사들이거나 팔아치워 환율을 조작한다.

달러의 딜레마

달러가 세계에서 가장 중요한 준비통화라는 사실은 미국 달러의 가치에 엄청난 영향을 미칠 뿐 아니라, 미국의 무역 적자에도 적지 않은 영향을 준다. 추정에 따르면 2010년대 후반 이뤄진 모든 국제 무역 거래 가운데 약 40퍼센트가 미국 달러로 거래됐다. 많은 국가와 기업이 미국과의 거래가 아닌 다른 국제 무역 거래에서도 미국 달러를 쓴다. 이러한 관행은 달러에 대한 추가 수요를 창출하고 달러 가치를 높게 유지시킨다. 전 세계가 의도치 않게 미국 경제를 돕고 있는 것이다.

화폐 가치가 높으면 물가가 정상 수준보다 낮게 유지될 뿐 아니라, 그 나라의 경제적·군사적 위상도 크게 달라진다. 지난 수년 동안 미국이 지출한 군비 가운데 대부분이 무역을 통해 벌어들인 달러로 미국 국채를 사들인 외국인들에 의해 조달됐다. 또한 미국이 세계무대에서 큰 영향력을 행사할 수 있는 것도 준비통화인 달러를 무기로 불량정권에 제재를 가할 수 있기 때문이다. 예를 들어 2018년 미국이 이란 및 이란과 교역하는 나라의 달러 거래를 금지하겠다고 선언하자, 대다수 국가는 세계 경제에 참여하고자 즉각 이란 제재에 협조했다.

기축통화를 발행하는 나라가 겪는 딜레마를 트리핀 딜레마[Triffin dilemma]라고 부른다. 트리핀 딜레마는 달러의 가격이 초과 수요로 인해 정상보다 높은 상태로 유지된다는 가정을 기초로 한다. 달러가 강세인 경우 미국 수출품의 가격도 정상적인 가격보다 더 높아지므로, 수출이 줄어들면서 큰 폭의 무역 적자가 자주 발생할 수밖에 없다는 것이다.

하지만 결국 한 나라의 무역 적자는 그 나라가 외국을 상대로 얼마나 썼고 얼마나 벌었는지에 달렸다. 사실 대다수 경제학자는 2010년대에 미국이 대규모 무역 적자를 기록한 이유가, 미국 가정이 저축을 적게 했고 미국 정부가 대규모 재정 적자를 냈기 때문이라고 말한다. 미국 소비자들은 연금저축 계좌에 돈을 더 넣기보다 대형 마트에서 최신 외국산 평면 텔레비전을 사는 쪽을 택한다. 그렇게 함으로써 그들이 저축보다는 소비를 좋아한다는 사실을 전 세계에 알리고 있다. 미국 정부의 대규모 적자가 다른 나라에 보내는 메시지 또한 비슷하다.

사실 빚을 내서라도 소비하는 성향의 미국인들 때문에 미국 제품과 서비스가 외국으로 팔릴 기회는 그만큼 적어진다. 헤픈 미국 정부와 소비자가 다 소비해버려 수출할 물량이 남지 않는 것이다. 빵집 주인이 가게 문을 열기도 전에 진열된 빵을 반쯤 먹어치우는 것과 다름없는 상황이다.

수출보다 수입이 많으면 제품과 서비스의 총거래량을 나타내는 지표인 경상수지 적자가 커질 수밖에 없다. 이 적자를 메우려면 수입품을 사기 위해 해외에 지불한 달러를 어떻게든 다시 미국 내로 들여와야 한다. 달러를 다시 들여올 방법은 두 가지다. 하나는 미국 기업이나 상품을 외국에 파는 것이고, 또 하나는 외국에 국채를 파는 것이다. 미국 재무부가 수조 달러의 국채를 발행할 수 있는 이유는 누군가 이를 사주기 때문인데, 이 국채를 가장 많이 사주는 주체가 바로 미국에 상품을 팔아서 달러를 많이 번 수출 중심 국가다. 결국 미국이 과도한 수입으로 인해 발생한 무역 적자가 외국이 미국 국채를 매입하면서 상쇄되는 것이다.

최근 몇 년 동안 터져 나온 환율 조작에 대한 불만은 경제적 사실에 근거한 비난이라기보다는 정치 플레이에 가깝다. 게다가 특정한 두 나라 사이의 무역만 따로 떼어놓고 보면 잘못된 인식을 가지기 쉽다. 사실 몇 년 전부터 멕시코와 중국의 경제는 공장 기반 저임금 모델을 벗어나 부품을 수입해 조립한 뒤 외국으로 수출하는 모델로 진화했다. 실제로 2010년대 후반 중국이 미국에 수출한 물건 가운데 내용물이 중국산인 경우는 30퍼센트가 채 되지 않는다. 미국에서 팔리는 중국 제품의 대표격인 스마트폰도 대부분 중국보다 더 임금이 낮은 이웃 나라에서 부품을 들여와 조립한 뒤 수출된다. 이런 이유로 중국은 미국과의 무역에서는 흑자를 보고 있지만, 다른 많은 나라와의 무역에서는 지속적으로 적자를 보고 있다.

특정한 두 나라 사이의 상품 및 서비스 무역 적자에만 초점을 맞춰 어떤 대가를 치르더라도 무역전쟁을 선포해야 한다고 주장하는 사람들은 건전한 무역을 통해 얻을 수 있는 여러 경제적 이득을 무시하고 있다. 소득이 증가하는 13억 인구를 가진 중국 시장은 제대로 공략하기만 하면 일본, 유럽연합, 캐나다, 오스트레일리아 같은 선진국 시장보다 미국 수출 기업에 훨씬 큰 이득을 안겨줄 것이다.

더군다나 미국이 우위를 점하고 있는 자율주행차나 로봇 같은 첨단 기술 제품에 대한 세계 시장의 수요가 커지고 있다는 사실을 고려하면, 환율 조작을 이유로 무역전쟁에 돌입하는 것은 장기적으로 볼 때 절대 합리적인 경제 전략이라 할 수 없다.

Basic

투기 투기꾼은 투자 상품의 가격이 올랐을 때 시세차익을 보려는 목적만 가지고 물건을 사고파는 사람이다. 위험을 분산하기 위해 헤지를 하는 사람이나 시장의 불균형을 이용해 돈을 버는 차익거래자와 달리, 투기꾼은 시장의 다른 투자자가 간과하는 사실을 자신만 알고 있다고 생각하고 매수나 매도에 나선다.

페그제 정부는 특정 화폐를 대량으로 팔거나 사들임으로써 그 화폐의 가격에 엄청난 영향을 미칠 수 있다. 드러내놓고 인정한 국가는 많지 않지만, 21세기 초 100개 이상의 국가가 다양한 방법으로 환율을 조작했다. 공개적으로 환율에 개입한 나라 가운데 대부분은 자국 통화의 가치를 다른 통화에 연동시키는 고정환율제인 페그제를 채택한 국가들이다. 예를 들어 중서부 아프리카 14개국이 속한 아프리카재정공동체가 발행하는 CFA 프랑은 유로 페그제를 시행하고 있으며, 대다수 카리브해 국가와 홍콩, 아랍에미리트에서는 미국 달러 페그제를 시행하고 있다.

More

G7/G8/G20 G7은 주요국의 경제 전략을 조율하기 위해 처음으로 만들어진 모임으로, 캐나다, 미국, 일본, 프랑스, 독일, 이탈리아, 영국이 속해 있다. 이들 7개국 정상은 정기적으로 만나 광범위한 정치 및 경제 문제를 논의한다. 1997년부터 2014년까지는 러시아도 참여해 G8로 불렸다. 2008년 세계 금융위기 이후, G7 국가에 일부 개발도상국을 비롯한 세계 경제의 주요 참여국이 더해진 G20이 결성됐다. G20 소속 국가는 다음과 같다. 아르

헨티나, 오스트레일리아, 브라질, 캐나다, 중국, 유럽연합, 프랑스, 독일, 인도, 인도네시아, 이탈리아, 일본, 멕시코, 러시아, 사우디아라비아, 남아프리카공화국, 한국, 터키, 영국, 미국. 여기에 스페인이 영구 초청국으로 참여하고 있다.

관리변동환율제 dirty float. 여러 개발도상국은 자유변동환율제가 아닌 관리변동환율제를 채택하고 있다. 더티플로트라고 불리는 관리변동환율제는 특정 통화나 통화 바스켓을 기준으로 환율을 고정해 자국 통화의 가치를 안정적으로 유지하는 제도다. 예를 들어 홍콩, 중국, 사우디아라비아는 전통적으로 달러를 기준으로 환율을 고정해왔다. 또한 헝가리, 리투아니아, 에스토니아, 불가리아 등 여러 동유럽 국가들은 유로화를 기준으로 통화 가치를 고정했다. 21세기 초, 국제 경제 참여국 가운데 100개가 넘는 나라가 환율을 안정적으로 유지하기 위해 관리변동환율제를 시행했다.

외국환 거래소(F/X) 화폐는 전 세계 금융 수도의 외환시장에서 하루 24시간 내내 거래된다. 외국환 거래는 매매되는 상품의 내재가치가 없다는 점에서 여타 거래와 다르다. 각 화폐의 가치는 다른 화폐와의 비교를 통해서만 정해진다. 예를 들어 달러의 가치는 1달러가 몇 유로, 엔, 파운드, 위안인지에 따라 결정된다.

외환보유고 외환보유고는 각국 중앙은행이 보유한 외환, 금, 특별인출권 등을 말한다. 외환보유고는 통화 발행이나 금융기관 예치금, 정부 예치금 같은 중앙은행 부채를 지급 보증하는 역할을 한다. 전통적으로 대다수 국가에서는 외환보유고의 대부분을 달러로 채웠다. 하지만 21세기의 중앙은행들은 유로와 엔을 비롯한 다른 국제 통화의 비율을 늘리고 있다.

특별인출권(SDR) special drawing right. 국제통화기금(IMF)이 금과 다른 통화의 대안으로 만든 화폐의 일종. 국제통화기금 내에서는 특별인출권으로 회계 기록과 지불이 이뤄진다. 또한 많은 나라가 특별인출권을 준비통화로 보유한다. 특별인출권의 가치는 미국 달러, 일본 엔, 유로가 포함된 통화 바스켓의 가치를 기준으로 정해진다.

방구석에서 스타벅스 주식을 사는 사람들

#해외 주식과 채권

스페인, 영국, 미국 같은 잘사는 나라에서조차 많은 사람이 한 달 월급만 밀려도 파산할 위기에 처해 있다. 2010년대 말 현재, 미국인의 평균 저축액은 1000달러가 채 안 된다. 세계적으로도 의료비 등 예상치 못한 지출이나 노후 자금으로 쓰기 위한 예비저축 계좌에 한 달 먹고살 돈조차 들어 있지 않은 사람이 대부분이다.

　주식과 채권으로 이루어진 위험 분산 포트폴리오를 갖추는 것이 미래를 위한 최고의 투자라는 증거는 넘쳐나지만, 세계 성인 인구 가운데 대다수는 주식 한 주조차 가져본 적이 없다. 개발도상국 청년들은 훨씬 안정적인 주식시장 대신 비트코인 같은 암호화폐에 더 많이 투자한다.

오늘날에도 여성은 평균적으로 남성에 비해 주식과 채권에 덜 투자하며, 고소득 직장 여성이나 가정 경제를 책임지고 있는 여성도 마찬가지다. 그 결과 거의 모든 선진국에서 여성의 저축액은 남성보다 적다. 가령 영국에서 여성의 저축액은 평균적으로 남성의 약 4분의 1에 불과하다.

이러한 차이 중 일부는 남녀 임금 격차로 설명할 수 있지만, 남성보다 돈을 많이 버는 여성 중에도 자산을 현금으로 보유하거나 수익률이 물가상승률에도 미치지 못하는 MMA 계좌에 넣어두기만 하는 경우가 많다. 이러한 저리 금융상품의 '실질' 수익은 물가 상승으로 인한 구매력 감소를 고려하면 마이너스인 경우가 많다. 하지만 주식은 지난 반세기 동안 매년 대다수 국가의 물가상승률을 가볍게 뛰어넘는 평균 10퍼센트에 달하는 수익을 냈다.

주식과 채권

많은 사람이 투자에 소극적인 이유는 주식과 채권으로 이뤄진 포트폴리오를 만들고 관리하기가 어려워 보여서다. 하지만 사실 주식이나 채권 투자는 집을 사거나 휴대전화 요금제를 선택하는 일과 크게 다르지 않다. 기본적으로 주식은 기업 일부에 대한 소유권을 나타내는 증서다. 회사 주식을 가진 사람은 누구나 그 회사의 일부에 대한 소유권을 가지는데, 이를 지분이라고 부른다. 회사가 수익을 내면 주주는 다양한 방식으로 이익을 본다. 수익이 났을 때 경영자는 두 가지 방식으로 주주들에게 수익을 배분할 수 있다. 하나는 배당금 형식으로 주주의 계좌에 현금으로 입금하는 방식이고, 다른 하나는 회사에 남겨 기업 가치를 높이는 방식인데 기업 가치가 높아지면 대개 주가도 상승한다.

21세기 주식의 발행과 거래는 대개 전산으로 이뤄진다. 하지만 개념은 옛날과 다르지 않다. 주주는 주식을 다른 사람에게 팔기 전까지 기업의 일부를 소유하고 기업이 올린 수익을 나눠 갖는다. 하지만 채권의 소유권은 소유자가 그 채권을 나타내는 차용증서(IOU)를 가질 뿐이라는 점에서 주식과는 완전히 다르다. 회사와 정부 같은 채권 발행 기관은 그저 미래에 빌린 돈을 갚고 이자를 몇 퍼센트 지불하겠다는 데 동의했을 뿐이다.

주식 투자는 일반적으로 채권 투자보다 위험하다. 기업이 손실을 냈거나 미래에 손실이 예상될 경우 주식의 가격은 크게 떨어진다. 반면 채권의 수익률은 대부분 미리 알 수 있다. 채권은 대개 고정금리 방식이며, 만기에 그 채권의 원래 구입 가격인 액면가를 지급한다.

일반적으로 주식은 투자자에게 지분 투자에 따른 추가 위험을 보상해야 하므로 수익률이 채권보다 높다. 1929년과 2008년처럼 시장이 붕괴한 해를 제외하면, 언제나 주식의 평균 수익률이 국채나 정기예금보다 훨씬 높았다. 만일 2차 세계대전 직후 1000달러를 들여 S&P500 종목을 사들인 뒤 수익을 계속 재투자했다면, 이 돈은 기하급수적으로 불어나 오늘날 거의 100만 달러가 됐을 것이다. 이런 이유로 투자 전문가들은 노후 자금 마련 등의 장기 투자를 생각하는 사람들에게 장기 기대 수익률이 높은 주식시장에 투자하라고 조언하는 경우가 많다. 반대로 휴가 자금 모으기 같은 단기 투자를 할 때는 채권처럼 변동성이 낮은 보수적인 자산에 투자하는 편이 좋다.

투자하기 전에 알아야 할 금융 지식

국제 금융시장이 팽창하고 투자 선택지가 다양해지면서 우리에게 요구되는 금융 지식의 수준도 점점 높아지고 있다. 확정기여형연금(DC), 개인퇴직계좌(IRA), 신용카드 대출, 급여가불 대출 payday loan 등 새로운 저축 투자 상품이 계속 생겨나고 있다. 하지만 세계 어디에나 간단한 금융 계산조차 하지 못하는 사람이 많다.

매사추세츠에 있는 미국경제연구소National Bureau of Economic Research(NBER) 소속 경제학자 안나마리아 루사르디Annamaria Lusardi와 올리비아 미첼Olivia Mitchell은 다양한 국가의 사람들에게 세 가지 간단한 문제를 풀게 했다. 대다수 선진국에서 절반 이상이 문제를 다 맞히지 못했다. 이들이 낸 문제는 이자율, 물가상승률, 분산 투자에 관한 단순 계산 문제로, 다음과 같았다.

1. 저축 계좌에 100달러가 들어 있고 연 이자율은 2퍼센트라고 가정하자.

계좌에 돈을 그대로 둔다면 5년 후 계좌에는 얼마가 들어 있겠는가? (a) 102달러보다 많음 (b) 정확히 102달러 (c) 102달러보다 적음 (d) 모름 또는 응답 거부

2. 저축 계좌의 이자율이 연 1퍼센트이고 물가상승률이 연 2퍼센트다. 1년 뒤 여러분은 계좌에 들어 있는 돈으로 (a) 오늘보다 많이 살 수 있다 (b) 오늘과 똑같이 살 수 있다 (c) 오늘보다 적게 살 수 있다 (d) 모름 또는 응답 거부

3. 다음 문장은 (a) 옳다 (b) 틀리다 (c) 모름 또는 응답 거부
   "일반적으로 주식 뮤추얼펀드에 투자하는 것보다 한 기업의 주식을 사는 편이 더 안전하다."

답은 1-a, 2-c, 3-b다.

미국에서는 응답자 중 30퍼센트만 세 문제 모두를 맞혔다. 문제를 다 맞힌 사람이 반을 넘는 나라는 독일과 스위스뿐이었다. 한편 러시아에서는 응답자 가운데 4퍼센트만 세 문제를 다 맞혔고, 금융 상식이 뛰어난 나라로 평가받는 스웨덴과 일본에서조차 약 25퍼센트만 만점을 받았다.

많은 사람이 한 달치 월급을 못 받으면 파산할 위기에 처해 있는 상황에서는 모든 금융 결정 하나하나가 대단히 중요한 의미를 가진다. 그

세계 주요 주가지수

- 오스트레일리아 시드니: OA 지수(All Ordinaries Index)
- 브라질 상파울루: 보베스파Bovespa(Bolsa de Valores de São Paulo)
- 캐나다 토론토: S&P/TSX(Standard & Poor's and Toronto Stock Exchange)
- 중국: 심천종합지수
- 유럽: 유로스톡스 50(EURO STOXX 50)
- 프랑스 파리: CAC - 40(Cotation Assistée en Continu-Continuous Assisted Quote)
- 독일 프랑크푸르트: DAX(Deutscher Aktienindex)
- 홍콩: 항셍지수
- 이탈리아 밀라노: S&P/FTSE MIB 지수(Standard & Poor's and Financial Times Milan Stock Exchange-Borsa di Milano Index)
- 이스라엘 텔아비브: TA35 지수(TA35 Index)
- 일본 도쿄: TOPIX(Tokyo Stock Price Index)
- 멕시코 멕시코시티: IPC 지수(Indice de Precios y Cotizaciones Index)
- MSCI 지수(2009년 모건스탠리가 관리권을 포기한 뒤 독립적으로 운영)
- 네덜란드 암스테르담: AEX 지수(Amsterdam Exchange Index)
- 폴란드 바르샤바: WIG20(Warszawski Indeks Gieldowy-Warsaw Stock Exchange Index)
- 러시아 모스크바: RTS 지수(Russian Trading System Index)
- 싱가포르: STI(Straits Times Index). 《스트레이츠 타임스》에서 시작한 지수)
- 한국 서울: KOSPI(Korea Composite Stock Price Index)
- 스페인 마드리드: IBEX 35(Iberian Index)
- 스위스 취리히: SMI(Swiss Market Index)
- 영국 런던: FTSE 100(《파이낸셜 타임스》와 런던증권거래소의 합작 벤처 기업)
- 미국 뉴욕: 다우존스 산업평균지수(Dow Jones Industrial Average)
- 미국 뉴욕: 나스닥 지수(NASDAQ). 1971년 전미증권업협회(NASD)에서 만든 지수로 주로 기술주로 구성.
- 미국 뉴욕: S&P500(Standard & Poor's 500)

러나 연 이자율이 40퍼센트 가까이 되는 데다 복리로 빚이 불어나는 카드빚을 갚는 것이 자신의 재정 상태에 엄청난 영향을 미친다는 사실을 이해하지 못한다면, 나와 가족의 안전하고 행복한 미래를 장담하기 힘들다.

주가지수는 투자의 편의성을 위해 만들어진 지표로, 분산 투자를 위해 투자자가 해야 할 일 가운데 많은 부분을 대신 해준다. 특히 주가지수에 포함된 모든 종목에 투자하는 상품인 ETF 펀드에 투자하면 일반 주식 펀드보다 훨씬 싼 수수료로 쉽게 분산 투자를 할 수 있다. 보통 주가지수에는 시장에 속한 모든 주식의 실적을 대표하는 특정 종목 몇 개의 가격만 선택적으로 반영된다. 밭에 나가 작물이 잘 자라고 있는지 확인하는 농부를 떠올려보자. 밭에 심은 모든 작물을 일일이 살펴보기보다는 몇 포기만 골라 살펴보는 편이 훨씬 수월할 것이다. 주가지수를 산정할 때도 마찬가지다. 투자자들은 대표 종목의 '평균'을 보고 전체 시장 상황에 대해 파악할 수 있다.

손쉬운 투자 방식

21세기 경제는 투자 방식의 신세계를 열었다. 어떤 면에서 보면 이제는 모든 사람이 투자자다. 직접 주식이나 채권을 사지 않더라도, 연기금*과 대학 기부금 펀드가 세계 시장에 투자해 벌어들인 돈이 결국 우리가 집을 사거나 병원 치료를 받거나 기숙사비를 내거나 늙어서 탈 휠체어를 사는 데 쓰이니 말이다.

게다가 개인 투자자가 직접 투자하는 방법도 다양해졌다. 은행 계좌로 돈을 부치거나 스마트폰 앱을 쓰는 것만큼이나 쉽게 투자할 수 있는 서비스가 여럿 나와 있다. 주식을 한 주 단위가 아닌 소수점 단위로 파는 스톡파일Stockpile이나 범프Bump 같은 앱을 이용하면 5달러만 있어도 스타벅스처럼 자주 이용하는 회사의 주식을 구매할 수 있다. 소수점 단위의 주식을 담은 기프트카드를 선물할 수 있는 앱도 있다. 에이콘스Acorns라는 앱은 신용카드 사용액을 정수로 반올림한 뒤 남는 금액을 자동으로 분산 포트폴리오에 투자해준다. 주당 1000달러가 넘는 주식이 많은 요즘 같은 시대에 적은 돈으로 부담 없이 투자할 수 있게 해주는 이런 서비스는 우리가 일상적으로 손쉽게 투자할 수 있도록 해준다. 게다가 시간이 지나면 적은 돈이 큰돈으로 불어날 수도 있다.

'일찍 모은 돈은 효모처럼 번식한다'라는 말이 있다. 원래 정치 자금을 모금할 때 쓰던 말이지만, 투자 또한 일찍 시작할수록 돈이 기하급수적으로 늘어나는 경향이 있다. 예를 들어 앞서 소개한 에이콘스는 젊은 이들이 잔돈을 '저금통'에 넣듯 투자할 수 있게 해주는 앱으로, 스물다섯 살 때부터 한 주에 25달러씩 투자하면 일흔 살에 30만 달러를 모을 수 있다고 강조한다. 이런 일이 가능한 이유는 '수익 누적' 때문이다. 잘 분

● 연금과 기금을 합친 말로, 연금을 지급하는 원천이 되는 기금을 뜻한다.

산된 투자 포트폴리오로 얻은 수익을 재투자하면 시간이 지날수록 더 많은 수익이 쌓인다. 미국의 비과세 저축 계좌 또한 많은 사람이 놓치고 있는 투자 선택지 중 하나다. 잘 분산된 주식 포트폴리오에 투자하는 비과세 퇴직 저축 계좌에 가입하기만 해도 상당히 많은 노후 자금을 모을 수 있으며, 특히 고용주가 납입금의 일부를 내는 매칭 기여 방식인 경우 더 많은 돈을 모을 수 있다.

나에게 맞는 투자처를 고르는 법

국제 경제에서 해외 시장이 차지하는 비중이 늘면서 똑똑한 투자자들은 포트폴리오를 전 세계로 확장하고 있다. 이제는 국내 주식을 살 때보다 조금만 더 시간을 들이면 인터넷으로 해외 주식을 살 수 있다. 여러 증권사의 웹사이트나 앱을 통해 해외 주식을 사서 자국 통화로 결제할 수 있다. 예를 들어 미국 증권사 계좌를 갖고 있는 투자자는 외국 기업의 주식을 구매한 은행이 발행하는 증권인 미국주식예탁증서(ADR)를 살 수 있다. 주식예탁증서를 가진 사람은 마치 주식 자체를 소유한 것처럼 증서의 기초가 된 주식에 대한 모든 권한을 가진다. 만일 해외 주식의 가격이 변하면 동시에 주식예탁증서의 가격도 변한다.

　해외 투자를 처음 하는 사람이라면 시장 전문가에게 기댈 수 있는 관리 운용 펀드에 가입하고 싶을지도 모른다. 예를 들어 뮤추얼펀드에 가입하면 한 자산의 가치가 급락하더라도 전체 수익률이 크게 변하지 않도록 주식과 채권을 비롯한 다양한 유가증권에 분산 투자할 수 있다. 여러 자산운용사에서 판매하는 뮤추얼펀드에 가입해 수수료를 내면 전문 펀드매니저가 자산을 적절히 분산 투자해준다. 펀드매니저는 자신이 관리하는 펀드 자산의 일정 비율을 펀드 운용 보수로 받으며, 큰 수익을 낸 경우 보너스를 받기도 한다.

세계 경제의 규모가 커지면서 투자자들은 구체적인 목표나 관심사에 맞게 다양한 펀드를 고를 수 있게 됐다. 신흥시장, 중소기업, 블루칩(분야별 우량기업) 등 분야를 정해 집중 투자하는 펀드가 있는가 하면, 암호화폐, 농업, 부동산, 환경 등 특정 산업과 관련된 기업에만 집중 투자하는 펀드도 있다. 특정 국가나 지역에 집중적으로 투자하고 싶어 하는 사람들을 위한 국가 펀드와 지역 펀드도 있다.

일반적으로 개별 시장과 유가증권에 대해 잘 알고 있는 전문가가 운용하는 펀드가 평범한 개인 투자자보다 높은 수익을 올린다. 단점은 수익에서 운용 보수(수수료)를 제해야 한다는 것인데, 때로는 운용 보수를 제하고 나면 수익이 거의 남지 않는 경우도 발생한다. 이런 이유로 변동성이 적으면서 일반 뮤추얼펀드보다 수수료가 낮은 상장지수펀드(ETF)의 인기가 점점 높아지고 있다. ETF 펀드는 대개 특별한 투자 기법 없이 S&P500 지수 같은 특정 주가지수를 정해 그 주가지수에 포함된 모든 종목에 투자하는 펀드로, 펀드매니저에게 줘야 하는 수수료가 낮아 투자자의 부담이 적다. 전 세계에는 여러 주가지수가 있으므로 ETF 펀드만 잘 활용해도 다양한 투자 기회를 누릴 수 있다. ETF 펀드는 대부분 100달러 정도의 적은 금액으로도 가입할 수 있고, 수수료도 아예 없거나 비교적 저렴하다.

대학 기부금 펀드처럼 정치나 사회 문제에 관심이 많은 투자자들은 자신이 추구하는 가치에 부합하는 투자를 하고 싶어 한다. 사회 공헌 펀드를 운용하는 펀드매니저는 인종·성별·성적 지향 등을 이유로 사람을 차별하지 않는 기업에만 투자하겠다는 결정을 내릴 수 있다. 또는 생산 과정에서 베어낸 나무의 수만큼 새 나무를 심는 기업, 모든 소재를 재활용하는 기업처럼 지속 가능성을 중요시하는 기업에만 투자하겠다고 결정할 수도 있다.

투자자들이 정한 사회 및 환경 목표에 100퍼센트 부합하는 기업을 찾기는 어렵지만, 많은 펀드가 환경에 최소한의 영향을 미치는 기업이나 직원의 권리를 존중하는 기업 등 '개중에 가장 나은' 기업의 주식을 매입한다.

한 가게에서 모든 물건을 사지 않는 것처럼, 21세기에 자국 통화나 자국 시장에만 투자하는 전략은 현명하지 못하다. 해외 투자가 주는 다양성과 기회를 활용하면 미래에 닥칠지도 모르는 경제적 어려움을 헤쳐나가는 데 도움이 될 금융자산을 확보할 수 있을 것이다. 특히 일부 국가의 연금 재정이 출산율 하락과 노령 인구의 폭발적 증가 등으로 위태로운 상태라는 점을 생각하면, 신중한 투자자가 되어 우리의 미래 재정을 책임져줄 최선의 투자처를 고르는 일이 점점 더 중요해질 수밖에 없다.

Basic

나스닥 세계 최초의 대규모 전자 증권거래소. 인텔, 아마존 등 신경제 기업의 주식이 다수 상장돼 있다. 나스닥의 목표는 전 세계 여러 전자 증권거래소를 인수·합병해 세계 주식 거래의 중심이 되는 것이다. 나스닥은 나스닥 종합주가지수 등 미국 시장 주가지수 외에도 나스닥 글로벌 셀렉트 마켓 종합 지수(NASDAQ Global Select Market Composite), 나스닥 글로벌 주식시장 지수(NASDAQ Global Market Index) 등 여러 국제 시장 지표를 발표한다.

다우존스 산업평균지수(DJIA) 소위 '다우' 지수는 세계적으로 큰 관심을 끄는 주가지수다. 다우존스지수는 고작 서른 개 남짓한 주식의 가격만 반영해 산정되지만, 시장 전체의 상황을 가장 잘 보여주는 지표 가운데 하나다. 다우존스지수에는 원래 뉴욕증권거래소에 상장된 '구경제' 주식만 포함됐지만, 이제는 나스닥에 상장된 마이크로소프트나 인텔 같은 '신경제' 주식도 포함돼 있다. 다우존스 그룹은 산업평균지수 이외에도 운송업과 유틸리티 산업(전력, 가스 등 에너지 공급 산업-옮긴이) 등 다양한 산업에 대한 주가지수를 발표한다.

뮤추얼펀드 mutual fund. 여러 채권과 주식을 조합해 만든 투자 상품. 뮤추얼펀드의 장점은 펀드 하나만 가입해도 여러 자산에 분산 투자한 효과가 나므로 손쉽게 위험을 분산할 수 있다는 것이다. 특히 국제 투자자에게 적합하다. 개별 기업에 대한 정보를 알기 힘든 외국 시장에 투자할 때 저지르기 쉬운 실수를 방지할 수 있기 때문이다.

미국주식예탁증서(ADR) 외국 주식시장에 상장된 주식에 대한 권리를 미국에서 달러 표시 증권으로 만들어 파는 것. ADR은 북미 투자자가 외국 주식을 자국 주식처럼 쉽게 사고팔 수 있도록 해준다. 배당금도 미국 달러로 지급된다.

상장지수펀드(ETF) exchange-traded fund. 특별한 운용 전략 없이 S&P500 같은 주가지수를 구성하는 모든 종목에 투자하는 투자 펀드. 상장지수펀드는 펀드매니저에게 거액을 운용비로 지급하는 다른 펀드에 비해 수수료가 낮아 투자자의 부담이 적다. 상장지수펀드는 투자자들에게 세계의 다양한 주가지수와 시장에 투자할 기회를 준다. 대부분의 상장펀드는 100달러 정도의 소액 투자도 가능하며, 수수료가 낮거나 아예 없다.

수익률 투자에 대한 보상인 수익률은 대개 퍼센트 단위로 나타낸다. 예를 들어 채권 수익률이 8퍼센트라면, 채권을 산 사람은 상환일까지 매년 평균 8퍼센트의 수익을 올릴 것을 예상할 수 있다. 부동산, 주식, 뮤추얼펀드 등 세계 경제에서 이뤄지는 모든 투자에는 수익률이 있다.

실질 물가상승률을 반영해 조정한 경제지표 앞에는 '실질'이라는 말이 붙는다. 대체로 실질 지표가 명목 지표보다 훨씬 중요하다. 특히 인플레이션이 심한 시기에는 물가상승률을 반영한 실질 경제지표를 봐야 한다. 예를 들어 명목 임금이 오르더라도, 임금 상승폭을 상쇄할 정도로 물가상승률이 높으면 실질임금은 내려갈 수 있다. 이 경우 임금이 올라도 생활은 나아지지 않는다.

액면가 최초 발행된 날짜의 채권 가격. 대다수 채권의 액면가는 오래 유지되지 않는다. 채권은 발행 후 시장 금리가 오르내릴 때마다 가격이 조정되어 액면가보다 높아지거나 낮아진다. 이런 과정을 통해 채권의 수익률은 시장에서 거래되는 다른 증권의 수익률 대비 적정 수준으로 유지된다.

주가지수 주가지수는 시장을 대표하는 주식들의 가격을 보여주는 지표로, 투자자에게 시장의 전반적인 상황을 알려준다. 일반적으로 주가지수를 산정할 때는 대형 기업의 주식에 더 가중치를 주지만, 다우존스 산업평균지수의 경우 시가총액이나 주가에 상관없이 모든 주식에 같은 가중치를 부여해 산출한 단순 평균치로 매일의 시장 움직임을 보여준다.

평균 평균은 단순히 목록에 있는 숫자를 전부 더한 다음 항목 수로 나누어 계산한다. 1인 당 평균 소득이나 평균 실업률 같은 경제지표에서 말하는 평균은 대개 이 평균이다. 가끔 경제 수치가 어떻게 분산되어 있는지 알면 유용할 때가 있는데 이럴 때는 중앙값을 계산 한다. 예를 들어 중위 소득은 전체 인구를 소득별로 나열했을 때 중간에 위치하는 사람들 의 소득이다. 중앙값은 마치 고속도로 중앙분리대처럼 반은 자기보다 큰 숫자, 반은 자기 보다 작은 숫자로 자료를 분리한다.

More

HNWI High-Net-Worth Individual. 모든 은행이 꿈꾸는 고객. 부채는 적고 현금성 자산 은 많은 개인을 일컫는 말이다. 전 세계 은행은 이런 고객이 수익성이 높다는 사실을 발 견했다. 뉴욕, 런던, 파리, 제네바, 룩셈부르크, 도쿄, 상파울루, 싱가포르, 취리히 등 세계 각지의 은행은 HNWI 고객을 만족시키기 위해 노력하고 있다.

공매도 대다수 국가의 주식시장에서는 미래에 증권을 사서 넘기겠다고 약속만 하면, 실 제로 주식을 가지고 있지 않아도 다른 사람에게 팔 수 있는 '공매도'를 허용한다. 주식 가 격이 하락할 거라고 믿는 투자자는 공매도를 함으로써 미래에 실제로 주식 가격이 하락 했을 때 이익을 얻을 수 있다. 공매도 투자자는 가격이 떨어지기 전에 높은 가격에 주식을 팔고, 가격이 떨어지면 증권을 사서 갚음으로써 차익을 취한다. 즉 공매도 투자자는 시장 가격 하락을 기대하고 투자하는 '숏 포지션' 투자자라고 할 수 있다. 숏 포지션의 반대는 좀 더 일반적인 투자 전략이라 할 수 있는 '롱 포지션'이다. 롱 포지션 투자 전략은 미래 가격 상승을 기대하고 증권을 사서 보유하는 것을 말한다.

레버리지 leverage. 레버리지는 자기자본 외에 부채를 끌어다 투자하는 기법으로, 가진 돈에 비해 큰 수익을 올리게 해준다. 영국에서는 주로 '기어링(gearing)'으로 부르며, '부채 비율'을 뜻할 때도 있다.

머천트 뱅킹 merchant banking. 머천트 뱅킹은 은행 또는 증권사가 고객사에 투자하는 것을 말한다. 일부 국가에서는 투자은행을 머천트 뱅크라고 부른다.

무담보사채 사채 발행 기업의 신용만을 담보로 발행하는 채권. 무담보사채 투자자는 발행인의 신용에만 의지하는데, 이는 다른 담보채권의 상환이 다 이루어진 다음에야 무담보 채권의 상환이 이뤄진다는 뜻이다. 후순위 채권이므로 높은 위험 부담을 보상하기 위해 더 많은 이자를 준다.

무이자 채권 zero-coupon bond. 이자를 지급하지 않는 채권을 발행하려면 투자자에게 다른 보상이 주어져야 할 것이다. 무이자 채권은 거의 언제나 액면가보다 낮은 가격으로 발행되지만, 미래에 액면가로 상환받을 수 있다. 투자자들은 다른 채권을 사면 얻을 수 있는 이자 수입을 포기하는 대신 채권 구입 가격과 상환 가격의 차이만큼 소득을 올릴 수 있다.

변동금리부채권 변동금리형 주택담보대출처럼 시장 금리 변화를 반영해 이자율이 주기적으로 조정되는 채권. 대다수 변동금리부채권은 리보 금리를 기준으로 채권자에게 지급할 이자율을 조정한다. 일반적으로 변동금리형 주택대출은 (미국에서 '프라임레이트'라고 부르는) 우량 기업에 대한 대출 금리에 연동된다. 은행과 투자자들은 가격 안정성 면에서 변동금리부채권을 선호한다. 변동금리부채권은 이자율이 크게 오르내릴 때도 가격이 비교적 안정적으로 유지되기 때문이다.

베어마켓/불마켓 bear market / bull market. 곰은 싸울 때 고개를 숙인다는 속설에 따라 주식시장에서는 하락장을 베어마켓이라고 부른다. 반대로 상승장은 싸울 때 고개를 치켜드는 소에 빗대 불마켓이라 부른다.

부동산투자신탁(리츠) REIT. 부동산신탁 투자자들은 부동산을 하나 사서 오랫동안 보유하다가 중개업자를 통해 파는 대신, 쇼핑센터, 아파트 등 여러 종류의 부동산으로 구성된 '바스켓'의 소유권을 증명하는 문서인 증권을 구입한다. 부동산투자신탁은 세금 면에서 이득일 뿐 아니라 주식이나 채권처럼 (상장된 거래소에서) 사고팔 수 있고 잔디를 깎거나 지붕을 고치는 등 부동산을 관리하지 않아도 된다는 장점이 있다.

엑스 Ex. 라틴어로 '…에서'를 뜻하는 엑스는 워런트와 분리된 채권이나 증권을 가리킨다. 이전 주인이 이미 배당금을 지급받은 주식을 '배당락'이라고 부르는데, 미국에서는 이를 '엑스-디비던드(ex-dividend)'라고 말한다.

우량주 AAA 등급 우량주는 한 분야 내에서 최고로 평가받는 주식이다. 포커 게임에서 가장 비싼 칩의 색깔이 파란색인 것에 빗대어 블루칩이라고 부르기도 한다.

우선주 일정한 배당을 받을 수 있는 주식을 '(고정배당) 우선주'라고 한다. 배당률이 정해져 있다는 점에서 우선주는 이자율이 정해진 채권과 닮았다. 우선주는 보통 일반주보다 '선순위'인데 이는 기업이 파산했을 때, 우선주를 가진 주주가 일반주를 가진 주주보다 먼저 변제받는다는 뜻이다. 하지만 우선주 주주는 채권자와 마찬가지로 의결권이 없다.

워런트 warrant. 워런트 소지자는 주식을 비롯한 증권을 기한 내에 정해진 가격에 인수할 수 있는 권리를 가진다. 권리이지 의무는 아니어서, 꼭 기한 내에 인수할 필요는 없다. 옵션과 비슷하지만 일반적으로 공개 거래소에서 거래되지 않는다는 점이 다르다. 채권 발행인은 종종 채권의 인기를 높이고 지불해야 할 이자를 낮추기 위해 채권에 워런트를 붙여 판매한다.

원천징수 배당금 등의 소득이 발생한 즉시 세금을 징수하는 것을 원천징수라고 한다. 대부분의 국가에서 주식 배당금이나 이자 수익은 원천징수 대상으로, 국가 기관이 주식이나 채권 소지자에게 지급될 금액에서 일정 부분을 자동으로 공제한다.

장외시장(OTC) 장외시장 주식은 일반 주식거래소가 아닌, 수수료가 적고 관리·감독이 느슨한 전자 거래를 통해 매매가 이뤄진다. 장외시장에서는 뉴욕증권거래소나 나스닥 같은 주요 거래소의 엄격한 상장 기준을 충족하지 못하는 소기업 주식이 주로 거래된다.

조정 일시적 하락장. 하락세가 오랫동안 지속되는 시장 붕괴와 달리, 주식이나 채권 가격이 단기간 하락하는 현상을 시장 조정이라 부른다.

주가지수선물 주가지수선물은 투자자들이 홍콩 항셍지수나 뉴욕 S&P500지수 같은 주식지수의 상승 또는 하락으로부터 이득을 볼 수 있게 해준다. 주가지수선물을 사고파는 것은 그 지수에 포함된 모든 주식을 사고파는 것과 같다. 주가지수가 오르면 주가지수선물을 산 사람은 큰 이득을 본다. 주가지수가 내리면, 주가지수선물을 공매도한 사람이 이득을 본다.

풋옵션 풋옵션은 소유자에게 정해진 기간 동안 정해진 가격에 상품을 팔 권리를 준다. 다른 옵션과 마찬가지로 권리이지 의무는 아니다. 그러므로 증권이나 채권의 현재 가격이 더 쌀 때만 옵션을 행사해 미리 정해진 가격에 팔면 된다. 풋옵션을 가진 사람이 기초자산을 팔 때 받을 수 있는 가격을 '행사 가격'이라고 한다. 미래에 어떤 상품의 가격이 내릴 거라고 생각하는 투자자는 시장이 기대대로 움직여 이윤을 낼 수 있기를 바라며 풋옵션을 살 것이다. 풋옵션의 가격은 기초자산의 가격이 내릴수록 오른다.

휴면계좌 거래가 없는 계좌. 대다수 국가에서 몇 년이 지나면 휴면계좌는 닫히고 돈은 국가에 귀속된다. 하지만 스위스에는 2차 세계대전 이래 휴면 상태지만 거의 없다시피 한 이자를 받으며 거래 없이 열려 있는 계좌가 여럿 있었다. 1990년대까지 남아 있던 이들 수천 개의 계좌를 공개하라는 국제 사회의 압력이 거세지자, 스위스 은행들은 이 돈 가운데 일부를 홀로코스트 희생자와 후손들에게 쓰는 데 동의하는 10억 달러짜리 합의를 맺었다.

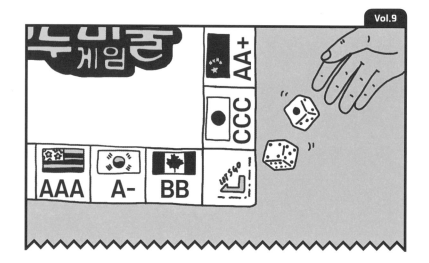

수익률 높고 안전한
투자 상품을 판단하는 법

#국가 신용등급 따져보기

존경받는 투자가 워런 버핏의 말처럼, 벌거벗은 채 수영하던 사람들은 수영장의 물이 다 빠지고 나서야 드러난다. 악몽 같던 2008년 금융위기 때도 세계 금융시장에서 벌거벗은 채 수영하던 인물이 여럿 발각됐다. 펀드매니저로 명성을 누리던 버니 매도프$^{Bernie Madoff}$도 그중 하나였다. 매도프는 수십 년 동안 신규 투자자들로부터 끌어 모은 돈으로 기존 투자자에게 안정적이고 높은 수익률을 보장하는 폰지 사기를 벌였다.

더욱 비극적인 사실은 피해를 본 투자자들이 주로 '안전한' 투자처를 찾던 사람들이라는 것이다. 물가상승률보다 몇 퍼센트 더 높은 수익률을 꾸준히 냈던 이 펀드는 끊임없이 변하는 시장에서 발생하는 위험을 피하고자 하는 사람들을 끌어 모았다. 위험을 최소화하면서 높은 수익을 올리는 것은 사학연금 운영자부터 미래를 대비해 돈을 모으는 싱글 맘까지 모든 투자자가 원하는 바다. 하지만 이 목표를 달성하게 해줄 최선의 투자법은 어떻게 찾을 수 있을까?

신용등급이란?

어떤 투자를 하든 첫 번째로 확인해야 할 사항은 '이 투자를 했을 때 원금의 일부 또는 전부를 잃을 가능성은 얼마나 되는가?'이다. 예를 들어 채권에 투자할 때는 이자를 제때 받을 수 있을지에 대해서뿐만 아니라 투자 원금을 돌려받을 수 있을지에 대해서도 생각해봐야 한다. 2008년 금융위기가 시작될 무렵 주택저당채권 투자자들은 기초자산의 가치가 떨어지면서 채권의 가치가 폭락하는 모습을 지켜봐야 했다. 이 채권 가운데 대부분은 가치가 완전히 사라졌다.

좋은 투자처는 어떻게 알아볼 수 있을까? 아무리 투자 지식이 많은 사람이라도 기업을 비롯한 전 세계 채권 발행 기관의 재무 상태를 일일이 파악하기는 어렵다. 그래서 대다수 투자자는 신용평가기관에 의존해 세계 여러 기업과 국가의 위험 수준을 판단한다. S&P(스탠더드앤푸어스), 무디스, 피치 같은 대형 국제 신용평가기관은 기업 같은 채권 발행 기관으로부터 돈을 받고 이들의 신용등급을 평가해 알기 쉽게 표현해준다.

매우 위험한 투자에는 F 또는 CCC로 표현되는 아주 낮은 신용등급이, 제일 안전한 투자에는 AAA라는 최고 등급이 매겨진다. 2010년대에 미국은 국가 부채가 심각한 수준에 도달하면서 AAA 등급에서 강등되었다.

2008년 금융위기 이후 많은 신용평가기관이 CDO(부채담보부증권), SIV(구조화 투자 회사) 같은 모호한 이름을 가진 여러 복잡한 파생상품의 신용등급을 제대로 평가하지 못했다는 이유로 거센 비난을 받았다. 이들 파생상품을 발행한 은행과 이 파생상품의 신용등급을 평가한 신용평가기관은 국제 금융 역사상 최악의 신용 사기 사건에 연루됐다. 2010년대 후반 투자자들의 고소와 검찰 조사 이후 신용평가기관들은 불법을 저지른 대가로 수십억 달러의 벌금을 내는 데 합의했다.

당시 신용평가기관들은 미국의 모든 부동산 시장이 동시에 폭락하리라 예상한 사람은 아무도 없었다면서 파생상품을 분석하는 데 쓰던 컴퓨터 프로그램에 책임을 돌렸다. 하지만 여러 내부자의 제보로 신용평가기관이 투자자 보호보다는 돈벌이와 시장 점유율 유지에 우선순위를 두었다는 사실이 밝혀졌다.

이들은 금융위기가 닥치기 몇 년 전 이미 부동산 시장이 하락하기 시작했는데도, 수천 개의 위험한 비우량 주택담보대출을 묶어 만든 금융상품의 신용등급을 AAA로 계속 유지했다. AAA 등급을 받은 이 금융상품 가운데 대다수는 사실 Baa 또는 BBB 등급 이하의 정크본드(투자 부적격 채권)였던 것으로 밝혀졌다.

위험 평가		
무디스	**S&P**	**더프앤펠프스**
투자 등급 Aaa Aa A Baa	AAA AA A BBB	AAA AA A BBB
투기 등급 Ba B	BB B	BB B
매우 위험 Caa, Ca, C	CCC, CC	CCC, CC, C

해외 투자를 할 때는 기업이나 채권 발행 기관의 재무 상태를 살펴보는 선에서 그치지 말고 그 나라 자체의 신용등급도 봐야 한다. 원칙적으로 한 나라 정부의 신용등급은 그 나라에 속한 어떤 기업의 신용등급보다도 높다. 왜냐하면 정부는 그 나라에서 가장 늦게 파산하는 주체이기 때문이다. 어떤 나라에서든 상황이 심각해지면 정부는 기업의 자산을 언제든 몰수할 수 있다. 게다가 정부가 국가 부도를 막으려는 필사의 수단으로 돈을 찍어내거나 세금을 크게 올리면 세금 부담이나 인플레이션으로 인해 기업 가치가 사라질 수 있다.

그렇지만 해외 자산이 많은 진정한 글로벌 기업은 국가보다 높은 신용등급을 받기도 한다. 예를 들어 네슬레는 본사가 있는 스위스보다 해외에 더 많은 사업장을 가지고 있다. 기업과 투자 상품의 가치를 평가하고 비교하기란 언제나 어려운 일이지만, 나라마다 다른 회계 기준, 통화,

경제 제도를 고려해야 할 때는 특히 더 그렇다.

수익률을 따져보는 법

일본 주식에 투자하는 편이 좋을지, 코스타리카에 별장을 사는 편이 좋을지 비교하려면 어떻게 해야 할까? 브라질 회사채와 미국 국채 중에 무엇을 사는 게 나은지는 어떻게 판단할 수 있을까? 두 와인 농장을 비교할 때 연간 수확량 yield을 보듯, 국제 투자 상품은 '수익률yield'로 비교한다. 경제에서 말하는 수익률이란 일정 기간 자산 가치의 총 증가율로, 이자와 배당을 포함해 산정한다. 예를 들어 높은 이자를 받을 수 있는 채권의 가격이 오른다면, 이 채권의 수익률은 같은 금액을 은행이나 침대 밑에 보관했을 때의 수익률보다 더 높을 것이다.

　대부분의 투자자는 국제 투자 상품의 상품별 수익률을 한 가지 통화로 통일해 비교한다. 이럴 땐 주로 투자자의 자국 통화를 '기준 통화'로 정하는 경우가 많다. 예를 들어 수십억 규모의 국제 투자를 하는 예일대학교 기부금 펀드는 먼저 모든 국제 투자 상품의 가치를 미국 달러로 환산한 다음 순위를 매긴다. 이렇게 하면 한 투자 상품과 다른 투자 상품의 수익률을 쉽게 비교할 수 있다.

2015년에 1만 달러를 투자했다면 2020년까지의 수익률은 얼마일까?		
	5년 후 미국 달러 가치	수익률
비트코인	$336,490.11	3,264.9%
테크 주식(NASDAQ-100)	$19,239.02	92.4%
미국 주식(다우존스 산업지수)	$16,434.52	64.3%
미국 주식(S&P500)	$15,622.82	56.2%
일본 주식(니케이)	$14,411.86	44.1%
중국 주식(항셍)	$13,072.56	30.7%
브라질 주식(보베스파)	$13,017.81	30.2%
미국 단독주택	$12,662.99	26.6%
금	$12,630.51	26.3%
유럽 주식(Stoxx 600)	$11,448.34	14.5%
신흥시장 주식(MSCI)	$11,442.27	14.4%
석유(브렌트유)	$10,420.37	4.2%
미국 국채(10Y)	$10,287.12	2.9%
침대 밑에 보관	$10,000	0%
다이아몬드	$9,080	-9.2%
아르헨티나 주식(Merval)	$5,382.75	-46.2%

출처: Bloomberg, Diem Partner AG, UBS-AG

금이나 비트코인처럼 단순한 투자의 수익률은 투자 시작 시점의 가격과 투자 종료 시점의 가격을 비교해 간단히 계산할 수 있다. 하지만 고정금리 또는 변동금리로 이자를 지급하는 채권이나 해마다 배당 금액이 달라지는 주식, 매년 높은 재산세를 내야 하는 부동산의 수익률은 어떻게 계산해야 할까?

대부분의 투자자는 일정 기간 투자 자산으로부터 얻은 이득과 손실을 모두 합쳐 수익률을 계산한다. 투자에 밝은 사람들은 퍼스널캐피털Personal Capital이나 구글파이낸스Google Finance 같은 스마트폰 앱이나 스프레드시트에 모든 손익과 현금 흐름을 기록하기도 한다. 이렇게 하면 수익률을 비롯한 여러 기준에 따라 투자 자산의 실적을 비교할 수 있다. 그렇지만 수익률은 투자 자산의 과거 실적을 보여줄 뿐, 미래 전망까지 알려주지는 못한다.

투자 자산을 비교 분석할 때는 수익률 외에도 여러 다양한 측면을 고려해야 한다. 투자한 나라의 정권 교체, 무역 제한 법률 도입, 자본의 해외 유출 금지 조치(실제로 많은 나라에서 자본이 더 안전한 나라로 대량 유출되는 것을 막기 위해 자본 유출을 금지한 적이 있다) 등 여러 요인이 투자자에게 심각한 타격을 입힐 수 있다. 2008년 세계 경기침체로 이어진 미국 금융위기 당시에는 국제 투자자들이 유럽과 북미에서 입은 손실을 메우기 위해 건실한 신흥시장 주식을 팔면서 미국 금융위기와 직접적 관련이 없는 나라들의 주식시장이 무너지기도 했다.

국제 투자는 복잡하지만, 포트폴리오를 여러 나라에 분산하는 게 중요하다는 사실은 투자자들 사이에 잘 알려져 있다. 미국, 독일, 일본 같은 선진국 시장에 대한 투자보다 신흥시장에 대한 투자 수익률이 더 높은 경우가 많다. 예를 들어 중남미, 인도, 중국, 동남아시아 등 신흥국들이 시장 개혁에 돌입했을 때, 해외로부터 막대한 투자 자금이 유입되면서 이미 성장세에 있던 주식시장이 더욱 커지고, 기업의 주가수익률(P/E) 또한 전 세계 다른 나라와 키 맞추기를 하며 도약하는 모습을 볼 수 있었다.

주가수익률은 주가를 세후 수익으로 나눈 값으로, 주식을 사고파는 시점을 결정할 때 유용한 지표다. 시장의 평균 주가수익률은 때로 주식시장에 거품이 끼었는지 알려주는 지표로 사용되기도 한다. 주가수익률이 역사적 평균 수준인 10~20퍼센트 정도에 머무를 경우 그 시장은 안전할 가능성이 높다. 만일 주가수익률이 정상 범위를 벗어나 있다면, 곧 문제가 닥칠지도 모른다. 실제로 2000년 닷컴 거품이 터졌을 때, 나스닥에 상장된 하이테크 기업들의 주가수익률은 50퍼센트를 훌쩍 뛰어넘는 수준이었다.

성장주는 앞으로 크게 성장할 것으로 예상되는 회사의 주식을 부르는 말이다. 성장주는 주가 대비 실현된 수익이 적기 때문에 주가수익률이 대체로 높다. 이 회사들의 높은 주가는 미래 수익에 대한 높은 기대가 반영된 결과다. 미래에는 첨단 기술 분야가 크게 발전할 것으로 예상되므로, 주로 의료 전문 기업이나 하이테크 기업의 주식이 성장주로 분류된다.

반대로 은행업이나 제조업처럼 성숙 산업에 속하는 기업의 주식을 가치주라고 부른다. 2010년대 후반 소위 FANG이라고 불리는 세계 4대 기술 기업, 페이스북Facebook, 아마존Amazon, 넷플릭스Netflix, 알파벳Alphabet(구글의 모기업)의 주가수익률은 무려 300퍼센트라는 천문학적인 수준을 기록했다.

결국 새로운 세계 경제에서 성공적으로 살아남기 위해서는 신용등급이나 수익률 외에도 다양한 지표에 관심을 기울여야만 한다. 대차대조표, 손익계산서, 국가 위험도, 신용등급, 환율 위험 등의 지표에는 저마다의 의미가 있으므로, 한 가지 기준만 가지고 어떤 투자를 현명하다거나 어리석다고 판단할 수는 없다. 지금까지 알려진 바로는 장기 분산 투자가 미래를 대비하기 위한 최고의 방법이다. 하지만 2000년 전 로마인들이 말했듯, '카베아트 엠프토르caveat emptor', 즉 위험은 사는 사람이 부담하는 것이니 판단은 각자의 몫으로 남긴다.

Basic

FANG/FANG+ FANG은 세계 4대 기술 기업으로 구성된 주가지수로, 페이스북, 아마존, 넷플릭스, 알파벳(구글의 모회사)의 머리글자를 따서 부르는 말이다. 이들 주식은 모두 나스닥에서 거래된다. FANG+ 지수에는 이들 외에 알리바바, 테슬라, 트위터 같은 여러 하이테크 기업이 포함돼 있다. FANG 가운데 조립 라인이나 공장 같은 전통적 자산을 가진 기업이 한 곳도 없다는 점에서, 이들 지수는 특히 21세기형 기업의 가치를 평가하는 데 유용하다고 할 수 있다.

SIV(구조화 투자 회사) structured investment vehicle. 일종의 가상 은행인 구조화 투자 회사는 투자자들에게 단기 자금(주로 기업어음)으로 장기 증권을 구매할 수 있게 해준다. 대다수 구조화 투자 회사는 단기 이자율이 장기 이자율보다 낮다는 사실을 이용해 스프레드 수익을 올리거나 서로 다른 두 증권의 이자율 차이를 이용해 수익을 낸다.

S&P(스탠더드앤푸어스) 국제 신용평가기관 가운데 하나. S&P는 기업이나 국가, 부채담보부증권 발행 기관 등의 회계 기록을 살펴보고 그 국가, 기업, 기관이 얼마나 믿을 만한지 판단해 등급을 매긴다. 대개 문자 형식의 등급을 매기는데, 가장 믿을 만한 채무자에게는 AAA 등급이 부여된다.

내부자 거래 내부자들은 재무제표를 비롯한 기업의 기밀 정보를 미리 볼 수 있다. 내부자 거래에서 말하는 내부자는 일반적으로 기업의 고위 간부를 말한다. 내부자의 활동은 시장과 금융 감독 기구에 의해 면밀히 감시된다. 대다수 국가에서 내부자 거래는 불법이다.

무디스 Moody's. 국제 신용평가기관 중 하나. 무디스는 S&P(스탠더드앤푸어스)와 마찬가지로 국가와 기업을 비롯한 채권 발행 기관의 재정 건전성에 대한 최신 분석을 제공한다. 무디스의 최고 신용등급 AAA는 세계에서 가장 신용도가 높은 기관에만 부여된다.

부채담보부증권(CDO) 하나 또는 여러 개의 부채를 기초자산으로 삼는 대출 상품. 현금이나 물자의 흐름이 있는 자산이라면 무엇이든 기초자산이 될 수 있다. 예를 들어 모기지 상환금, 농부가 미래에 수확할 작물, 오렌지 주스 공장에서 미래에 생산할 제품 등이 모두 기초자산이 될 수 있다. 보통 여러 개의 기초자산을 한데 묶어 단일 투자 상품으로 판매하며, 투자자는 기초자산에서 발생하는 수익을 얻을 수 있다. 2007년 서브프라임 모기지 사태 때처럼 기초자산에서 수익이 발생하지 않게 되면 부채담보부증권은 가치가 없어진다.

손익계산서 특정 기간의 기업 활동을 보여주는 재무제표를 손익계산서라고 부른다. 통상 손익계산서를 작성할 때는 기업이 벌어들인 돈인 수익을 맨 위에 기록하고 여기에서 영업 활동에 들어간 모든 비용과 지출을 차례로 제한 뒤 맨 아랫단에 '순이익'을 기록한다. 순이익은 이익에서 세금과 공과금을 제외하고 남은 돈이다.

신용등급 전문 신용 평가사는 투자자들이 재무 정보를 일일이 살펴보지 않고도 투자 상품을 비교할 수 있도록 채권과 주식에 신용등급을 매긴다. 일반적으로 AAA가 최고 등급이다. AAA 등급을 받은 기업이나 정부는 가장 좋은 조건으로 대출을 받거나 채권을 발행할 수 있다. 그 외 등급으로는 AA, A, BBB(또는 Baa)가 있다. 이보다 더 낮은 등급의 자산은 '투기 등급'으로 분류하며, 특히 C등급의 경우 '매우 위험'으로 분류한다.

정크본드 신용등급이 낮은 회사(주로 BBB 등급 미만의 기업)는 사업 확장이나 기업 인수에 필요한 자본을 모으기 위해 이자율이 높은 채권을 발행하는 경우가 많다. 투자 등급에 미달하는 이런 채권을 흔히 정크본드라고 부른다. 하지만 발행 기업과 투자 자문 회사들은 '고수익채권'이라는 이름을 선호한다.

파생상품 다른 금융상품의 가격 변동에 따라 가격이 변하는 금융상품. 옵션이나 주가지수선물 같은 파생상품의 가치는 기초 증권의 가치가 상승하면 같이 상승한다. 실체가 없는 것처럼 보일 수도 있지만, 사실 파생상품은 높은 수익을 낼 수 있는 투자 상품이다. 하지만 위험 부담이 커서 기초자산의 가격이 오르면 투자 금액 대비 큰 수익을 올릴 수 있지만, 내리면 큰 손실을 볼 수도 있다.

More

IR 투자자와의 관계를 다지기 위해 하는 기업의 의사소통 업무를 'IR(Investor Relations)' 이라고 부른다. IR의 목적은 투자자들과 효율적으로 의사소통함으로써 기업에 대한 긍정적 이미지를 심어주고 신규 투자를 유치하는 데 있다.

국가 신용등급 국가 부채는 주로 중앙정부가 발행한 국채와 재정증권으로 이뤄진다. 기업 부채와 달리, 국가 부채는 정부에 대한 전폭적인 신뢰와 신용을 담보로 발행되므로 채무불이행 위험이 매우 낮다고 여겨진다. 모든 정부는 화폐를 찍어내 채무를 상환할 수 있기 때문에, 해당 국가 통화로 발행된 국채는 사실상 채무불이행 위험이 없다. 특히 유럽, 북미, 아시아 선진국이 발행한 채권은 신용등급이 무척 높다. 예를 들어 미국, 영국, 스위스의 국채는 모두 최고 신용등급인 AAA 등급으로 평가받는다.

자본계정 한 나라의 국제 투자 자금 흐름을 통합해 보여주는 계정이다. 자본계정은 주로 외국인 직접투자와 주식 및 채권 매매에 해당하는 포트폴리오 투자로 이뤄진다. 자본계정 과 경상계정을 합하면, 한 나라의 국제 경제활동 전체를 보여주는 '국제수지'가 된다.

자본시장 투자자들이 유가증권을 사고파는 곳. 자본시장은 채권을 비롯한 증권을 거래하 는 거래소 또는 거래소의 집합을 의미한다. 자본시장 거래는 대부분 전 세계 은행의 거래 소에서 이뤄진다. 전 세계 거래소는 서로 전자적으로 연결되어 거대한 하나의 국제 시장 을 이룬다.

자산 수탈 때로는 2 더하기 2가 4를 넘기도 한다. 많은 경우 자산 수탈자들은 저평가된 기업을 인수한 뒤, 부동산이나 저평가된 자회사 등 기업의 자산을 쪼개 팔아서 인수할 때 쓴 돈보다 더 많은 돈을 벌어들인다. 전문 인수꾼들은 주로 빚을 내서 기업을 인수한 뒤 자산 수탈을 통해 번 돈으로 인수할 때 진 빚을 갚는다.

자산 재평가 자산의 가치 상승분을 장부에 반영하는 것. 시간에 따라 자산 가치가 하락 해 회계장부에 손실로 기록되는 감가상각의 반대 개념이다. 가치 상승분은 회계상 수익이 나 자본이득으로 처리된다.

저축대부조합(S&L) Savings and Loan. 저축대부조합은 예금자가 예치한 돈을 주로 부동산을 구매하려는 고객에게 대출하는 기관이다. 영국에서는 '주택금융조합(Building Societies)'이라고 부른다.

왜 부자는 더 부유해지고
가난한 사람은 계속 가난할까

#소득 불평등과 소득 탄력성

세계에서 가장 부유한 사람 26명이 가진 재산이 전 세계 인구 절반이 가진 재산을 모두 합친 것보다 더 많다고 한다. 소득 불평등은 21세기 경제의 주요 화두 중 하나다. 미국 내에서도 가진 자와 못 가진 자의 격차는 심각한 수준이다. 2010년대 말 현재, 미국의 평범한 직장인들은 300년도 넘게 일해야 CEO의 1년 평균 임금을 벌 수 있다. 소득 불평등의 정치적·사회적 영향은 이제야 피부에 와닿기 시작했다. 많은 노동자와 실업자가 품어온 분노는 유권자들이 수십 년 전에는 들을 수도 없었던 극단적 주장에 표를 던지게 했다. 그 결과 비주류 포퓰리스트 정당이 권력을 잡았으며, 독재자들은 새로운 세계 질서를 만들어야 한다고 주장하고 나섰다.

　심지어 많은 나라에서 사회 이동성, 즉 일을 통해 가난에서 벗어나고 경제적·사회적 사다리를 오를 수 있는 가능성마저 줄어들고 있다. 이쯤 되면 사람을 교묘히 조종하는 정치인들이 분노한 노동자들로부터 지지를 얻기 위해 가장 많이 쓰는 단어가 '불공평'인 것도 그리 놀랍지 않다. 브라질, 인도, 중국 같은 개발도상국에서는 최근 들어 수억 명이 가난을 벗어났지만, 대다수 선진국에서는 자식이 부모 세대의 소득 수준을 넘어설 가능성이 점점 낮아지고 있다.

　사회 이동성을 판단할 때 가장 널리 쓰이는 지표는 세대 간 소득 탄력성intergenerational income elasticity(IGE)이다. 세대 간 소득 탄력성은 자식의 소득이 부모의 소득과 상당한 차이가 날 확률을 나타낸다. 세대 간 소득 탄력성이 0에 가까울수록 이동성이 높은 사회이고, 1에 가까울수록 자식이 부모와 동일한 수준의 소득을 올리는 사회다. 지난 50년 동안 미국의 세대 간 소득 탄력성은 0.3에서 0.5 이상으로 증가해, 사회 이동성이 심각하게 줄어든 것으로 나타났다. 다른 선진국과 비교할 때, 미국의 사회 이동성은 심각한 수준이다. 세대 간 소득 탄력성과 소득 불평등 사이의 연관을 보여주는 '위대한 개츠비 곡선'은 소득 불평등이 심한 나라일수록 소득 이동성이 낮다는 사실을 알려준다. 덴마크나 노르웨이처럼 소득 격차가 크지 않은 나라에서는 경제 사다리를 오르기가 훨씬 쉽다. 반면 브라질이나 미국처럼 자산 불평등이 심한 나라에서는 태어날 때 부자면 죽을 때도 부자일 확률이 높고, 가난한 집에서 태어난 사람이 경제 사다

지니계수 기준 일부 국가의 불평등 순위
(가장 불평등: 100, 가장 평등: 0)

1 레소토	63.2	95 인도	35.2
2 남아프리카공화국	62.5	116 영국	32.4
9 홍콩	53.9	117 캐나다	32.1
14 파나마	50.7	121 이탈리아	31.9
15 칠레	50.5	134 오스트레일리아	30.3
19 브라질	49.0	135 스위스	29.5
29 중국	46.5	136 프랑스	29.3
39 미국	45.0	137 덴마크	29.0
54 아르헨티나	41.7	141 아이슬란드	28.0
57 러시아	41.2	144 독일	27.0
78 일본	37.9	146 노르웨이	26.8
88 뉴질랜드	36.2	152 스웨덴	24.9
93 한국	35.7		

리를 오를 가능성은 낮다.

불평등과 낮은 사회 이동성이 언제나 함께 나타나는 것은 아니지만, 서로 연관돼 있는 경우가 많다. 사회 이동성처럼 소득 불평등의 정도 또한 수치로 나타낼 수 있는데 주로 지니계수를 사용한다. 대다수 전문가가 유토피아로 여기는 완벽히 평등한 나라는 지니계수가 0이고, 나라 전체의 재산이 한 가정에 집중된 완전히 불평등한 나라의 지니계수는 100이다. 비교적 불평등도가 낮은 스웨덴의 지니계수는 2010년대 말 기준 약 24.9이고, 아파르트헤이트가 폐지됐음에도 여전히 세계에서 가장 불평등이 심한 나라 중 하나인 남아프리카공화국의 지니계수는 62 다. 미국의 지니계수는 45로, 선진국 가운데 가장 심각한 수준이다.

왜 소득 격차가 생길까

세계 소득 격차는 지니계수나 세대 간 소득 탄력성 같은 숫자로만 나타 나는 현상이 아니다. 소득 수준의 차이는 삶의 질에 커다란 영향을 미친 다. 예를 들어 인도의 가난한 지방에 사는 여성 가운데 3분의 1은 글 읽 는 법을 배운 적이 없다. 사하라 이남 아프리카의 가난한 지역에서는 툭 하면 정전이 돼서 음식 보관부터 지역 병원 운영까지 생활 전반에 큰 불 편을 겪는다. 미국의 저소득층은 고소득층보다 비만, 당뇨, 심장병, 간 질환에 걸릴 확률이 세 배 더 높다. 자살이나 약물 및 알코올 중독으로 인한 사망을 뜻하는 '절망사 deaths of despair' 또한 저소득층에서 늘고 있다.

브라질, 남아프리카공화국, 미국 등 여러 나라에서 인종은 소득 격차 의 주된 요인 중 하나다. 퓨리서치센터 Pew Research Center에 따르면 미국 전체 인구의 35퍼센트가 흑인, 히스패닉 등 소수 인종이지만, 자산 상위 10퍼 센트에 속하는 사람들 가운데 소수 인종은 10퍼센트 미만에 불과하다. 게다가 많은 나라에서 소수 인종 사람들은 교육 수준이 같은 백인보다 대개 더 낮은 임금을 받는다. 소득 수준이 낮으면 소득의 대부분을 식료 품이나 교통비 같은 필수품에 지출할 수밖에 없다. 더군다나 저소득층

주변에는 항상 돈이 급한 사람이 많아서 가족의 교육비나 병원비를 보태기 위해 돈을 빌려줘야 한다는 압박감을 느끼는 경우도 많다. 이렇게 빌려준 돈은 대부분 돌려받지 못한다.

이런 이유로 저소득층 사람들은 대부분 집, 주식, 채권 등에 투자할 초기 자본을 모으지 못한다. 대공황이 끝나갈 무렵 발매된 빌리 홀리데이의 노래 〈신의 축복을 받은 아이God Bless the Child〉는 이렇게 시작한다. "가진 자 더 가지리. 못 가진 자 더 잃으리." 이 가사는 오늘날에도 여전히 경제 사다리의 최하층에 있는 사람들이 처한 곤경을 잘 보여준다. 미국을 비롯한 전 세계 여러 나라에서 경제적 안정성 확보에 가장 큰 영향을 미치는 요인은 자산 보유 여부이며, 특히 집이나 주식, 채권에 투자해 모은 자산이 미치는 영향이 크기 때문이다.

첫 직장에 들어간 자녀에게 부모가 주는 축하금처럼 적은 액수의 초기 자본이라도 노후 자금을 만드는 데는 큰 도움이 된다. 연평균 수익률이 8퍼센트일 때, 초기 자본이 없는 사람은 한 달에 약 3000달러를 저축해야 15년 후 백만장자가 될 수 있다. 하지만 초기 자본이 단 2만 달러만 있어도, 초기 자본이 없는 사람이 저축해야 할 금액의 절반도 안 되는 1300달러씩만 다달이 저축하면 15년 후에는 백만장자가 될 수 있다.

저소득층은 집을 사거나 주식에 투자할 여윳돈이 없기 때문에 영원히 저소득층으로 남는 경우가 많다. 2010년대 말 현재, 미국 백인 가정이 보유한 순자산의 중간값은 약 17만 달러로 흑인 가정의 약 열 배에 달한다. 이런 순자산은 대부분 장기로 투자되어 기하급수적으로 불어나므로 투자할 여윳돈이 있는 사람에게는 계속 더 많은 돈이 생긴다. 가령 주식시장의 연평균 수익률은 물가상승률을 고려하더라도 약 10퍼센트에 가까울 정도로 높다. 게다가 자산이 많은 부유층은 교육, 보험, 수준 높은 의료 같은 다른 장기 투자에도 돈을 쓸 수 있다.

가난한 나라의 성장을 돕는 방법

저소득 국가들이 빠진 빚의 함정은 한 국가 내 가진 자와 못 가진 자 사이의 문제와 신기할 정도로 닮았다. 많은 나라가 연간 GDP를 뛰어넘는 규모의 외국 부채에 짓눌려 교육과 인프라에 투자하지 못한다. 개발도상국에는 좋은 교사와 학교에 투자할 예산이 심각하게 부족하다. 제대로 교육받은 사람이 없으면 새로운 세계 경제 속에서 경쟁하기 어렵다.

인도와 브라질을 비롯한 많은 나라는 국제 무역의 불확실성으로부터 자국 경제를 보호하기 위해 무역장벽을 세웠다. 이런 연유로 브라질에서 아이폰은 뉴욕이나 마이애미보다 두 배나 비싼 값에 팔리곤 한다. 무역장벽을 세운 나라들은 자유무역이 지닌 여러 이점을 누릴 수 없었고, 그래서 교육과 인프라에 투자할 자금을 충분히 모으지 못했다. 폐쇄 경제에서 만들어진 부는 대부분 지역 은행이나 제조업 공장을 소유한 부유한 엘리트들의 주머니로 흘러 들어가 불평등을 심화시켰다.

반대로 중국은 세계 경제를 향해 문을 여는 쪽을 택했다. 중국은 수출 중심의 저숙련 제조업을 기반으로 돈을 모아 교육과 인프라에 많은 투자를 할 수 있었다. 2010년대 말 현재 중국이 세계 GDP에서 차지하는 비중은 이전의 3퍼센트에서 약 20퍼센트로 늘었다. 수억 명이 가난을 벗어났고, 비록 한시적일지는 모르나 소득 불평등도 개선됐다.

다른 개발도상국 중에는 부채를 줄이지 않으면 경제 성장과 번영을 누릴 수 없어 보이는 국가가 많다. 더 큰 문제는 이들 나라가 빌린 부채의 대부분이 잘못된 관리나 부패로 인해 낭비된다는 것이다. 일반적으로 국가 재정 건전화를 위한 첫 단계는 외국에 진 부채에 지불하는 이자를 줄이는 것이다. 많은 개발도상국이 의료비와 교육비 예산을 넘어서는 금액을 외국에 진 부채의 이자를 갚기 위해 쓰고 있다. 부채 탕감이나 채무 연장(경제 사정이 나아질 때까지 상환을 미뤄주는 것)은 이들 국가가 빚을 갚는 대신 경제 발전을 위해 소중한 자원을 쓸 수 있게 도와준다. 하지만 부채를 줄이는 것은 시작에 불과하다. 빚을 줄인 다음에는 어떻게 해야 할까? 성장에 필요한 새로운 자금을 어떻게 유치할 수 있을까?

가난한 나라의 경제 성장을 돕는 데 가장 효과적인 방법 중 하나는 그 나라 사람들이 만든 상품이나 서비스를 외국에 팔 기회를 주는 것이다. 국가 간 불평등을 줄이려면 부유한 나라의 소비자들이 가난한 나라에서 만든 수입품을 외면하지 않고 적극적으로 사서 써야 한다. 물론 환경 수칙 준수 여부나 노동자의 권리 존중 여부는 계속 감시해야 하겠지만, 서양 선진국 기준에서 보면 임금이 낮은 일자리조차 개발도상국 노동자에게는 더 나은 삶을 시작하게 해줄 큰 희망이 되는 경우가 많다.

제대로 된 직업교육 또한 소득 불평등 해소와 지속적인 경제 발전을 위해 꼭 필요하다. 개발도상국 어린이들을 제대로 교육하지 않으면 소득 분배가 공평해질 가능성은 희박하다. 예를 들어 여성 교육은 많은 나라의 우선순위에서 빠져 있지만, 국가가 경제 개발을 위해 할 수 있는 가장 효과적인 투자 가운데 하나다. 믿기 어렵게도 몇몇 나라에서는 수백만 명의 소녀를 학교조차 보내지 않는다. 통계에 따르면, 학교에 다닌 경험이 있는 여성들은 비록 기초 교육만 받았더라도 가계 소득을 크게 증가시키는 경향이 있다. 또한 교육받은 여성의 자녀일수록 영아기에 사망할 확률이 낮고, 커서도 더 건강하며, 학령기에 제대로 된 교육을 받을 가능성이 높다.

잘사는 나라에서도 교육은 불평등을 줄이는 데 효과적이다. 제한된 교육 기회 때문에 많은 나라에서 제대로 교육받지 못한 저소득층이 가난의 늪에 점점 더 깊이 빠지는 동안 새로운 디지털 경제가 만들어낸 고숙련 일자리는 모두 고등교육을 받은 이들에게 돌아가는 일이 벌어지고 있다. 미국 명문대 졸업자 중 절반 이상이 기술, 금융, 경영 컨설팅, 의약, 법 같은 극단적으로 연봉이 높은 직장에 들어가는 가운데, 자산 불평등은 점점 심해지고 있다.

불평등을 줄이기

전 세계 많은 나라에서 소득 수준 상위 10~20퍼센트에 해당하는 상류
층에게 자산이 몰리는 현상이 나타나고 있다. 원칙적으로는 상위 소득
구간에 속한 사람일수록 높은 세율을 적용받아야 한다. 예를 들어 100
만 달러 이상을 버는 사람에게는 다른 사람보다 더 높은 최고 세율을 적
용해, 일정 기준을 초과하는 소득에 대해 50퍼센트가량의 높은 비율을
세금으로 걷어야 할 것이다. 하지만 이렇게 하는 나라는 매우 적다.

　노벨상을 받은 경제학자 조지프 스티글리츠는 2010년대 말의 미국
을 소득 성장분의 90퍼센트 이상이 부유한 1퍼센트에게 돌아가는, 부자
는 더 부유해지고 가난한 자는 살아남기 위해 몸부림치는 양극화된 국
가라고 평가했다. 그는 다른 많은 원인과 함께 노동조합의 쇠락, 경제 내
금융 및 은행 산업의 비중 증가, 소수자 집단의 자산 증식 기회 감소를
원인으로 지적했다. 그러나 로봇과 인공지능이 저숙련 일자리를 대체하
는 최근의 현실을 고려할 때, 고객 서비스나 데이터 분석 분야 등의 새로
운 일자리에서 일할 수 있도록 노동자를 재교육하는 일에 더 초점을 맞
출 필요가 있다.

　예를 들어 정부가 신기술을 도입하면서 직무가 없어진 노동자를 재
교육하는 회사에 세금 혜택을 주는 것도 한 방법이다. 빌 게이츠를 비롯
한 몇몇 인사들은 로봇에 세금을 물려 실업자 재교육에 필요한 돈을 마
련하자고 제안하기도 했다. 독일 정부는 대규모 인원 감축을 방지하고

실업이 경제에 미치는 영향을 최소화하기 위해 고등학교 수준부터 시작하는 다양한 노동 교육 프로그램을 운영하고 있다.

조세 제도를 정비해 자산가는 더 부유해지고 저소득층은 계속 힘들어지는 상황을 바로잡는 것도 소득 불평등을 줄일 수 있는 방법이다. 미국의 경우 모기지(주택저당대출) 이자 비용이나 고용자 지원 의료보험, 퇴직 저축 등에 대한 각종 세제 혜택을 제공하기 위해 들어가는 돈이, 저소득층에게 메디케어나 메디케이드 같은 필수 의료보험을 제공하는 데 들어가는 돈보다 더 많은 것으로 추정된다.

결국 불평등을 줄이는 가장 효과적인 방법은 부자에게 세금을 더 많이 걷는 것이다. 불평등을 줄이기 위해 가장 많이 사용되는 방식은 누진과세 제도로, 돈을 더 번 사람이 올린 소득 가운데 일부를 걷어 돈을 덜 번 사람을 지원하는 것이다. 극단적인 방법으로는 기본소득이라 불리는 최소 소득을 지급하는 방법이 있다. 이 방법을 쓰면 불평등은 줄어들겠지만, 더 열심히 일하려는 사람이나 빈부를 가릴 것 없이 모든 사람에게 도움을 주기 위해 국제 문제 해결에 매진하는 혁신가의 의욕을 꺾을 우려가 있다.

Basic

CEO 최고경영자(chief executive officer)를 뜻하는 약어로 기업을 경영하는 사람을 말한다. 반면 대표이사는 경영진이 하는 일을 감독하는 사람이다.

기본소득 universal basic income. 일부에서는 소득 불평등을 줄이기 위해 기본소득이라 불리는 최소 소득을 지급하자는 주장이 제기되고 있다. 기본소득은 경제 내 모든 사람에게 지급되는 일종의 최저생활 임금이다. 미국의 푸드스탬프나 영국의 실업수당과 달리, 기본소득은 소득 수준에 관계없이 지급된다. 기본소득을 지급하는 데 필요한 자금은 대개 정부 지출로 충당될 것으로 예상된다. 천연가스나 석유 같은 독립 소득이 없는 정부가 기본소득을 지급하려면 기업이나 직장인들로부터 세금을 더 많이 걷어야 할지도 모른다.

순자산 기업이 실제 소유한 자산의 가치. 순자산 또는 순이익에 쓰는 '순(純)'은 사업 과정에서 발생한 부채 또는 비용을 차감했다는 뜻이다. 순자산은 기업의 자산에서 기업의 부채를 뺀 값으로, 기업의 전체 가치 가운데 주주에게 속한 부분이다. 그래서 순자산을 주주 지분(stockholders' equity)으로 부르기도 한다.

지니계수 소득과 부의 불평등을 측정하는 방법은 많지만, 가장 자주 쓰이는 지표는 지니계수다. 대다수 전문가가 유토피아로 생각하는 완벽하게 평등한 사회의 지니계수는 0이고, 사회의 모든 부가 한 가정에 쏠려 있는 완전히 불평등한 사회의 지니계수는 100이다. 20세기 초 이탈리아 통계학자 겸 사회학자 코라도 지니(Corrado Gini)가 개발했다.

More

CFO 최고재무관리자(chief financial officer)를 뜻하는 약어로 기업에 들고나는 돈을 책임지는 임원을 가리킨다. 일반적으로 CFO는 CEO에게 직접 보고하며, 재무회계, 재무계획, 재무 리스크 관리 업무를 책임진다.

공급 중시 경제학 정부보다는 생산자와 소비자가 경제 성장을 더 잘 촉진할 수 있다는 시각에 기초한 경제학. 공급 중시 경제학의 목표는 세금을 낮추어 정부가 걷는 돈을 더 생산적인 주체인 기업이나 개인에게 돌려주는 데 있다. 정부가 세금 인상으로 정부 지출을 늘려 경제에 돈을 공급하는 것보다, 세금을 낮추어 소비자가 저축하고 기업이 투자하게 하는 편이 경기를 더 효과적으로 부양할 수 있다고 본다.

한계 세율 원칙적으로는 소득이 커질수록 적용되는 세율도 높아져야 한다. 예를 들어 100만 달러 이상을 버는 사람은 특정 금액 이상의 소득에 대해 50퍼센트 정도 되는 높은 세율을 적용받고 그 이하 소득에 대해서만 이보다 더 낮은 세율을 적용받아야 할 것이다. 하지만 많은 나라에서 이 원칙은 지켜지지 않는다.

hot_money 오늘 오조오억 썼음
#핫플#투자맛집#신흥시장

그들이 움직이면
대출 이자가 올라간다

#핫머니

핫머니는 통상 단기 수익을 노리고 움직이는 해외 자금을 말한다. 핫머니의 문제는 갑자기 유입되었다가 갑자기 빠져나간다는 데 있다. 한 나라의 이자율이 다른 나라에 비해 높아지면 일시에 유입되는 자본도 핫머니의 일종이다. 연기금이나 자금이 풍족한 대학 기부금 펀드(2010년대 후반 예일대와 하버드대의 기부금 펀드 규모는 각각 300억 달러를 넘어섰다)는 시장 상황과 이자율이 변할 때마다 가장 수익률이 좋은 곳을 찾아 일본, 인도, 독일, 멕시코 등지로 계속해서 단기 자금을 움직인다. 21세기 세계 경제에서 투자에 참여 중인 핫머니의 규모는 매 순간 수조 달러에 달하는 것으로 추정된다. 이는 대다수 국가의 경제 규모를 훌쩍 뛰어넘는 금액이다. 비교를 위해 예를 들면, 전 세계 단기 투자 시장에서 활동하는 핫머니의 규모는 솔로몬 왕 시절부터 채굴된 금의 가치를 전부 합친 것보다도 훨씬 크다.

다른 금융 투자자와 마찬가지로 핫머니 투자자 또한 높은 투자 수익을 올릴 기회를 찾아다닌다. 일반적으로 핫머니 투자자들은 자국 시장 대비 환율 조건이 좋거나 앞으로 좋아질 것으로 기대되는 국가에 단기로 자금을 예치한다. 통상 핫머니는 경제가 안정기에 도달해 이자율이 낮고 경제 성장 속도가 느린 부유한 선진국에서 성장 가능성이 높은 개발도상국으로 이동한다. 지난 몇 년 동안 브라질, 인도, 중국, 터키, 말레이시아 등 여러 나라로 핫머니가 흘러 들어갔다.

핫머니가 위험한 이유

핫머니가 유입된 나라는 증가한 유동성 덕분에 더 많은 대출을 받을 수 있고, 자본비용이 낮아져 기업 투자와 소비가 늘어난다. 많은 개발도상국이 건전한 통화 정책을 도입하고 시장 개혁 정책을 펴면서 경제 성장의 주축으로 떠오르자, 전 세계 단기 투자자들이 개발도상국으로 몰려들었다. 이런 핫머니 투자자 중에는 은행이나 헤지펀드 외에 국부펀드나 대학 기부금 펀드 같은 거물급 투자기관도 속해 있다.

예를 들어 세계 최대의 단일 투자기관 중 하나인 캘리포니아 공무원

연금은 국제 금융시장에 수십억 달러를 투자하고 있다. 이 펀드가 자금을 투자하거나 회수하는 결정을 내리면 팜스프링스나 새크라멘토 은퇴자들의 재정뿐 아니라 세계 금융시장도 큰 영향을 받는다.

일이 잘 풀리면 핫머니 투자자들은 재빨리 엄청난 수익을 올린 다음 더 수익성 좋은 시장으로 옮겨간다. 하지만 대량의 핫머니가 유입된 국가의 거시경제는 엄청난 타격을 입는다. 핫머니가 대량 유입되면 물가가 상승하고 환율이 하락하면서 외국에 판매할 상품과 서비스의 가격이 올라 수출이 감소하고 경상수지가 적자로 돌아설 위험이 있다. 모든 행동이 상호 연관적인 오늘날의 세계 경제에서, 개발도상국 시장은 지구 반대편 투자자가 내린 투자 결정에 의해 심하게 흔들릴 수 있다.

예를 들어 2018년의 경우처럼 미국 금리가 인상되면, 핫머니 투자자들은 금리 인상으로 인한 이득을 취하기 위해 신흥시장 주식에 투자한 자금을 회수한다. 이 같은 결정은 연쇄작용을 일으켜 결국 아르헨티나의 작은 마을에까지 파급 효과를 미친다. 투자자나 다른 결정권자가 신흥시장 주식 펀드에 투자한 돈 가운데 10만 달러를 환매 신청하면, 아르헨티나의 펀드매니저는 이 돈을 지급하기 위해 운용하던 주식의 일부를 팔아야만 한다. 그러면 아르헨티나 정부는 통화 가치 급락을 막기 위해 즉각 이자율을 높일 것이다. 이는 곧 부에노스아이레스의 골목 가게 사장이 은행으로부터 변동금리로 빌린 돈에 대한 이자를 더 많이 지불해야 한다는 뜻이다. 더 많은 외국 투자자가 빠져나가면서 핫머니가 유출되면 아르헨티나의 국내 경기가 침체되는 것을 넘어 더 나쁜 상황도 벌어질 수 있다.

금융시장에서는 한번 공포가 발생하면 단기 투자 성향이 아닌 외국 채권자와 투자자들까지 가세해 더 안전한 곳으로 돈을 옮기기 위해 자금을 회수하기 시작한다. 점점 더 커지는 공포의 악순환이 시작되는 것이다. 많은 경우 핫머니 유출을 겪고 있는 나라가 이런 악순환을 끊을 방법은 무제한적 자본 유출을 막는 것뿐이다. 중국과 베네수엘라 등 여러 나라가 채택한 자본 통제 정책은 대개 단기적으로는 효과가 있다. 하지만 장기적으로는 런던이나 뉴욕의 투자 매니저들이 쉽게 돈을 회수할 수 없는 나라에 투자하기를 꺼리면서 자금줄이 마를 위험이 있다.

투자와 세금의 관계

일부 국가 지도자들은 핫머니로 인한 과도한 정치적·사회적 혼란을 방지하기 위해 핫머니의 무제한적인 이동을 막는 새로운 법을 제정해야 한다고 주장했다. 더 나아가 몇몇 국가에서는 핫머니에 대한 특별세를 도입하는 방안을 고려하고 있다. 일례로 노벨 경제학상을 받은 제임스 토빈의 이름을 딴 토빈세는 원래 단기 외환 거래에 대한 세금으로 제안되었으나 핫머니를 비롯한 모든 국제 투기 자금에 적용할 수 있다. 토빈세를 도입하면 국제 시장에서 들고나는 자금의 규모가 줄어들고, 이론적으로는 이렇게 걷은 세금을 개발도상국에 대한 경제 원조와 사회 자본 투자에 사용할 수 있다.

일찍이 20세기 초의 저명한 경제학자 존 메이너드 케인스 등은 국제 시장의 변동성을 줄이고 고삐 풀린 투기자본을 규제하기 위해 금융거래 세^{financial transaction tax}(FTT)를 도입해야 한다고 주장했다. 2008년 금융위기 이후 여러 유럽 국가에서도 금융거래세를 도입해 정부가 은행을 긴급구 제하는 데 쓴 돈을 돌려받아야 한다는 주장이 나왔다. 2016년 미국 민 주당 후보들과 2010년대 말 영국 노동당 등 최근의 금융거래세 지지자 들은 헤지펀드나 은행 같은 '부유한' 투기자본으로부터 돈을 받아 대학 등록금 지원 등의 공공 서비스나 개발도상국 경제 원조 자금으로 쓰자 고 주장하고 있다.

2010년대 중반 약 40여 개 국가에서 금융거래세를 도입했지만, 대부 분 얼마 안 되는 '인지세'나 선물증권 거래 수수료를 신설하는 데 그쳤 다. 한때 유럽연합에서 논의됐던 것처럼 핫머니를 규제하기 위해 1퍼센 트 정도의 강도 높은 금융거래세를 물릴 경우, 오히려 GDP가 감소하는 역효과가 날지도 모른다. 정확히 예측할 수는 없지만, 금융거래세를 전 폭 도입할 경우 총 경제성장률이 1~2퍼센트가량 낮아지는 부정적 결과 가 초래될 것으로 예상된다.

금융거래세 도입에 반대하는 사람들은 추가로 거둘 수 있는 세금보 다 경제성장률 둔화로 줄어드는 세금이 더 많을 것이라면서 금융거래세 가 오히려 정부 적자만 키우는 역효과를 낼 거라고 말한다. 런던 시장을 비롯한 일부 정치 지도자들은 런던 같은 금융 중심지에서 외국 자본에 금융거래세를 물릴 경우, 금융거래세가 없는 다른 나라로 자본이 일시에 유출되는 상황이 벌어질까 봐 우려하고 있다.

아무튼 어지럽게 돌아가는 세계 정치·경제의 소용돌이 속에서 대량의 핫머니를 비롯한 경제 지형을 움직이는 여러 가지 힘을, 한 나라가 나서서 관리하고 통제하기란 점점 더 어려워질 전망이다.

Basic

국부펀드 여러 국가와 미국의 일부 주는 남는 외환보유액으로 채권을 사거나 중앙은행이 운영하는 하루짜리 예금 계좌에 넣는 대신, 국부펀드를 만들어 국제 시장에서 기업을 인수하고 주식을 매입해 투자 수익을 올리고 있다.

케인스 영국의 경제학자 존 메이너드 케인스는 20세기의 주요 경제학자 중 한 명이다. 케인스는 불황을 타개하려면 정부 지출을 늘려야 한다는 제안으로 현대 경제학에 혁신을 불러일으켰다. 케인스 경제학의 기본은 경기침체기에는 정부 지출을 늘려 적자 운영을 하고 경기 과열 시에는 흑자 운영을 하는 것이다. 하지만 경기 부양을 위해 재정을 적자 운영해야 한다는 말에는 기꺼이 동의하면서도 경기 과열 시에 정부 지출을 줄이라는 말은 전혀 듣지 않는 정치인이 많다.

핫머니 hot money. 단기 국제 투자 자금을 '핫머니'라고 부를 때가 많다. 개발도상국 시장에는 고수익을 노린 수십억 달러가 한꺼번에 유입될 때가 있다. 하지만 이런 자금은 경제 기조가 바뀌거나 세계 금융위기가 발생하면 예고 없이 빠져나가곤 한다.

More

단기 금융시장 money market. 단기로 돈을 빌리려는 사람과 빌려주려는 사람을 이어주는 시장을 말하며, 머니마켓이라고도 한다. 단기 투자 자산(재정증권, 신탁계좌, 양도성예금증서 등)은 주로 전자 거래소나 세계 각지의 은행 및 증권사 전용 창구를 통해 거래된다.

외국인 직접투자(FDI) 외국 기업이 국내 기업을 사거나, 국내 기업 주식의 지배지분을 확보했을 때 외국인 직접투자가 이뤄졌다고 말한다. 순식간에 들어왔다가 나가는 핫머니 자금과 달리, 외국인 직접투자는 장기로 기업이나 국가에 필요한 돈을 공급한다. 외국인 직접투자와 함께 외국의 전문성과 새로운 사업 관행이 도입되는 때도 많다. 일부 국가에서는 외국인 직접투자 지분을 전체 회사 지분의 절반 이하로 제한하고 있다.

빅뱅 금융 규제가 일시에 대거 완화되는 것을 빅뱅이라고 부른다. 일본에서는 1990년대 후반 금융시장 구조조정 당시 빅뱅이라는 말이 나왔다. 이보다 일찍 영국에서는 런던 유가증권 시장의 규제 완화를 두고 빅뱅이라는 말을 썼다. 금융 빅뱅으로 런던의 은행 및 금융 서비스업은 폭발적으로 성장했으며, 여러 국제 은행과 거래소가 세금이나 규제 없이 국제 유가증권을 대량으로 거래하기 위해 런던으로 본사를 옮겼다.

캐리 트레이드 carry trade. 이자율이 낮은 나라의 통화로 대출을 받아, 이자율이 높은 나라에 투자하는 행위. '스프레드', 즉 금리 차를 이용해 돈을 버는 방법이다.

21세기 큰손들의
투자 전략

#헤지펀드, 사모펀드, 벤처캐피털

《위대한 개츠비》부터 〈귀여운 여인〉까지, 책과 영화 그리고 수많은 드라마에 등장하는 금융재벌은 하나같이 자본주의를 악용해 다른 이들을 착취하며 재산을 일군 힘센 존재로 그려진다. 가령 영화 〈더 울프 오브 월스트리트〉에서 레오나르도 디카프리오가 연기한 주인공은 가치 없는 주식을 그럴싸하게 포장해 파는 사기수법으로 금융재벌이 되었고 나중에는 교도소에 들어갔다.

이들 금융재벌은 대체 누구이며, 합법이든 불법이든 어떻게 그 많은 돈을 벌 수 있었을까? 과거 큰손들은 주로 '다른 사람의 돈'을 이용해 엄청난 돈을 손에 쥐었다. 이들은 차입매수(LBO) 방식을 이용해 자기 돈을 많이 들이지 않고 거액을 빌려 회사를 사들였다. 차입매수는 놀이터의 시소처럼 지렛대 효과를 이용해 거액의 차입금을 더해 자기자본의 구매력을 높임으로써 적은 투자금으로 막대한 수익을 올리는 투자 기법이다. 통상 차입매수를 하는 이유는 회사를 쪼개 팔아 돈을 벌기 위해서다. 때로는 그 과정에서 많은 사람이 일자리를 잃는다.

21세기의 큰손도 다른 사람의 돈을 이용하기는 마찬가지지만, 대부분 장기 투자가 목적이다. 헤지펀드, 벤처캐피털, 초단타 매매 트레이더 뒤에는 언제나 전문가의 마법 같은 능력에 기대 돈을 벌길 바라며 거액의 돈을 투자한 은행, 연기금, 개인 투자자 등이 있다. 이들은 펀드매니저가 전문 능력을 발휘해 기업의 생산성을 높이거나 재무 구조를 조정하면 투자한 기업의 수익성이 높아져 기업 가치가 크게 오를 거라고 기대한다. 통상 헤지펀드나 벤처캐피털 투자자들은 평범한 투자자보다 지식이 많고 시장 사정에 밝다. 심지어 은행이 대규모 자금(일부 은행의 경우 수조 달러에 달한다)을 국제 시장에 투자하기 위해 헤지펀드를 조성하는 경우도 있다.

오히려 더 위험한 헤지펀드

헤지펀드란 무엇일까? 금융 분야에서 헤지란 본래 손실을 방지하기 위한 위험 관리 기법으로, 가격이 반대 방향으로 움직이는 여러 자산에 동시에 투자하는 것을 말한다. 국제 시장에서 돈을 버는 것이 목적인 투기나 차익거래 같은 투자와 달리, 헤지의 목적은 단지 급변하는 시장에서 손해를 보지 않는 데 있다. 예를 들어 밀농사를 짓는 농부는 현재 경작 중인 밀 가격이 떨어질 때에 대비해, 내년에 정해진 가격에 밀을 넘기는 선물 거래를 맺어 위험을 헤지할 수 있다. 이 거래를 통해 농부와 농부의 주거래 은행은 둘 다 편안히 잠을 잘 수 있을 것이다.

아이러니하게도 요즘의 헤지펀드는 다른 여러 투자 상품보다 더 공격적으로 운영되며, 시장의 변동성을 이용해 수익을 내거나 적어도 잃지는 않음으로써 높은 수익률을 올리는 것이 주목적이다. 2010년대 말 전 세계 헤지펀드의 규모가 3조 달러를 넘어서는 등 투자 펀드 시장에서 헤지펀드의 점유율은 상당하다. 하지만 최근 연기금이나 대학 기부금 펀드 같은 대형 투자자들은 주가지수를 이루는 종목 전체에 투자하는 상장지수펀드(ETF) 등의 단순한 투자 방식이 헤지펀드보다 비용은 훨씬 적게 들면서 실적이 더 좋을 때가 많다는 사실을 발견했다. 그럼에도 여전히 컴퓨터와 증권 거래 알고리즘을 이용해 주식, 채권, 파생상품 등 환금성이 좋은 다양한 상품을 사고파는 헤지펀드 매니저에게 기술적 강점이 있다고 믿는 투자자가 많다. 이들은 펀드매니저의 시장에 대한 감과 컴퓨터의 계산 능력이 더해지면 이전에는 불가능했던 수준으로 시장을 읽어낼 수 있다고 생각한다.

때때로 헤지펀드와 전문 트레이더들은 일반 투자자가 놓치는 차익 거래 기회를 포착해 엄청나게 빠른 속도로 대규모 자동 거래를 체결하는 초단타 매매를 한다. 이들은 기회를 포착하는 즉시 자산을 대규모로 사고팔아 투자자들에게 엄청난 수익(또는 손실)을 안긴다. 순식간에 결정을 내려야 하는 초단타 매매 트레이더들은 단 1초라도 빠르게 기회를 포착해 움직이기 위해 주요 증권거래소 주변에서 일한다. 실제로 뉴저지에 있는 초단타 매매 트레이더는 단지 나스닥이나 뉴욕증권거래소에서 가까운 곳에 있다는 이유로 미국 중서부에 있는 트레이더보다 더 높은 수익을 지속적으로 올릴 수 있었다.

헤지펀드는 옵션과 선물을 비롯한 복잡한 파생 금융상품에도 투자한다. 덕분에 이들은 상승장은 물론이고 '하락장'에서도 수익을 낼 수 있다. 이들은 비정상적인 가격 차이를 발견하면 재빠르게 투자해 수익을 내는데, 대량을 사고팔기 때문에 가격 차이가 미미해도 큰 수익을 낼 수 있다.

헤지펀드를 비롯한 초단타 매매 트레이더들은 특수 지위와 컴퓨터 성능을 활용해 시장 변화로부터 부당한 이득을 취한다는 비판을 자주 받는다. 일반 투자자가 새로 얻은 시장 정보를 활용한 거래에 나서기도 전에 이들은 거래를 끝내고 모든 이득을 가져가버린다. 이 때문에 일부에서는 초단타 매매가 내부 거래와 다를 게 없다고 비판하기도 한다. 거대한 서버 팜을 가진 기업이 개인 비트코인 채굴자를 몰아냈듯, 세계 금융시장은 점점 더 큰손들이 장악하고 있다. 2010년대 말 현재 전체 주식 거래 가운데 초단타 매매가 차지하는 비중은 유럽에서는 40퍼센트 이상, 미국에서는 70퍼센트 이상에 이른다.

사모펀드가 투자하는 곳

헤지펀드와 마찬가지로 21세기의 사모펀드는 매우 다양한 활동을 한다. 사모펀드의 활동은 크게 벤처캐피털, 그로스캐피털, 차입매수의 세 가지로 나눌 수 있다. 사적으로 모집한 펀드라는 뜻인 '사모私募'라는 이름에서 드러나듯, 거의 모든 사모펀드는 큰돈을 투자한 소수의 대규모 투자자로 이루어져 있으며 주로 비상장기업이나 비상장화 과정에 있는 상장기업을 인수한다. 대다수 사모펀드는 장기 투자에 적합한 기업을 골라 지분을 다수 확보한 다음 기업 가치를 높여 매각해 큰 수익을 올리는 것을 목표로 한다. 통상 사모펀드는 투자자들이 출자한 돈으로 투자에 필요한 자금을 조달한다.

벤처캐피털 투자자는 시장의 다른 투자자들은 존재조차 모르는 신생 기업에 주로 투자한다. 자기 돈으로 직접 투자하는 벤처캐피털 투자자는 흔히 '엔젤angel', 즉 천사로 불린다. 이 투자자 없이는 어린 기업이 성장하기 힘들기 때문이다. 엔젤 투자자와 달리 대다수 은행이나 헤지펀드는 과거 실적이 있는 상장회사 중에서도 특히 수익을 많이 올리는 회사를 대상으로만 대출이나 주식 투자를 하려고 한다. 하지만 신생 기업이 수익을 내기까지는 꽤 오랜 시간이 걸린다. 아마존만 보더라도 제프 베조스Jeff Bezos가 친구와 가족으로부터 받은 얼마 안 되는 돈으로 시작한 시애틀의 이 작은 벤처 기업이 수익을 내기까지는 수십 년이나 걸렸다. 초기 운영 자금을 댈 만큼 돈이 많지 않은 스타트업 창업자들은 회사를 한 단계 성장시키기 위해 엔젤 투자자로부터 초기 자금을 지원받는 경우가 많다.

그다음 단계에서는 대형 벤처캐피털이 회사 지분의 20~30퍼센트를 소유하는 조건으로 훨씬 많은 돈을 투자한다. 대형 벤처캐피털은 일반적으로 부유한 개인 투자자나 은행 또는 연기금을 대상으로 투자 자금을 모은다. 이들 투자자는 벤처 기업이 그들의 꿈을 실현해줄 기업으로 성장할 수 있도록 조언과 지원을 아끼지 않는다. 벤처 투자자들의 공통된 바람은 투자한 기업이 성장해 큰 수익을 내고, 나아가 주식시장에 상장되어 주식 가치가 크게 오르는 것이다. 모든 일이 계획대로 진행될 경우, 초기 벤처 투자자들은 투자금의 수십 또는 수백 배에 달하는 돈을 벌 수 있다. 일반적으로 소액 투자자가 벤처캐피털에 투자할 기회는 거의 없다. 하지만 최근 들어 소액 투자자에게도 길이 열리고 있다.

예를 들어 1000달러라는 적은 금액만 있어도 투자가 가능한 에인절리스트 신디케이트를 이용하면 소액 투자자도 고위험 고수익 벤처 투자의 기회를 누릴 수 있다. 하기야 우리의 장학금이나 퇴직금을 관리하는 전 세계 연기금과 대학 기부금 펀드가 벤처캐피털 투자를 늘리고 있다는 점을 생각하면, 이미 모든 사람이 이런저런 경로를 통해 벤처 투자에 참여하고 있다고 볼 수도 있겠다.

그로스캐피털 투자자들은 기업 인수나 구조조정, 사업 확장 등 새로운 활동을 시작하면서 위험을 나눌 투자자를 찾는 비교적 성숙한 신생 기업에 투자한다. 이 단계의 기업은 수익은 내고 있을지 모르나, 다음 단계로 성장하기 위해 필요한 대규모 자금은 가지고 있지 않다. 은행은 위험한 신생 벤처 기업에 잘 투자하지 않기 때문에 성장 자금이 필요한 기업은 다음 단계로 나아가기 위해 사모펀드 같은 그로스캐피털로 눈을 돌리게 된다.

대다수 사모펀드의 투자자와 펀드매니저는 때로 엄청난 수수료를 챙긴다. 사모펀드 매니저는 투자금의 1~2퍼센트와 발생한 수익의 20퍼센트 정도를 보수로 받는데, 이는 헤지펀드와 비슷한 수준이다. 미국 등 일부 국가에서는 사모펀드 매니저의 소득에 소득세보다 훨씬 세율이 낮은 자본이득세를 적용하는 추가적인 혜택까지 주고 있다. 더군다나 대다수 사모펀드는 비상장기업에 투자하기 때문에 이들이 실제로 번 돈이 얼마인지는 알 방법이 없다.

사모펀드의 투자자 풀은 점점 공공기관으로까지 확대되고 있다. 주요 연기금과 국부펀드 같은 '공공' 기관이 사모펀드에 투자하고 있기 때문이다. 예를 들어 노르웨이에는 천연가스로 벌어들인 엄청난 수익으로 만든 장기 국부펀드가 있다. 싱가포르나 아랍에미리트 같은 현금이 풍부한 나라도 마찬가지다. 미국 알래스카주는 주 차원에서 석유로 벌어들인 돈을 투자하기 위해 따로 펀드를 만들었다. 이들 공공 펀드 가운데 대다수가 많게는 수천억 달러에 달하는 자금을 수익성 높은 사모펀드에 투자하고 있다. 사모펀드는 이미 다른 많은 전통적 투자 방식의 규모를 넘어섰다. 2010년대 말 현재, 미국 노동자 열 명 중 한 명이 사모펀드가 주요 지분을 소유한 회사에서 근무하는 것으로 추정된다.

Basic

그로스캐피털 growth capital. 주로 신생 스타트업 회사에 투자하는 다른 벤처캐피털과 달리, 그로스캐피털은 좀 더 성숙한 기업에 투자한다. 일반적으로 그로스캐피털은 기업 인수, 구조조정, 사업 확장 등 새로운 주요 사업을 시작하기 전에 위험을 나누어 질 투자 자를 찾는 기업에 투자한다. 이 단계의 기업은 수익은 내고 있을지 모르나, 다음 단계로 나아가기 위해 필요한 막대한 자금은 가지고 있지 않다. 은행이 위험한 신생 벤처 기업에 투자하는 것을 꺼리기 때문에, 성장 자금이 필요한 기업은 다음 단계로 나아가기 위해 사 모펀드 같은 그로스캐피털로 눈을 돌리게 된다.

벤처캐피털 성장 가능성 높은 신생 기업(대부분 아직 영업이익을 내지 못한 기업)에 투자된 자금을 '벤처캐피털'이라고 부른다. 벤처캐피털리스트는 미래에 성공할 가능성이 높은 기 업에 일찍 투자하는 것을 목표로 한다. 기업이 성장해 수익을 내기 시작하면 주가가 크게 오르고 벤처캐피털리스트를 비롯한 초기 투자자에게 어마어마한 보상이 주어진다. 개인 돈으로 투자하는 벤처캐피털 투자자는 흔히 '엔젤(천사) 투자자'라고 불리는데 이들의 개 입이 없으면 막 사업을 시작한 기업이 살아남기 힘들기 때문이다.

사모펀드 21세기 사모펀드가 하는 일은 매우 다양하지만, 크게 벤처캐피털, 그로스캐피 털, 차입매수의 세 가지로 나눌 수 있다. 이름에서 예상할 수 있듯 사모펀드의 목적은 비 상장기업이나 비상장화 작업 중인 상장기업을 인수하는 데 있다. 사모펀드 매니저는 기업 을 인수한 뒤 효율성을 높여 막대한 수익을 남기고 팔아버리는 때가 많다.

생산성 생산성은 노동이나 자본, 토지 같은 투입 요소 한 단위당 생산되는 재화나 서비스의 양으로 정의된다. 21세기 경제의 특징 가운데 하나는 신기술의 도입으로 단위 시간 당 생산량이 크게 늘면서 생산성이 무척 높아졌다는 것이다.

선물 거래 선물은 주식이나 채권처럼 사고팔 수 있는 유가증권으로, 물리적 상품이나 금융상품을 미래의 특정 시기에 특정 가격에 팔겠다는 계약이다. 선물은 선도계약과 달리, 표준화된 조건을 따른다. 선물계약은 만기일을 비롯한 조건이 표준화돼 있어, 거래소에서 거래할 수 있다.

옵션 소유자에게 미래에 정해진 가격에 무언가를 사거나 팔 권리를 주는 것. 예를 들어 콜옵션인 스톡옵션을 가진 사람은 미래에 정해진 양의 주식을 정해진 가격에 살 수 있다. 이때 옵션의 기초자산이 되는 주식을 '원주(underlying share)'라고 부른다. 반대로 원주나 다른 기초자산을 팔 수 있는 권리를 주는 옵션을 '풋'옵션이라고 부른다.

인수 acquisition. 기업은 인수와 합병이라는 두 가지 방법으로 다른 기업을 살 수 있다. 합병은 합병되는 회사 주주들에게 주식을 교환해주는 방식으로 두 회사의 자산을 병합하는 방법이고, 인수는 자기 돈이나 빌린 돈으로 사려는 회사의 주식을 대량 매입해 지배권을 확보하는 방식이다. 기업 인수에는 우호적 기업 인수와 적대적 기업 인수 두 종류가 있다. 우호적 기업 인수는 인수되는 기업의 동의 아래 진행되는 인수 과정을 말한다. 반면 적대적 기업 인수는 기업의 주식을 대량 사들여 지배권을 확보한 투자자의 손에 기업이 넘어가는 것으로, 인수되는 기업 이사회의 의도에 반하는 경우가 많다.

자기자본 '순자산'으로도 불리는 자기자본은 기업의 자본에서 부채를 뺀 값이다. '주주자본'이라고 부르기도 한다. 이론적으로 기업이 가진 전체 자산에서 부채를 제외한 순자산은 전부 주주에게 속하기 때문이다.

자본이득 유가증권이나 부동산을 팔아 수익을 냈을 때, 산 가격과 판 가격의 차이를 '자본이득'이라고 부른다. 자본이득에는 이자나 배당금과 다른 세율이 적용되는 경우가 많다. 스위스 등에서는 자본이득에 전혀 과세하지 않는다.

차익거래 국제 시장의 일시적 가격 불일치를 발견하는 즉시 가격이 낮은 시장에서 상품을 구입해, 가격이 높은 시장에서 상품을 파는 거래 기법이다. 다른 투자자들이 가격 차이나 투자 기회를 발견하기 전에 매우 빠른 속도로 대량 자동 매매를 체결해야 하므로 주로 초단타 매매 기법을 쓴다.

차입매수(LBO) leveraged buyout. 빌린 돈으로 회사를 매수하는 것. 매수자는 일부 자기자본을 들이고 나머지 돈은 은행 대출을 받거나 고수익 채권을 발행해 조달하는 레버리지 기법을 사용해 원하는 회사를 사들인다.

헤지 hedge. 헤지는 미래의 불확실한 사건으로부터 투자자를 보호한다. 예를 들어 집을 소유한 사람들은 물가가 상승해도 집값이 따라 올라 손실을 방지해줄 것을 알기 때문에 물가 상승기에도 안정감을 느낄 수 있다. 주식에 투자 중인 투자자는 풋옵션을 사서 위험을 헤지할 수 있다. 풋옵션을 가지고 있으면 주가가 크게 떨어져도 비교적 높은 가격에 주식을 팔 수 있기 때문이다.

헤지펀드 위험을 방지하는 헤지의 원래 목적과는 거리가 먼 목적으로 운영되는 헤지펀드는 금융을 매우 잘 아는 고객을 위해 엘리트 펀드매니저가 운영하는 대규모 펀드다. 헤지펀드는 고객의 자금을 파생상품이나 부채담보부증권 같은 투기성 자산에 투자하는 위험한 도박을 할 때가 많다. 하지만 대학 기부금 펀드나 연기금 등 여러 고객에게 꾸준히 높은 수익률을 올려주는 성공적인 헤지펀드도 일부 있다.

More

백기사 white knight. 적대적 기업 인수를 당할 위기에 처한 기업을 돕는 기업 또는 개인을 가리킨다. 백기사는 적대적 인수합병을 시도 중인 기업 인수꾼이 지배지분을 차지하지 못하도록 대량의 주식을 매입해 경영진의 의도에 반하는 인수가 이뤄지지 않도록 막는다.

사모 발행 신규 주식이나 채권의 양이 너무 적어서 공개 상장하거나 공모 채권으로 발행하기 어려운 경우 '사모 발행'을 한다. 사모 발행된 증권은 소수의 기관투자가들에게만 판매된다. 일반적으로 사모 발행을 할 때는 보고 의무가 더 적다. 사모 발행된 증권은 일단 투자자의 손에 들어가고 나면 공개시장에서 거래되는 경우가 거의 없다.

선도계약 선도계약은 계약자 쌍방이 미래의 특정 시점에 미리 정한 가격으로 거래할 것을 약속하는 계약이다. 예를 들어 밀농사를 짓는 농부는 선도시장에서 구매자를 만나 내년에 수확할 밀을 미리 합의한 가격에 넘기기로 하는 계약을 맺을 수 있다. 시간과 가격이 표준화돼 있고 거래소에서 거래가 이뤄지는 선물계약과 달리, 선도계약은 매도인과 매수인의 의견만 일치하면 시간과 가격을 자유롭게 정할 수 있다.

시리즈A/시리즈B 일반적으로 벤처 기업의 투자자 모집은 몇 단계에 걸쳐 이뤄진다. 최초로 많은 돈(대개 200만 달러~1000만 달러 사이)을 투자한 벤처캐피털 투자자에게는 대가로 시리즈A 주식을 준다. 통상 시리즈A 투자자 모집 단계에서는 기업의 전체 주식 가운데 창업자, 엔젤 투자자라 불리는 최초의 투자자, 사업 초기에 창업 자금을 지원한 가족 및 지인 등의 지분을 제외한 약 10~30퍼센트의 지분이 투자자들에게 분배된다. 시리즈A 투자자 모집 단계에서 모인 자금은 보통 1~2년 동안 기업이 브랜드를 확립하고 첫 직원을 고용하는 데 쓰인다. 그다음 단계인 시리즈B 투자자 모집 단계에서도 신주를 발행해 (소유주 지분을 줄이고) 투자자에게 보상하는 과정이 이어진다.

시장 조성자 market maker. "매수 호가 25달러, 매도 호가 26달러입니다. 어떻게 하시겠어요? 사시겠습니까, 파시겠습니까?" 시장 조성자는 유가증권의 양방향 가격을 제시하는 전문 트레이더다. 매수 호가는 시장 조성자가 그 증권을 살 때 지불하고자 하는 가격이고, 매도 호가는 시장 조성자가 그 증권을 팔 때 받고자 하는 가격이다. 매수 호가는 언제나 매도 호가보다 낮다. 시장 조성자는 싸게 사서 비싸게 파는 거래를 종일 반복해 큰돈을 벌곤 한다.

알고리즘 트레이딩 algorithmic trading. 대형 컴퓨터에 설치된 프로그램을 이용해 새로운 사건이 시장 가격에 반영되기 전 몇 밀리초 만에 주식을 매매하는 기법. 시장의 일시적 가격 불일치를 이용해 이득을 취하거나 새로운 사건에 빠르게 반응할 수 있다. 21세기 초 현재 알고리즘 트레이딩은 전체 미국 주식 거래의 30~50퍼센트를 차지한다.

알파 '알파' 수익이란 펀드매니저가 투자자에게 올리게 해준 추가 수익을 말한다. 많은 펀드매니저는 다우존스지수나 S&P500지수 같은 유명 주가지수 대비 더 높은 수익률을 낸다. 펀드매니저들은 자신이 투자자에게 알파 수익을 올리게 해주므로 수수료를 더 받을 자격이 있다고 느낀다.

자기자본이익률(ROE) return on equity. 기업의 주가 대비 순이익. 자기자본이익률은 1년 동안 회사가 낸 순이익을 순자산으로 나누어 계산한다. 자기자본이익률은 기업이 투자자들의 돈을 얼마나 효율적으로 이용해 수익을 창출했는지 알려준다.

증권 중개인 중개 수수료를 받고 집을 사려는 사람과 팔려는 사람을 이어주는 부동산 중개인처럼 증권 중개인은 금융 거래를 중개한다. 주식 중개인을 비롯한 대다수 증권 중개인은 거래된 유가증권의 규모에 비례하는 중개 수수료를 받는다. 증권 딜러는 자동차 딜러와 마찬가지로 목록에 있는 유가증권을 정해진 가격을 받고 투자자에게 판매한다. 일부 투자은행 직원은 두 가지 일을 다 하는데, 이들을 '딜러 겸 중개인(broker/dealer)' 또는 '딜커(dealker)'라고 부른다.

플래시 크래시 flash crash. 대규모 투자회사들은 컴퓨터 알고리즘을 이용해 매일 전 세계 시장에서 수십억 또는 수조 달러 규모로 유가증권을 사고판다. 가끔 어느 한 알고리즘이 매도 주문을 내면, 이를 계기로 몇 분, 아니 몇 초 만에 전 세계 컴퓨터 알고리즘이 따라서 매도 주문을 쏟아내는 경우가 벌어진다. 유가증권이나 암호화폐의 가격이 빠르게 폭락하는 이런 플래시 크래시는 아무런 이유 없이 눈 깜짝할 사이에 일어난다.

합병 국제 금융업계에서는 기업의 매매 또는 합병에 관한 업무를 M&A(mergers and acquisitions, 인수합병)라고 부른다. 많은 기업이 상대 기업의 강점을 활용하고 불필요한 비용을 줄여 시너지 효과를 내기 위해 M&A에 나선다.

현물시장 대금 지급과 동시에 물건이 전달되는 거래를 '현물거래'라고 한다. 현물거래 외에 미래에 정해진 가격으로 대금을 지불하고 물건을 받기로 약속하는 선물이나 선도거래도 있다.

Level 3

디지털 컨택트가
우리의 경제 생활을
좌우한다

새로운 경제는
어떻게 기업을 변화시켰나

#21세기 다국적기업의 특징

2008년 금융위기 당시, 적자에 시달리던 각국 정부가 RBS(스코틀랜드 왕립은행)와 대형 보험사 AIG 등 유명 다국적기업에 대한 구제금융 지원을 결정하자, 대다수 납세자는 무수히 많은 소기업과 가계가 파산하는 와중에 실패한 기업에 수천억 달러를 쏟아 붓는 정부를 비난했다. 미국 정부 또한 세수 100억 달러를 투입해 GM(제너럴모터스)을 긴급 구제했다. 이런 '대마불사' 논리를 합리화하기 위해 흔히 제시되는 근거는 GM 같은 대기업은 국가 경제에 너무나 중요하기 때문에 그냥 문을 닫게 둬서는 안 된다는 것이다.

사업하고 있는 나라보다 경제 규모가 더 큰 거대 기업이 점점 늘면서

세계 10대 민간 기업(연매출 기준, 2019)			
기업명	사업 분야	본사 소재지	연매출
월마트	소매업	미국 아칸소주 벤턴빌	5140억 달러
로열더치셸	석유·가스	네덜란드 헤이그	3970억 달러
BP(브리티시페트롤륨)	석유·가스	영국 런던	3040억 달러
엑슨모빌	석유·가스	미국 텍사스주 어빙	2900억 달러
폭스바겐	자동차	독일 볼프스부르크	2780억 달러
도요타자동차	자동차	일본 도요타시	2730억 달러
애플	기술	미국 캘리포니아주 쿠퍼티노	2660억 달러
버크셔헤서웨이	금융	미국 네브래스카주 오마하	2480억 달러
아마존	기술	미국 워싱턴주 시애틀	2330억 달러

자료: 《포춘》글로벌 500, 2019.

21세기 들어 기업의 규모가 지나치게 커진 건 아닌지 의구심을 품는 사람이 많아졌다. 최근 세계은행이 발표한 세계 100대 경제 주체 순위에 포함된 나라는 고작 31개에 불과했고, 나머지 69개는 모두 기업이었다. 실제로 월마트의 연매출은 스페인, 오스트레일리아, 네덜란드의 GDP보다 많다.

공개기업과 비공개기업

대다수 국가는 대기업과 소기업을 법적으로 명확히 구분한다. 일반적으로 공개기업이란 주요 증권거래소에서 주식이 거래될 정도로 규모가 큰 기업을 말한다. 소규모 주주 집단이 소유한 작은 기업은 보통 '비공개' 또는 '비상장'기업이라고 부른다. 예를 들어 영국에서는 공개유한회사의 주식은 주요 증권거래소에서 거래되지만, 유한회사의 주식은 거래되지 않는다. 미국에서는 S법인S corporation으로 분류되는 소기업에 법인 등록을 하지 않아도 유한책임을 인정하고 투자자의 소득을 이중으로 과세하지 않는 혜택을 주고 있다. 이런 비상장회사가 낸 이윤은 회사 소유주에게 지급될 때만 과세한다.

거의 모든 다국적기업은 기업의 파산으로부터 주주를 보호하기 위해 만들어진 유한책임 원칙에 기초해 사업 활동을 하고 세금을 낸다. 대다수 영어권 국가의 회사명 뒤에 'Ltd.'('limited(유한)'의 약자)가 붙는 것은 이 때문이다. 미국에서는 회사 이름 뒤에 주로 'LLC', 'Inc.', '주식회사 incorporated' 등을 붙이지만 의미는 동일하다. 스페인어와 프랑스어권 국가에서는 각각 'Sociedad Anónima'와 'Société Anonyme'의 줄임말인 'SA'를 쓴다. 소유주가 '익명anonymous'이라는 의미인 이 표시는 Ltd.와 마찬가지로 회사가 파산했을 때, 채권자가 손실 보전을 위해 주주의 사유 재산을 취득할 수 없다는 뜻이다.

기업 소유권의 변화는 21세기 경제를 그 이전과 구분 짓는 특징 가운데 하나다. 예전에는 거의 모든 투자가 공개 거래되는 주식을 취득하는 방식으로 이뤄졌다. 개인 투자자에게는 다른 선택지가 거의 없었고, 연기금이나 보험회사 같은 기관투자가는 투명한 공개기업을 선호했기 때문이다. 하지만 사모투자 기법이 발달하면서 공개기업에서 비공개기업으로 전환하는 기업이 점점 늘기 시작했다. 비공개기업은 주주로 인해 생기는 성가신 문제와 부담스러운 재무 보고를 피해 훨씬 사적으로, 그리고 가능하다면 더 수익성이 높은 방식으로 회사를 운영할 수 있다는 장점이 있다.

주주의 권한은 어디까지일까

기업을 관리하는 세 주체는 경영진, 이사회, 주주다. 이 가운데 경영진은 원래 주주의 협조와 이사회의 묵인 아래 자기 방식대로 회사를 운영하는 것이 관례였다. 하지만 21세기 초부터 상황이 변하기 시작했다. 주주와 이사들이 강경해지면서 경영 방식을 바꾸라는 압박을 받는 경영자가 늘어난 것이다.

　CEO에게 과도한 보수를 지급하는 등 경영진이 권력을 남용한 사례가 여러 번 발각되면서, 주주들이 이전보다 적극적으로 경영에 관여하기 시작했다. 일례로 폭스바겐 주주들은 경영진이 미국 등 여러 나라에서 경유차 배기가스 배출 조작을 지시한 사실이 밝혀지자 이사회를 고발하고 경영진의 불법행위로 인한 주가 하락분을 배상하라고 요구했다. 이 일로 당시 폭스바겐 CEO는 사기 및 대기청정법 위반으로 미국에서 징역형을 선고받았으며, 그동안 받은 급여와 상여금 가운데 상당 부분을 벌금으로 내야 했다.

강경해진 요즘 주주들은 '경영진의 보수에 대한 주주 발언권^{say on pay}'을 외치며 경영진의 보수를 정할 때 주주의 승인을 받아야 한다고 주장하고 있다. 미국 증권거래위원회, 유럽연합 집행위원회 등 각국 기업 감독 기관이 임원 연봉을 모두 공개하도록 한 이후, 경영자의 급여와 상여금에 대한 비판은 특히 더 늘었다. 유럽연합에서는 2010년대 중반부터 경영자의 1년 상여금 액수에 상한을 두고 있다.

주주들은 경영진이 받는 스톡옵션에 대한 감시도 강화하고 있다. 스톡옵션은 과세가 되지 않고 행사되기 전까지는 기업의 회계장부에 반영되지 않기 때문에 숨은 가치와 비용이 어마어마할 수 있다. 요즘 S&P500 기업 CEO들이 받는 평균 보수는 스톡옵션과 모든 수당을 합치면 1000만 달러가 넘는다. 많은 회사에서 임원의 평균 연봉은 일반 생산직 노동자가 받는 연봉의 약 400배에 달한다.

또한 주주들은 소위 '황금 낙하산'이라 불리는, 임원이 회사를 떠날 때 받는 고액 퇴직금에 대해서도 감시를 강화하고 있다. CEO들은 해고될 때를 대비해 때로는 수억 달러에 이르는 엄청난 퇴직금을 약속받는 경우가 많다. 하지만 성과가 나빠서 해고당한 경영자에게 왜 보상을 주어야 하느냐고 의문을 제기하는 주주들이 많다.

많은 기업의 주주가 기업의 매각이나 비공개 전환 시 더 큰 결정권을 가지기를 원하며, 기업이 비공개로 전환될 경우에도 지분을 유지할 수 있기를 바란다. 이러한 주장에 대해 흔히 제기되는 비판은 주주의 힘이 너무 커지면 경영진이 회사의 장기 가치를 높이는 데 필요한 대담한 결정을 내리기 어렵다는 것이다. 많은 경영자가 21세기 기업이 '총투표 경영management by referendum'으로 인해 몸살을 앓을까 봐 두려워하고 있다. 경영 결정을 내릴 때마다 다양한 주주들의 상충하는 이익을 반영해야 할 수도 있다는 것이다. 예컨대 일부 주주가 전체 주주의 이익에 반하는 주장을 할지도 모른다. 가령 주주 가운데 사회운동가가 있다면, 그는 기업이 인권 침해 우려가 있는 국가에서 사업하는 것을 반대할 수도 있다. 그의 의견을 반영할 경우 세상은 더 좋아질지 몰라도 기업의 주가는 내려갈 것이다.

아무것도 만들지 않는 기업

최근 미국 정부는 해외 생산 공장을 닫고 '국내 일자리를 만들라'고 압박하고 있지만, 기업에 정치적 압력까지 행사할 필요는 없을지도 모른다. 이미 기업이 최근의 세계 경제 지형 변화에 맞춰 대응을 마친 상태이기 때문이다. 2010년대 후반 들어 이윤이 줄고 자본이익률이 최근 20년 사이 최저 수준에 도달하자, 미국의 다국적기업들은 모든 일을 해외에서 하던 관례를 재고하기 시작했다. 연료비가 증가하고 정부가 관세와 쿼터 같은 무역장벽을 세우는 등 여러 가지 이유로 무역과 운송상의 차질이 생기면서 납품업체 가까이 위치하는 편이 훨씬 유리해졌기 때문이다.

게다가 이제는 한곳에 머무르면서도 많은 일을 할 수 있게 됐다. 인터넷과 3D 프린터를 활용하면 해외에 비싼 사무실과 공장을 짓지 않고도 다국적기업이 가진 혁신과 생산상의 이점을 누릴 수 있다. 실제로 GE(제너럴일렉트릭)와 지멘스는 특정 경제 권역 또는 국가에 생산 시설과 일자리를 집중해 공급 사슬을 국지화하기 시작했다.

다국적이나 초국적이라는 말은 진화하는 경제 환경에 맞게 써야 할 필요가 있다. 이제는 아무것도 '만들지' 않는 산업이 많다. 우버나 에어비앤비는 기업이 무언가를 만드는 조직에서 기술 기반의 통솔 조직으로 진화하고 있음을 잘 보여준다. 기술과 인공지능이 경제 지형을 완전히 바꾸고 있는 상황에서 제조업 일자리를 많이 만들라는 포퓰리스트 정치인들의 요구는 21세기 기업에는 비현실적인 주문일지도 모른다.

Basic

기관투자가 소액 개인 투자자와 달리 기관투자가는 매일 수십억 달러, 엔, 파운드, 페소에 해당하는 대규모 자금을 세계 시장에 투자한다. 대표적인 기관투자가로는 보험회사, 은행, 연기금, 헤지펀드, 국부펀드 등이 있다.

미국 증권거래위원회(SEC) Securities and Exchange Commission. 미국의 금융시장과 미국 내에서 거래되는 증권을 감독하고 규제하는 연방정부 기관. 주목표는 증권 산업의 위법 및 부정행위로부터 대중을 보호하는 데 있다. 미국 증권거래위원회와 비슷한 역할을 맡고 있는 국제 기구로는 스위스 바젤 소재 국제결제은행(BIS)이 있다.

스톡옵션 스톡옵션은 소유자에게 '원주(underlying share)'라 불리는 주식을 정해진 가격으로 일정량 살 수 있는 권리를 준다. 스톡옵션과 반대로 원주나 다른 자산을 정해진 가격에 팔 수 있는 권리는 풋옵션이라고 부른다. 많은 회사가 주식 가격이 오르면 이득을 볼 수 있는 스톡옵션을 직원에게 제공한다. 스톡옵션 소유자는 다른 옵션 소유자와 마찬가지로 위험 부담을 지지 않는다. 시장 상황이 옵션을 행사하기 불리한 쪽으로 변할 경우, 만기 시까지 옵션을 행사하지 않으면 그만이기 때문이다.

유한책임 세계의 거의 모든 기업은 유한책임을 기초로 세워졌다. 유한책임은 기업이 파산 시 회사의 주인을 보호한다. 영미권에서 기업명 뒤에 붙은 'Ltd.'는 유한책임회사를 의미한다. 다만 미국에서는 'LLC', 'Inc.' 또는 '주식회사(incorporated)'라는 말을 주로 사용한다. 스페인어와 프랑스어권 국가에서는 각각 'Sociedad Anónima'와 'Société Anonyme'의 약어인 'SA'를 쓴다. 소유주가 '익명(anonymous)'이라는 의미인 이 표시는 Ltd.와 마찬가지로 회사가 파산했을 때, 채권자가 손실 보전을 위해 주주의 사유 재산을 취득할 수 없다는 뜻이다. 미국에서는 일부 기업에게 법인세를 내지 않고 바로 주주에게 이익을 분배하도록 허용한다. 이런 기업을 'S기업(S corporations)'이라고 부르는데, 이들 회사의 주주에게는 배당금 지급 여부와 관계없이 매년 회사 수익에 대한 세금이 부과된다.

이윤 파산이 채찍이라면 이윤은 당근에 해당한다. 기업의 이윤은 주어진 기간 동안 들어간 비용을 제하고 남은 돈으로, 회사의 주인인 주주에게 돌아가는 몫이다. 자유시장 경제에서 이윤은 대다수 경제활동의 원동력이다. 회계학에서는 기업의 이윤을 주로 '순이익' 또는 '영업이익'이라고 부른다.

파산 기업이 부채를 제때 상환하지 못하면 파산했다고 말한다. 많은 나라는 파산 기업이 채무자에게 돈을 갚을 수 있도록 회생 기회를 준다.

황금 낙하산 많은 CEO가 적대적 인수합병 시 새로운 주주가 자신을 쫓아낼 것에 대비해 임기를 다 채우지 못하고 사임할 경우 엄청난 보너스를 지급받는 조건으로 계약을 맺는데, 이 보너스를 황금 낙하산이라고 부른다.

More

MBA Master of Business Administration. 경영 세계에 입문하기 위한 주요 통로. 전 세계 대다수 대학에 조직 경영 기술을 가르치는 MBA 과정이 설치돼 있다.

감가상각 시간이 흐르면서 감소한 유형자산의 가치를 회계장부상에 반영하는 것. 가령 기업은 자동차와 컴퓨터의 가격이 시간이 지날수록 떨어진다는 사실을 반영해 회계장부에 기록된 자동차와 컴퓨터의 가치를 조정한다. 대다수 국가에서 감가상각비를 비용으로 처리하기 때문에 기업은 감가상각비를 이용해 과세 소득을 낮출 수 있다. 그래서 기업은 세금을 줄이기 위해 가능한 한 일찍 많이 감가상각하는 편을 선호한다.

국제표준화기구(ISO) International Standards for Organization. 제네바에 본사를 둔 국제표준화기구는 비정부기구지만, 이들이 정한 산업 및 상거래 기준은 세계 많은 나라에서 실제로 법으로 만들어진다. 이들이 정한 ISO 9000 시리즈는 기업의 제품 생산 및 서비스 제공 방식에 대해 품질 관리부터 기록까지 모든 영역을 포괄하는 규정을 두고 있다.

기업금융 기업이나 정부는 많은 돈이 필요한 경우 낮은 이자 비용으로 자금을 조달하기 위해 투자은행에 도움을 요청한다. 기업금융 담당자의 목표는 채권, 주식, 스와프 등 다양한 자금 조달 방식을 조합해 최대한 낮은 비용으로 자금을 빌릴 수 있게 도와주는 것이다.

기업어음(CP) 은행이나 기업 같은 상업기관에서 발행하는 단기증권 또는 채권. 단기채권이 장기채권보다 덜 위험하기 때문에 기업어음은 비교적 안전한 투자 수단이다. 일반적으로 기업어음은 장기 투자 자금을 조달하기 위해서가 아니라, 재고를 확보하거나 운전자금을 늘리기 위해 필요한 단기 자금을 융통하기 위해 발행한다. 약속어음, 환어음, 수표, 양도성예금증서(CD) 등이 기업어음에 속한다.

기업지배구조 기업의 경영 및 지배 체계를 기업지배구조라고 부른다. 기업지배구조는 기본적으로 주주, 경영자, 이사회 등 기업의 이해당사자 간 관계를 말하지만, 소비자, 직원,

공급자, 은행, 규제당국, 공동체와의 관계를 포함할 때도 있다.

당기순이익 순이익과 같은 말. 기업의 총수입에서 모든 비용을 뺀 값이다. 당기순이익은 정해진 기간 동안 기업이 돈을 얼마나 벌었는지 알려준다.

대차대조표 기업의 자산과 부채를 한눈에 보여주는 표. 대차대조표는 특정 시점 현재 기업의 재정 건전성을 보여준다. 대차대조표에는 양변이 있다. 좌변에는 기업의 소유물인 자산이, 우변에는 기업이 진 빚인 부채가 기록된다. 자산에서 부채를 빼고 남은 부분은 회사의 소유주인 주주에게 속한 부분으로, '주주 지분'이라고 부른다.

대표이사 기업 경영진이 하는 일을 감독하는 사람. 대표이사와 이사회는 주주에 의해 선임되어 임기 동안 매년 급여를 받는다. 이들에게는 주주의 이익을 극대화하기 위해 일할 것이 요구된다.

마찰 특정한 제품이나 서비스를 구매하려는 소비자나 기업체를 방해하는 장애 요인을 뜻한다. 경제 이론에 따르면 마찰이 적을수록 수요가 는다. 일례로 음원 복사 및 공유 횟수를 제한하는 DRM(디지털 저작권 관리) 규제가 마찰로 작용해 온라인 음원 판매 시장은 오랫동안 고전을 면치 못했다. DRM 규제가 폐지되자 음원 판매량이 크게 늘었다.

부채비율 기업의 건전성을 알아보는 방법 중 하나는 기업이 가진 자산과 빚이 얼마인지 살펴보는 것이다. 부채비율을 보는 이유는, 빚이 너무 많은 기업은 상황이 나빠지면 부도가 날 가능성이 높기 때문이다. 기술 기업 중에는 부채비율이 엄청나게 높은 기업이 많은데, (적어도 창업 초기에는) 자산과 수익이 너무 적어서인 경우가 대부분이다. 스타트업이 수익을 내기까지는 대개 오랜 시간이 걸린다.

사내유보 기업은 벌어들인 순이익을 배당금 형태로 주주에게 나누어주거나 미래에 쓰기 위해 사내에 비축할 수 있다. 순이익 중 주주에게 분배하지 않고 기업에 남아 있는 부분을 사내유보라고 부른다.

사베인스-옥슬리법 Sarbanes-Oxley. 2002년 미국 의회는 엔론과 월드컴 파산 사태 등의 영향을 받아 기업 부정을 방지하는 법인 사베인스-옥슬리법을 통과시켰다. 공식 명칭은 '상장기업 회계개혁 및 투자가 보호법'으로, 공개기업의 영업 방식에 새로운 기준이 됐다. 이 법은 기업의 이사회, 경영진, 회계법인이 어떻게 기능해야 하는지에 대해 정하고 있다.

수취채권 기업이 미래에 받을 돈은 아직 돈을 받지 않았더라도 대차대조표에 자산으로 기록된다. 이를 수취채권이라고 부르며, 증권으로 만들어 공개시장에서 팔 수 있다. 실제로 돈을 받으면 수취채권은 유동자산으로 변한다.

영업권 기업을 이루는 것 가운데 유형자산이나 부채에 속하지 않는 부분을 영업권이라고 한다. 대표적인 예로 기업명이 있다. 유형자산이 거의 없는 웹사이트나 닷컴 스타트업 등 21세기 기업의 영업권 가치는 수백만에서 수십억 달러에 이른다.

영업이익/ EBIT/ EBITDA 재무제표의 결론을 보여주는 가장 아랫단에 적히는 영업이익은 그야말로 기업의 핵심이다. 영업이익은 수익에서 모든 비용을 차감하고 남은 돈이다. 영업이익을 순이익, 또는 더 간단히 '이윤'이라 부르기도 한다. EBIT는 이자 · 법인세 차감 전 영업이익이고, EBITDA는 법인세 · 이자 · 감가상각비 차감 전 영업이익이다.

유형 순자산 '현실 세계'에서의 기업 가치. 유형 순자산은 자동차, 현금, 예금, 대출금 같은 기업의 유형자산과 부채만 고려해 기업을 평가하는 회계 도구다. 상표명이나 영업권처럼 가치를 정량화할 수 없는 무형자산은 평가에서 제외된다. 넷플릭스나 페이스북 같은 기업들은 유형자산이 거의 없다. 온라인 서비스를 통해 이익을 창출할 수 있는 능력이 이들 기업이 가진 순자산의 대부분을 차지한다.

자회사 다른 회사의 지배를 받는 회사. 자회사를 지배하는 기업인 '모기업'은 자회사의 이사회 구성을 좌지우지할 만큼 많은 지분을 확보하고 있다. 회계상 자회사는 단일 기업으로 취급되어 세금을 따로 내고 정부 기관의 규제도 따로 받는다. 모기업으로 완전히 병합된 경우는 기업의 한 '부문'이 된다. 모기업이 지분을 100퍼센트 소유한 경우는 '완전자회사'라고 부른다.

전환사채 기업이 투자자를 모으기 위해 일반 채권이나 증권보다 인기가 높은 전환사채를 발행할 때가 있다. 전환사채 투자자는 전환사채를 다른 가치 있는 물건으로 바꿀 수 있는데, 일반적으로 전환사채를 발행한 기업의 주식으로 바꿀 수 있는 경우가 많다. 전환사채는 스톡옵션과 자주 비교되는데, 언제든 그 회사 주식으로 바꿀 수 있다는 점이 스톡옵션과 다르다(물론 바꾸는 것이 의무는 아니다).

주식 공개 상장(IPO) 기업이 '공개'되면 이 기업의 주식을 잘 알려진 증권거래소에서 사고팔 수 있다. 기업은 IPO를 통해 더 많은 투자자를 확보할 수 있고, 기업의 원래 주인은 새로운 투자자들에게 지분을 팔아 큰돈을 벌 수 있다. IPO는 많은 스타트업 기업에게 통과의례처럼 여겨진다.

캐시카우 cash cow. 지속적 현금 흐름을 만들어내는 기업이나 주식을 '캐시카우'라고 부른다. 캐시카우 산업과 제품은 특별한 마케팅을 하거나 주의를 기울이지 않아도 지속적으로 이윤을 창출하는 경우가 많다

특허 특정 시장에서 특정 제품 또는 서비스를 독점적으로 팔 권리. 특허는 주로 특허청 같은 정부 기관이 발행한다. 특허권이 보호되지 않는다면 기업은 지금처럼 많은 돈을 연구개발에 투자하지 않을 것이다. 특허 제품은 저소득 국가 국민이 이용하기에 너무 비싼 경우가 많기 때문에 일부 개발도상국에서는 생명과 직결되는 의약품 같은 특정 제품의 특허권을 인정하지 않는다.

파산법 제7장/파산법 제11장 미국 파산법에서 가장 중요한 두 개념. 미국의 파산법 제11장은 파산에 처한 기업에게 회생 기회를 주는 조항이다. 파산법 제7장은 파산 기업의 청산 절차에 적용된다. 청산이란, 회사 자산을 팔아 최대한 빚을 갚는 것을 말한다.

합작투자 특정 시장에서 경쟁우위를 갖추기 위해 두 개 이상의 기업이 힘을 합치는 일. 합작투자는 외국에 투자하려는 기업에게 특히 유용하다. 투자하려는 국가의 현지 기업과 합작함으로써 파트너의 지식과 기술을 활용할 수 있기 때문이다.

현금 흐름표 특정 기간 기업 내로 들어온 돈과 기업 밖으로 나간 돈을 한눈에 보여주는 표. 현금 흐름표는 감가상각이나 대손상각 같은 회계 작업 없이 일정 기간 기업의 현금 흐름을 그대로 보여준다.

보이지 않는 시장이 바꾼 세상

#온라인 경제

약 반세기 전에 발명된 마이크로프로세서는 우리에게 전자책부터 음악 스트리밍, 영상 통화까지 온갖 것을 만들 힘을 주었다. 무엇이든 가상으로 만들 수 있는 진정한 디지털 시대가 열린 것이다.

오늘날 스마트폰과 인터넷 이용자 수가 늘면서 기업은 물건을 만드는 전통적인 활동보다 디지털 경제를 통해 훨씬 더 많은 돈을 벌 수 있게 됐다. 디지털 경제의 규모는 현재 수조 달러에 달하는 것으로 추정되며, 계속해서 기하급수적으로 커지고 있다. 애플을 비롯한 주요 디지털 기업의 시가총액은 1조 달러를 넘어섰다. 이런 거대 기술 기업의 사내 유보금은 때로 수천억 달러에 달하기도 하는데, 대부분 원재료를 살 필요가 없기 때문이다. 이들이 사는 것이 있다면 다른 기술 회사 정도다.

비교적 최근인 1970년대 중반까지만 해도 기업이 소유한 자산의 70퍼센트 이상이 공장이나 음료 냉장고 같은 물리적 실체가 있는 유형자산이었다. S&P500 기업을 포함해 오늘날의 일반적 기업에서 유형자산의 비중은 전체의 30퍼센트를 넘지 않는다. 구글 또한 캘리포니아의 멋진 본사 건물과 상호 연결된 엄청나게 많은 컴퓨터를 제외하면 지적 재산권이나 브랜드 가치처럼 물리적 실체가 없는 자산 더미에 지나지 않는다.

데이터를 파는 시장

자동차나 비행기처럼 옛날부터 기업이 만들던 많은 제품도 이제는 디지털화되어 매분 테라바이트 단위의 데이터를 만들어낸다. 이렇게 얻은 데이터를 마이닝•하면 값나가는 정보를 얻을 수 있다. 때로는 상품 자체보다 데이터가 더 돈벌이가 되기도 한다. 존디어사의 최신 농기계들은 디자인, 상품 제작, 식료품 가격 동향 예측 등 여러 용도로 쓸 수 있는 엄청난 양의 데이터를 제공한다. 2019년에는 구글의 자매 기업 베릴리와 팸퍼스의 합작 벤처가 센서를 단 아기 기저귀를 선보였다. 이 기저귀는

• 대량의 데이터로부터 유용한 정보를 추출하는 것.

아기의 활동과 일상을 앱에 업로드해, 부모가 (또는 다른 이들이) 아기의 발달 초기부터 데이터를 활용할 수 있도록 해준다. 제조사들은 농부에게 농기계를 팔거나 항공사에 비행기를 판 뒤에도 제품이 만들어낸 데이터에 대한 권한을 가진다. 이를 두고 요즘 기업은 제품을 파는 게 아니라 그저 매우 비싼 계약금을 받고 빌려주는 것이나 다름없다고 말하는 사람도 있다.

21세기 초부터 통상 e커머스라고 불리는 전자상거래 시장이 기하급수적으로 커졌다. 기업과 정부가 전자 서명을 받기 시작하고, 블록체인 같은 발전된 암호화 기술이 등장하면서 이제는 어떤 거래든 가상공간에서 할 수 있게 됐다. 기업과 소비자 간 전자상거래(B2C)는 찰스슈왑•과 아마존 같은 온라인 소매업체가 수십억 달러 규모로 성장하면서 날개를 달았다. 소비자들은 은행이나 쇼핑몰에 직접 가는 대신 더 손쉽고 저렴한 온라인 업체를 통해 상품과 서비스를 구매하기 시작했다.

또한 웹의 저비용 구조 덕분에 기업은 소위 '롱테일 소비자'로 불리는 접근하기 힘든 소비자 집단을 공략할 수 있게 됐다. 롱테일 소비자란 희귀한 제품이나 서비스에 관심이 있는 소비자로, 예전에는 값비싼 유통비용 때문에 이런 소비자가 원하는 물건을 시장에 내놓기 힘들었다. 이제는 인디음악부터 독특한 성인용품까지 수십 년 전에는 구할 수 없었던 다양한 물건을 인터넷으로 살 수 있다.

• 미국의 대표적인 온라인 증권회사.

기업은 인터넷 덕분에 옷, 컴퓨터, 자동차 등 모든 상품을 개별 고객의 니즈와 특성에 맞춰 제공할 수 있게 됐다. 헨리 포드는 이런 농담을 한 적이 있다. "누구나 원하는 색깔의 모델 T를 가질 수 있습니다. 그 색이 검은색이기만 하면요." 이제 포드 고객들은 정말 온라인에서 무엇이든 원하는 색을 고를 수 있을 뿐 아니라 여러 다양한 옵션까지 선택할 수 있다.

곧 B2C 시장의 규모를 뛰어넘을 것으로 보이는 기업 간 전자상거래(B2B)는 e커머스 시장을 완전히 새롭게 바꾸고 있다. 초기 B2B 시장은 기업들이 필요한 원자재와 서비스를 조달하기 위해 온라인 거래 페이지를 만들면서 시작됐다. 기업은 이런 전자 허브를 통해 공급자 및 거래처를 다각화해 가격을 낮추고 생산성을 높일 수 있다. 가령 미국 밀레니얼 세대 사이에서 인기를 끌고 있는 주스 회사 이주스 eJuice는 유통업체가 실시간으로 재고를 파악할 수 있도록 가상 물류 창고 기능을 갖춘 온라인 포털사이트를 운영한다. 덕분에 유통업체들은 미리 대량 구매한 물건이 팔리지 않고 창고에 쌓여 있는 골치 아픈 상황을 피할 수 있게 됐다.

성장하는 디지털 경제

예전의 전자상거래는 일부 부유한 나라를 중심으로 이뤄졌다. 하지만 이제는 많은 나라에 초고속 인터넷망이 보급되면서 동유럽, 아시아, 오세아니아가 전자상거래의 중심으로 떠오르고 있다. 예를 들어 한국에는 미국을 비롯한 다른 선진국과는 비교도 안 될 만큼 빠른 초고속 인터넷망이 깔려 있다. 지난 수십 년 동안 디지털 경제에서 소외되었던 전 세계 빈곤 지역에서도 스마트폰을 통해 인터넷에 접속하는 인구가 늘고 있다. 모바일 기기의 발달로 이전에는 디지털 경제를 누릴 수 없었던 사하라 이남 아프리카에서도 유선 인터넷망 대신 위성통신으로 인터넷에 접속할 수 있게 된 것이다.

기술 기업들은 대다수 주민들이 하루 2달러 미만으로 살아가는 이들 지역에서 시장 규모를 늘리려면 모바일 기기를 싼 가격에 제공해야 한다는 것을 깨달았다. 2010년대 들어 구글과 화웨이 등은 개발도상국에서 안드로이드 스마트폰을 일반적인 판매 가격보다 훨씬 더 싼 가격에 공급하기 시작했다. 수억 명의 새로운 소비자와 인터넷 이용자가 시장에 참가하면서 사업은 엄청나게 성장했다.

원래 개발도상국의 신규 인터넷 이용자들은 주로 소셜미디어를 통해 인터넷에 입문했다. 일부 개발도상국의 경우 소셜미디어 이용률이 선진국보다 더 높을 정도다. 초기 인터넷 활동은 주로 글을 읽는 것이었기 때문에 많은 나라에서 스마트폰이 보급되면서 문맹률이 빠르게 줄어들었다. 최근에는 소셜미디어 외의 인터넷 활동도 빠르게 증가하고 있으며, 사람들이 온라인을 통해 물건들을 사기 시작하면서 많은 개발도상국의 GDP가 늘고 있다. 태양광 전지, 농산물, 말라리아 방지용 모기장, LED 램프 등을 훨씬 싸게 살 수 있는 온라인 시장은 개발도상국 경제에 새로운 활력을 불어넣었다.

서비스 또한 개발도상국 전자상거래의 큰 비중을 차지한다. 많은 나라의 농부들이 스마트폰으로 날씨와 농작물 가격 정보를 실시간으로 확인한다. 이외에도 농업 전문가의 조언을 들을 수 있는 수백 종의 앱이 나와 있으며, 드론과 위성 기술을 사용해 농부에게 다음에 키울 작물을 추천하거나 땅을 더 효율적으로 쓸 수 있게 도와주는 앱도 있다. 일례로 피지의 '팜에드FarmEd' 프로젝트는 스마트폰을 이용해 농부들에게 농업 지식을 전달하고 첨단 기술을 활용한 문제 해결책을 제시함으로써 농업 생산성을 높이고 기아를 줄이는 데 도움을 주고 있다.

또한 전자 금융은 개발도상국을 비롯한 많은 나라에서 오프라인 위주의 경제·금융 분야에 새로운 한 획을 긋고 있다. 값비싼 사무실을 운영할 필요가 없는 온라인 금융기관은 기존 은행보다 훨씬 적은 비용으로 서비스를 제공할 수 있다. 회사, 교회, 거주 지역, 직업 등이 같은 사람들끼리 모여 서로 돈을 빌리고 빌려주던 과거의 신용협동조합처럼, 온라인 P2P 은행은 돈을 빌리려는 사람과 빌려주려는 사람을 연결해준다. 다만 범위가 지구 반대편에 있는 사람들에게까지 확대됐을 뿐이다. 고객들은 기존 은행과 동일한 심사 과정을 거쳐 승인을 받은 후, 먼 곳에 사는 돈을 빌리려는 사람이나 빌려주려는 사람과 거래할 수 있다. 온라인 은행과 계열사들은 대개 일반 금융기관과 같은 규제를 받는다. 예를 들어 조파Zopa는 영국재정청(FSA)의 규제를 받으며, 프로스퍼Prosper는 미국 연방거래위원회의 규제와 각 주의 은행법을 적용받는다. 이들 금융기관의 신뢰도는 기존 은행만큼이나 높다.

페이스북이나 링크드인 같은 소셜 네트워크 사이트는 이용자들이 취업 정보나 온라인 이력서 등을 제한 없이 공유하도록 함으로써 온라인을 통해 새로운 경제활동을 할 기회를 제공하고 있다. 성장하는 디지털 경제에서 중요한 부분을 차지하는 또 다른 분야는 온라인 광고다. 세계적인 대기업으로 성장한 구글의 주 수입원은 전 세계 수십억 명에 달하는 구글 이용자에게 광고를 노출한 대가로 받는 광고비다. 2010년대 말 구글은 1년에 약 1000억 달러의 수익을 올렸다. 온라인 광고 산업의 비중은 21세기 초에는 전체 광고비 지출액의 5퍼센트에 불과했지만, 단 20년 만에 30퍼센트 이상으로 올랐다.《뉴욕 타임스》나《월스트리트 저널》같은 일부 프리미엄 웹사이트를 제외하면 웹사이트에 돈을 지불하고자 하는 사람이 많지 않기 때문에, 대부분의 인터넷 기업은 광고로 돈을 번다. 사용자 데이터를 판매하는 것 또한 많은 사이트의 중요한 수입원이다.

온라인 산업의 또 다른 주 수입원은 클릭 횟수에 따라 광고료가 지급되는 키워드 광고pay-per-click(PPC)다. 키워드 광고를 이용하면 비교적 적은 돈으로 인터넷 브라우저나 웹사이트에 광고할 수 있다. 광고주들은 '휴가'나 '스쿠버다이빙' 같은 사용자가 입력한 키워드를 통해 공략해야 할 소비자를 알아낸 다음 브라우저나 웹페이지에 광고를 띄운다. 이런 사용자 맞춤형 광고의 가능성은 무궁무진하다. 소비자의 의도를 더 정확히 파악할 수 있게 된 디지털 경제 시대의 광고주들은 제품을 살 의향이

있는 고객에게만 광고를 노출하는 이상적인 마케팅 방식에 바짝 다가서
고 있다.

디지털 경제의 부작용

새로운 디지털 경제의 어두운 면 가운데 하나는 직업 시장이 저숙련·저
임금 노동자와 고숙련·고임금 노동자로 양분되어 불평등이 커지고 있
다는 사실이다. 새로운 디지털 경제의 가장 큰 수혜자는 육체노동자가
아닌, 지적 자본과 물리적 자본을 제공하는 사람이 될 것이다. 새로운 세
계 경제를 이끄는 혁신적 기업가, 주주, 투자자, 고숙련 노동자가 큰 이
득을 보는 동안 저숙련 노동의 가치는 계속 떨어질 것이다. 기존에 만족
스러운 삶을 누렸던 노동계층 사이에 퍼지는 불만과 불공평하다는 느낌
은 사회를 하나로 모아주는 사회적 합의를 느슨하게 만들 수 있다.

　디지털 경제의 성공은 예상치 못한 부작용을 낳았다. 너무 많은 경제
활동이 온라인에서 이루어지면서 해커는 물론 독재정부까지 시스템을
악의적으로 조작하는 범죄의 영향력을 깨닫게 된 것이다. 2007년 에스
토니아가 광장에 있던 소련 시절 동상을 철거하기 시작하자, 러시아는
에스토니아의 은행, 정부 부처, 기업 웹사이트에 대한 공격에 나섰다. 대
부분의 업무를 인터넷으로 처리하던 에스토니아 경제는 그야말로 마비
되었다. 이 사이버 전쟁에서는 봇넷(봇 프로그램에 감염되어 해커의 지배를

받는 해킹당한 컴퓨터들의 집단)을 이용해 대량의 패킷을 전송함으로써 공격 대상 사이트에 과부하가 걸리게 해서 해당 사이트의 업무를 마비시키는 형태의 공격이 행해졌다.

미국을 비롯한 여러 나라의 선거에 외국 해커들이 개입하면서 각국 정부는 사이버 공격을 막기 위한 대응책을 찾아 나섰다. 하지만 해커와 봇허더bot-herder(해킹된 컴퓨터 여러 대를 조종하는 사람)가 전 세계 컴퓨터를 조종할 수 있는 상황에서 각국 경찰과 경제 부처는 무력할 때가 많다. 실제로 에스토니아에 대한 공격에는 말레이시아와 브라질의 해킹된 컴퓨터들까지 동원됐다. 악의적 해커들은 문제를 일으킨다. 하지만 계속 성장 중인 인터넷이 크고 작은 여러 기업에게 새로운 세계 경제에서 성공할 기회를 주었음은 분명하다.

Basic

B2B/B2C 기업과 기업 사이의 전자상거래(예를 들자면 디트로이트의 자동차 제조업체와 머플러 부품 납품업체 간 거래)를 B2B(business-to-business) 거래라고 한다. 최종 소비자가 참여하는 전자상거래(예를 들어 개인이 아마존에서 책을 사는 거래)는 B2C(business-to-consumer) 거래라고 부른다.

롱테일 long tail. 롱테일은 많은 사람에게 동일한 제품을 대량 판매하는 것이 아니라, 구하기 어려운 물건을 소량으로 판매하는 사업 모델로 전자상거래가 활성화되면서 경쟁력을 갖기 시작했다. 인터넷 기업이 데이터를 이용해 맞춤형 마케팅을 펴기 시작하면서, 이전까지 외면받던 희귀 레코드판 수집가나 특이한 옷을 좋아하는 소비자들이 기업의 주수입원으로 떠올랐다. 롱테일이라는 개념은 상품별 판매량을 그래프로 그렸을 때, 판매량이 적은 부분이 긴 꼬리처럼 이어지면서 이들 상품의 판매량을 모두 합치면 주류 기업이 주로 공략하는 대량 판매 상품의 판매량을 오히려 뛰어넘는 것을 말한다.

봇넷 botnet. '로봇 네트워크'의 준말. 봇넷은 해킹당한 '좀비' 컴퓨터로 이뤄진 네트워크로, 동시에 대량의 트래픽을 보내 목표한 사이트를 마비시켜 온라인 사업을 방해하는 데쓰인다.

시가총액 공개 거래되는 기업의 시가총액은 총 발행 주식 수에 주가를 곱해 구한다. 우리는 시가총액을 이용해 다양한 나라, 다양한 업종의 기업을 서로 비교함으로써, 기업의 상대적 규모를 가늠할 수 있다.

원자재 석유, 가스, 대두처럼 공업 생산의 원료가 되는 상품. 원자재는 동질성 덕분에 국제 시장에서 쉽게 거래된다. 예를 들어 시베리아산 금은 네바다산 금과 본질적으로 전혀 다를 게 없다. 원자재의 거래 방식은 다양하다. 실물 거래를 통해 바로 상품을 거래할 수도 있고, 선물 시장을 이용해 미리 정해둔 가격으로 미래에 상품을 주고받을 수도 있다. 옥수수, 은, 주석, 쇠고기, 밀, 돈육 등도 원자재에 해당한다.

전자상거래 전자적으로 이뤄지는 상거래. 인터넷을 통해 상품이나 서비스를 구매하는 행동이 이에 해당한다. 전자상거래의 범위는 아마존에서 책을 사는 것부터 온라인 플랫폼을 이용해 육아 도우미나 온라인 과외를 구하는 것까지 다양하다. 크라우드펀딩이나 크라우드소싱 같은 기부활동도 전자상거래의 일종이다. 기업과 정부가 전자 서명된 계약을 수용하고, 블록체인 같은 암호화 기술이 발달하면서, 이제는 거의 모든 거래를 온라인으로 할 수 있게 됐다.

More

C2C consumer-to-consumer. 소비자 사이의 온라인 상거래. DVD나 축구 경기 관람권 직거래 등의 개인 간 거래를 말한다.

구조변동 노동시장 상황이나 투자 정책 등의 변동으로 인해 생산 요소에 급진적 변화가 일어날 때, 그 경제가 구조변동을 겪고 있다고 표현한다. 21세기 경제에서는 기술 발전과 인터넷 사용으로 구조변동이 일어나 생산 수준이 이전보다 크게 높아졌다.

그린필드/ 브라운필드 그린필드 사업은 공터에 새로운 건물을 지을 때처럼, 기존에 구축된 시스템에 구애받지 않고 할 수 있는 사업을 말한다. 예를 들어 혁신적인 신기술이 나와서 기존 통신망을 건드릴 필요 없이 무선통신망을 깔 수 있다면, 그 사업은 '그린필드' 사업에 해당한다. 반대로 브라운필드 사업은 기존 시스템과 호환되도록 작업해야 하는 일을 말한다. 예를 들어 이미 구축된 데이터베이스의 컴퓨터 코드를 바꾸는 작업이 이에 해당한다. 브라운필드는 이전에 지어진 건물이 남아 있는 토지로, 토양 오염이나 낡은 기반시설 등의 문제가 있는 경우가 많다.

제휴사 서로 연관은 있지만, 소유 관계는 아닌 회사. 가상 경제에서 제휴사는 상호 이익을 얻기 위해 서로 협력하는 관계를 말한다. 예를 들어 아마존에 등록한 많은 회사는 아마존 소유는 아니지만, 아마존 사이트를 이용해 이익을 얻는 제휴사라 할 수 있다.

크라우드소싱 인터넷을 활용해 물건이나 서비스를 아웃소싱하는 것. 개인과 기업을 수많은 상품 및 서비스 제공자와 연결해주는 인터넷 덕분에 우리는 다양한 일을 할 수 있게 됐다. 천문학부터(많은 사람이 온라인으로 나사의 우주 사진 분류를 돕고 있다) 가계학(가족관계 데이터베이스를 만드는 일에 전 세계 많은 사람이 참여하고 있다)까지 크라우드소싱의 활용도는 사실상 무한하다. 크라우드소싱이라는 단어는 2006년 〈와이어드〉의 제프 하우(Jeff Howe)가 처음으로 사용했다.

모두의 일과 삶은
서로 연결되어 있다

#사물인터넷의 등장

스마트폰과 인터넷이 거의 모든 지역에 보급되면서 우리의 일과 삶은 이전에는 상상할 수 없던 방식으로 바뀌었다. 새 시대가 열린 것이다. 일부에서는 인터넷을 통해 서로 연결된 기기를 사용하게 되면서 생긴 생활과 사업 방식의 변화를 4차 산업혁명이라 부르기 시작했다.

18세기에는 증기기관, 19세기에는 전기, 20세기 말에는 컴퓨터가 등장해 상품 제조 방식과 이동 방식에 혁명을 일으켰다. 21세기에는 사물인터넷이 우리의 일과 삶을 이전에 들어보지 못했던 방식으로 바꿔놓을 것으로 보인다. 사물인터넷이란 자동차나 가전기기처럼 우리가 일상적으로 사용하는 물건에 들어 있는 컴퓨터 칩을 서로 연결하는 방대한 망이다. 사물인터넷을 활용하면 우유나 달걀 같은 식료품이 떨어지기 전에 자동으로 인터넷에 접속해 장을 봐주는 냉장고 등을 만들 수 있다.

사물인터넷이 가능해진 이유는 클라우드 컴퓨팅 덕분이다. 클라우드 컴퓨팅이란 인터넷에 연결된 여러 대의 컴퓨터를 이용해 데이터를 저장·처리·분석하는 기술로, 방대한 데이터를 다루는 데 필요한 계산 능력과 저장 공간을 확보해준다.

기업은 신기술과 클라우드 컴퓨팅을 통해 완전히 새로운 방식으로 일할 수 있다는 사실을 깨달았다. 예전에는 자동차, 엘리베이터 등 모든 제품의 생산이 중앙 관리 컴퓨터가 있는 공장 안에서만 이뤄졌다. 공장 컴퓨터에는 자동차 문에 나사 박기 같은 특정 작업을 자동화하기 위한 프로그램이 깔려 있었고, 제품은 이에 따라 일괄적으로 제작됐다. 이런 환경에서 원가를 낮추고 생산성을 높이려면 제품을 '배치^{batch}'라고 불리는 대단위로 생산해야 했다. 소위 '인더스트리 4.0'이라 불리는 새로운 디지털 경제의 생산 방식은 클라우드 컴퓨팅과 사물인터넷을 활용해 다양한 기계, 공장, 국가에 걸친 복잡한 작업을 자동화하는 것이다. 모든 기기가 서로 연결되면서, 스페인 북부의 의류 생산업체가 모스크바와 시드니의 유행 변화에 맞춰 자동으로 판매량이 적은 색깔과 디자인의 생산을 줄이고 유행하는 제품의 생산을 늘리는 일이 가능해졌다.

골치 아픈 재고 처리 비용을 줄이고 전 세계 소비자의 요구에 더 빠르게 대응할 수 있는 적기 공급 생산 $^{just-in-time}$(JIT)•은 이제 표준이 됐다. 기업은 판매 데이터 외에도 제품에 고품질 센서를 달아, 이 데이터를 활용해 생산 방식을 조정하고 대응 속도를 높이고 있다. 예를 들어 엘리베이터 제조사 티센크루프는 닳거나 고장 날 가능성이 있는 부품을 미리 파악하기 위해 전 세계에 팔린 수백만 대의 엘리베이터에 센서를 달기 시작했다. 고장이 나기 전에 수리 기사를 미리 보내어 점검하게 해서 엘리베이터 고장으로 인한 고객의 시간 낭비와 불편을 줄이기 위해서다.

4차 산업혁명은 컴퓨터의 계산 능력이 무어의 법칙에 따라 기하급수적으로 증가하면서 시작됐다. 무어의 법칙이란 집적회로 칩 하나에 심을 수 있는 트랜지스터의 개수가 약 18개월마다 두 배로 증가한다는 예측이다. 그러나 2010년대 말 들어 컴퓨터 칩의 발전 속도는 한계에 다다르기 시작했다. 컴퓨터 칩이 물리적 한계 없이 무어의 법칙에 따라 계속 발전하려면, 2050년에는 트랜지스터를 이루는 부품의 크기가 수소 원자보다 더 작아져야 한다.

편리함 대신 내주어야 할 것

4차 산업혁명의 또 다른 핵심 요소인 사물인터넷이 도입되면 모든 일을 눈앞의 컴퓨터 한 대로 처리할 필요가 없어진다. 클라우드 컴퓨팅 기술이 발달하면 생산자들은 다른 사람의 컴퓨터를 활용해 사업 규모를 키

● 재고를 쌓아두지 않고 필요할 때 제품을 생산해 공급하는 방식.

울 수 있다. 여기에 더 좋은 알고리즘과 소프트웨어를 사용하면 필요한 컴퓨터 처리 능력을 충분히 확보할 수 있을 것이다.

사물인터넷은 멧커프의 법칙을 따른다고 알려져 있다. 멧커프의 법칙은 이용자가 늘수록 네트워크의 효용 가치가 커지는 현상을 말한다. 1980년대에 로버트 멧커프Robert Metcalfe가 내놓은 이 가설은 원래 전화 같은 '양방향 통신 네트워크'의 효용 가치를 설명하기 위해 제안됐다. 멧커프에 따르면, 이런 네트워크를 사용해서 얻을 수 있는 효용은 사용자 수의 제곱에 비례한다. 이 법칙은 디지털 경제에도 적용된다. 실제로 페이스북이나 링크드인 같은 소셜미디어는 사용자 수가 많을수록 더 잘 유지되고 가치가 높아지는 경향이 있다.

사물인터넷에 연결된 기기의 수는 빠르게 증가해 가전제품, 자동차, 집 등 약 300억 개에 달한다. 멧커프의 법칙이 예견한 대로 접속된 기기의 수가 늘어나면서 완전히 새로운 가상-현실 관계가 나타나고 있다. 일례로 이제 의사들은 삽입형 심장 활동 감시 장치, 핏빗 같은 운동 기록 기기, 스마트폰 기록 등을 통해 환자가 하루에 얼마나 걷는지, 혈당은 어떤지 등 환자의 건강에 대한 종합 기록을 볼 수 있게 됐다.

사물인터넷에 연결되는 기기가 많아지면 비용이 줄고 효율이 높아져 많은 장점이 생길 것이다. 하지만 단점도 있다. 아무리 통계 분석 같은 악의 없는 목적으로만 데이터를 사용한다고 하더라도, 인터넷을 통해 모든 정보에 접근할 수 있다는 사실에는 심각한 보안 위험이 존재한다. 콜센터에 전화를 걸어 상담원 연결을 기다릴 때면 "이 통화는 서비스 품질 향상을 위해 녹음됩니다"라는 안내 메시지가 흘러나온다. 이런 정보는 나중에 어디에 쓰이게 될까?

세계 경제가 밀접하게 연결되면서 정보 보안 문제는 점점 더 큰 위협으로 다가오고 있다. 멧커프의 법칙에 따르면, 오늘날 세계 인구의 30퍼센트 이상이 소셜미디어를 통해 정보를 주고받는다는 사실은 곧 우리의 정보가 다른 사람에 의해 (좋은 쪽으로든 나쁜 쪽으로든) 사용될 확률이 기하급수적으로 증가했다는 뜻이다. 적어도 지금까지 우리는 어마어마한 부와 기회를 만들어내는 디지털 경제의 신기술을 잘 통제해왔다. 그러나 안타깝게도 많은 정치 지도자와 의사결정권자는 기술이 지닌 파괴력과 혁신을 이용해 모두에게 더 나은 미래를 만들 방법을 찾기보다는 '독자 생존'이라는 낡은 세계관의 함정에 빠져 있다.

Basic

멧커프의 법칙 Metcalfe's law. 많을수록 좋다. 멧커프의 법칙에 따르면 네트워크의 효율은 참여하는 기업이나 개인의 수가 많을수록 높아진다. 이 법칙은 특히 신경제에 잘 적용된다. 실제로 웹사이트나 온라인 거래는 참여자가 많을수록 더 잘 작동한다. 멧커프의 법칙에 따르면 네트워크를 사용함으로써 얻을 수 있는 효용은 사용자 수의 제곱에 비례한다. 가령 참여자 수가 두 배로 늘면, 네트워크의 가치는 네 배로 증가한다.

사물인터넷(IoT) Internet of Things. 세계의 여러 가정 및 사무실에 전략적으로 배치된 알렉사와 시리 같은 음성 인식 디바이스를 통해 수백억 개의 전자제품이 인터넷에 연결되면서, 사물인터넷은 세계 경제의 주역으로 떠올랐다. 오늘날 인터넷으로 연결된 전 세계의 냉장고, 도어락, 자동차, 트랙터는 최신 데이터 처리 기술을 이용해 하루 종일 데이터를 주고받으며 서로 소통한다.

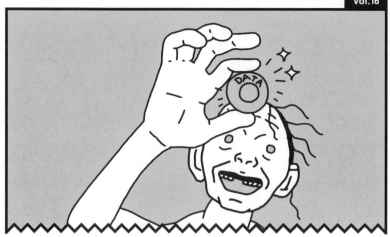

디지털 시대의
절대반지

#데이터 전쟁

2016년 미국 대선 캠페인이 막바지에 달할 무렵, 페이스북에 수상한 정치 광고가 늘었다. 하지만 아무도 광고비를 지불한 케임브리지 애널리티카 Cambridge Analytica라는 비교적 덜 알려진 영국 회사가 8700만 페이스북 이용자의 정보를 비밀리에 취득했을 거라고는 생각지 못했다. 이 회사는 사용자의 이름, 주소 등의 개인 정보부터 '좋아요'를 누른 게시물, 클릭해서 본 기사까지 온갖 정보를 빼돌렸다. 1년 뒤 이 페이스북 정보 유출 사건이 밝혀지면서 전 세계에 스캔들이 일었다.

　많은 사람이 자신의 개인 정보가 제3자의 손에 들어갔다는 사실에 분노했다. 페이스북을 비롯한 여러 웹사이트와 애플리케이션은 서비스를 이용하려는 사람들에게 개인 정보를 요구한다. 그러나 사실 대부분의 데이터 분석 회사가 노리는 것은 우리의 이름이나 주소가 아니다. 이들은 우리가 귀여운 강아지나 해 질 녘 풍경을 담은 사진에 '좋아요'를 눌렀든, 총기 소유에 찬성하는 기사에 '좋아요'를 눌렀든 신경 쓰지 않는다. 이들의 진짜 목적은 데이터를 분석해 우리의 미래 행동을 예측하는 것이다. 데이터를 분석해 패턴과 연관성을 찾아내고 나면 원래 데이터는 쓸모가 없어진다. 다른 데이터를 설명하는 데이터인 메타데이터야말로 21세기 경제의 금광이다.

데이터 수집가들은 강력한 컴퓨터로 가능한 모든 방식을 동원해 엄청난 양의 정보를 모은다. 우리가 전화 설문 조사에 응답한 내용이나 온라인 활동 내역도 수집 대상이다. 이들은 우리가 구글에 무언가를 검색하고 아마존에서 온라인 쇼핑을 할 때마다 정보를 얻는다. 우리가 공짜로 제공한 이런 정보는 복잡한 알고리즘을 통해 분석되어 우리를 이해하고 우리의 행동을 예측하고 싶어 하는 새로운 주인에게로 넘겨진다.

심리학자들은 긴 질문 목록을 통해 개방성, 성실성, 외향성, 원만성, 신경증의 다섯 가지 성향을 파악해 내담자의 전반적 성격을 알아낸다. 하지만 오늘날의 기업은 훨씬 적은 데이터로도 비슷한 작업을 할 수 있다. 페이스북 사용 데이터에서 뽑아낸 메타데이터는 '좋아요' 정보 70개만 가지고도 친한 친구보다 더 정확하게 성격을 파악할 수 있다고 한다. 심지어 '좋아요' 정보 300개가 있으면 배우자나 가족보다도 그 사람의 성격을 더 잘 파악할 수 있다. 이 정보가 있으면 거의 모든 상황에서 우리가 어떻게 반응할지 예측할 수 있다. 이런 자료는 여러 목적으로 사용될 수 있으며, 그 목적이 꼭 순수하리라는 보장은 없다.

브렉시트부터 미국 대통령 선거까지, 여러 선거전에서 양 진영의 지지자들은 메타데이터로 유권자들의 성격을 파악해 유권자들의 행동에 영향을 미치거나 심지어 유권자들을 조종하려고까지 했다. 가령 이들은 브렉시트 투표 당시 '개방적'이거나 '성실한' 성향의 유권자에게는 유럽연합에서 탈퇴하면 영국 정부가 돈을 아낄 수 있을 거라고 선전하고, 공포 전략이 잘 먹힐 만한 신경질적이거나 불만이 많은 사람에게는 이민자들이 영국 문화와 경제를 위협하고 있다고 선전하는 전략을 폈을지도 모른다.

디지털 경제의 새로운 화폐

이론적으로만 생각하면 데이터 분석은 우리의 삶의 질을 높이는 데 도움이 될 수 있다. 사용자의 기분 변화에 맞춘 서비스와 제품이 등장할 터이고, 인사 담당자들은 직무에 맞는 성격을 가진 사람을 채용할 수 있을 것이다. 하지만 데이터 분석이 사생활 침해로 느껴질 때도 있다. 일례로 2012년 미국 대선 당시 오바마 측 공식 선거운동 앱의 메타데이터 팀은 사용자뿐만 아니라 사용자 친구의 정보까지 수집했다. 덕분에 이들은 선거운동이 더 필요한 지역에 선거운동가를 더 보내는 등 인적 자원을 효율적으로 배분할 수 있었다. 하지만 정보 사용 방식에 동의할 기회도 없었던 사람들의 정보를 이렇게 마음대로 써도 되는 것일까?

실제로 데이터를 더 주의해서 관리해야 한다는 주장이 나오고 있다. 나아가 사용자가 자신의 데이터를 현금화할 수 있게 만들어, 데이터를 활용해서 얻은 이득을 사용자에게 돌려주자는 의견도 있다. 어쩌면 작가나 작곡가가 저작권료를 받는 것처럼, 사용자들도 자기 데이터가 쓰일 때마다 돈을 받게 될지도 모른다. 실제로 독일 함부르크에 있는 한 식료품 가게 겸 예술 공간에서는 데이터를 현금처럼 쓸 수 있게 해준다. 이곳에서는 예술 공간을 찍은 사진을 페이스북에 포스팅한 손님들에게 소소한 식료품을 살 수 있게 해준다. 가령 '좋아요' 여덟 개로 식빵 한 줄을 살 수 있는 식이다.

지금껏 우리는 소중한 데이터를 무료 또는 헐값에 기꺼이 넘겨왔다. 온라인 지도를 쓰고 검색 엔진으로 필요한 정보를 찾을 수 있게 된 건 좋은 일이지만, 기업이 여행 계획이나 쇼핑 목록 등 우리가 넘긴 정보로 엄청난 돈을 버는 동안 정작 우리는 아무 보상도 받지 못했다.

하지만 예전에도 상황은 그리 다르지 않았다. 사람들은 대부분 TV에서 무료로 방송을 본다고 생각했겠지만, 사실 방송국은 화면에 고정된 우리의 눈을 팔고 있었다. 광고주들은 이를 사들여 프로그램을 보는 주 시청자 층을 겨냥한 메시지를 전달했다. 토요일 아침 만화 시청자에게는 달콤한 시리얼을, 슈퍼볼 시청자에게는 버드와이저를 광고하는 식이었다. 공짜 앱과 공짜 온라인 서비스를 사용하는 우리 또한 광고주에게 팔리기는 마찬가지다. 다만 디지털 경제에서는 현금이 아닌 데이터라는 완전히 새로운 화폐가 통용될 뿐이다.

디지털 경제와 함께 도래한 새로운 물물교환 시대는 이제 전 세계 정치인과 경제학자의 관심을 끌기 시작했다. 산업혁명 이전 시대의 사람들이 밀과 와인을 교환했듯, 요즘 사람들은 데이터와 서비스를 맞바꾼다. 그러나 이런 거래에선 아무런 금전적 가치가 오가지 않기 때문에, 세금을 부과할 수도 없고 거래의 가치를 산정해 GDP 같은 경제지표에 포함시킬 수도 없다.

데이터-서비스 물물교환 경제의 거래 규모는 어마어마하다. 세계에서 기업 가치가 가장 높은 다섯 개 기업(아마존, 마이크로소프트, 페이스북, 구글, 알리바바)은 데이터 가공 및 판매를 통해 수조 달러를 벌어들인다. 자동차 회사나 석유 회사 같은 과거의 대기업들과 달리, 거대 데이터 기업은 재료를 공짜로 얻는다. 이들은 이렇게 공짜로 얻은 데이터를 돈을 받고 광고주나 유통사에 팔아넘긴다. 광고주나 유통사가 이들에게 지불한 온라인 광고비용은 대부분 소비자인 우리에게 전가된다. 구글 지도에 등록된 레스토랑에서 와인을 조금 비싸게 주고 마시거나, 맞춤형 광고를 클릭해 들어간 트래블로시티Travelocity 사이트에서 조금 더 비싼 값에 여행을 예약하게 되는 것이다.

데이터가 우리를 조종한다

일부에서는 미래에 데이터의 중요성이 더 커지면 데이터를 가진 자가 어떤 방식으로 전 세계 사람들과 사회를 조종하게 될지 알 수 없다고 경고한다. 고대에는 금을 많이 가진 자가 세상을 지배했다. 솔로몬 왕의 권력은 오늘날 가치로 60조 달러에 이르는 500톤의 황금에서 나왔다. 중세에는 땅을 많이 가진 자가 지배했다. 20세기 초 기계 시대에는 공장, 철도, 정유 공장을 가진 자가 신흥 귀족이 되었다. 이제 세계에서 가장 귀한 자원은 데이터다. 데이터를 관리하는 기업은 막대한 경제력뿐만 아니라 우리 삶 구석구석을 통제할 권력을 얻게 될지도 모른다.

생명공학과 데이터 수집의 결합은 더 심각한 사생활 침해를 불러올 수 있다. 충분한 양의 생체 데이터는 페이스북의 '좋아요'로 그 사람의 성격을 알아내는 것과는 비교도 안 될 만큼 인간에 대한 많은 정보를 알게 해줄 것이다. 일부의 예측대로 수십 년 안에 신기술이 개발되어 인간의 몸과 뇌에 컴퓨터 칩을 심는 날이 오면, 이 컴퓨터 칩과 데이터를 관리하는 기업이 우리의 육체와 정신을 모조리 바꿔놓을지 모른다.

데이터 권력은 이미 우리의 사고와 행동에 영향을 미치고 있다. 오늘날의 검색 엔진은 자동 완성 기능을 통해 프로그램을 만든 사람의 구미에 맞는 검색어를 제안한다. 실제로 구글의 자동 완성 기능은 빙Bing이나 야후 같은 다른 검색 엔진에 대해 부정적인 검색어를 제안하고, 구글에 대해서는 (당연히) 긍정적인 검색어를 제안하는 경향이 있다.

어쩌면 미래에 데이터를 거머쥔 독점 기업과 독재정부는 검색어 조작이나 성격 맞춤형 정치 선전보다 훨씬 악의적인 방식으로 우리의 육체와 정신을 조작해 우리의 행동을 바꾸고 조종하려 들지도 모른다. 이런 상황을 막으려면 데이터 수집 및 사용을 규제해야만 한다. 데이터에 대한 결정 권한은 누가 가져야 할까? 데이터를 만들어내는 사람일까, 데이터를 소유한 사람일까? 이미 유럽연합에서는 일반개인정보보호법 General Data Protection Regulation (GDPR)을 제정해 기업에게 사용자로부터 데이터를 사용해도 좋다는 명시적 동의를 받도록 하고 있다. 법을 어긴 회사는 유럽연합 내에서 사업을 철수하거나 세계 시장 수익의 최대 4퍼센트를 벌금으로 내야 한다.

안타깝게도 기업이 고객으로부터 데이터를 아무렇게나 사용해도 좋다는 동의를 받아낼 방법은 무수히 많다. MIT와 스탠퍼드대학교의 연구 결과에 따르면, 이메일 주소록 전체를 공유하는 사람에게 피자 한 판을 주겠다고 제안하자, 거의 모든 사람이 이 제안을 받아들였다.

Basic

데이터 기관이나 연구소에서 사람들의 소비 습관이나 정치 성향 등을 파악하기 위해 사용하는 정보. 쉽게 분석할 수 있도록 가공된 데이터는 경제 예측부터 소비자 마케팅까지 모든 곳에 유용하게 쓰인다. 원자료(raw data)란, 사용자명, 주소, 전화번호 같은 필요 없거나 부수적인 정보를 제거한 데이터를 말한다. 도서관에서 책을 찾을 때 쓰는 색인표처럼 방대한 데이터 중에 필요한 데이터를 찾아주는 역할을 하는 데이터를 데이터에 대한 데이터라는 의미에서 메타데이터(metadata)라고 부른다.

독점 한 기업이 경제 내 특정 분야의 생산을 완전히 장악하는 것. 이론적으로 상품의 독점 공급자는 제약 없이 가격을 올릴 수 있다. 대다수 선진 산업국가에서 독점 행위는 불법이다.

More

국제인터넷주소관리기구(ICANN) Internet Corporation for Assigned Names and Numbers. '.com', '.org', '.gov' 등으로 끝나는 인터넷 도메인 이름 체계를 관리하는 기구. 이사 중 일부는 인터넷 서비스 사업자들에 의해 선임되며, 일부는 전 세계 '네티즌'에 의해 선출된다.

한계 분석 추가한 단위에 대한 경제 행동을 연구하는 것. 한계 분석은 소비자와 기업이 물건이나 서비스를 '한 단위 더' 사거나 생산할 기회가 생겼을 때 어떤 행동을 보이는지

분석한다. 배불리 먹은 뒤에 보는 음식은 그리 먹음직스럽지 않은 것처럼, 소비자가 얻는 효용은 단위가 추가될수록 점점 줄어든다. 소비자의 한계효용은 소비자가 한 단위를 더 구매하게 만들려면 가격을 얼마나 내려야 하는지 알려준다.

합리적 기대 현대 경제학은 대부분 합리적 기대 가설에 기초해 만들어졌다. 합리적 기대 가설이란, 사람들이 활용 가능한 모든 정보로 무장한 채 이성적으로 결정을 내린다는 가설이다. 예를 들어 제품이 동일할 때, 합리적 소비자는 언제나 가격이 더 낮은 쪽을 선택한다. 하지만 소비자와 기업가가 항상 이성적으로 행동하는 것은 아니다. 사람은 자주 자신의 경제적 이득을 극대화하는 데 도움이 되지 않는 소비를 하곤 한다. '인간은 실수하기 마련(Errare humanum est)'이라는 로마 속담은 경제 세계에도 예외 없이 적용된다.

친구가 될 것인가,
위협이 될 것인가

#로봇과 인공지능의 미래

최근 들어 미래에는 로봇이 세계를 정복하거나 사악한 독재자나 정부가 우리의 삶과 정보를 통제하게 될 거라는 두려움이 전 세계에 퍼지고 있다. 이것이 현실적인 두려움인지, 아니면 공상에 불과한지 판단하려면 로봇과 인공지능이 무엇인지부터 정확히 알아야 한다. 사실 로봇과 인공지능은 다른 개념이지만, 둘이 합쳐질 경우 완전히 새로운 존재가 탄생한다.

로봇은 엄밀히 말해 특정 작업을 하도록 프로그래밍된 기계에 지나지 않는다. 자동차 공장에서 차대에 문을 다는 긴 팔이 달린 기계를 로봇이라고 부르는 이유는, 이 기계가 특정한 작업을 하도록 프로그래밍되었기 때문이다. 로봇은 센서를 통해 주변 환경을 파악하고 미리 짜인 프로그램에 따라 정해진 작업을 한다.

반면 인공지능은 인간의 지적 능력을 대체할 기술을 만드는 컴퓨터과학의 한 분야다. 인공지능은 프로그래머가 정해준 행동만 하는 것이 아니라, 입력된 데이터를 '학습'함으로써 새로운 행동을 스스로 고안해낼 수 있다.

인공지능과 로봇이 합쳐지면, 반은 용이고 반은 인간인 전설 속 키메라처럼 완전히 새로운 존재가 탄생한다. 시리나 판도라, 알렉사에게 음악을 틀어달라고 말하면, 이들은 로봇처럼 우리가 플레이리스트에 넣어둔 음악을 그대로 틀어준다. 하지만 우리의 과거 행동을 보고 배울 수 있는 인공지능 로봇이라면, 와인 잔 부딪히는 소리만 듣고도 알아서 감미로운 재즈를 틀어줄 것이다.

로봇이 미리 프로그래밍되지 않은 일을 하겠다고 스스로 결정하고 실행에 옮길 수 있는 날이 오면, 로봇과 인공지능을 가르는 강은 사라지고 완전히 새로운 지평이 열릴 것이다. 컴퓨터와 로봇이 데이터를 이용해 세상을 배우고 스스로 주변 환경에 적응할 수 있다면, 우리의 삶은 더 편안하고 안전하고 생산적이 될 것이다.

15세기에 발명된 인쇄술은 필사본을 손에 넣을 수 있었던 소수의 지배계층만 누리던 지식의 세계를 일반 사람들에게도 열어주었다. 마찬가지로 인터넷이 발명되면서 대중은 무제한으로 정보를 얻을 수 있게 되었고, 우리는 여전히 그 격변기를 지나고 있다. 이론적으로는 지금 여기서 또 한 단계 도약하는 일이 가능해 보인다. 하지만 그 도약이 과연 우리의 삶을 더 의미 있게 만들어줄까? 어쩌면 삶의 의미를 오히려 퇴색시키는 건 아닐까?

인간의 일을 대신하는 로봇

로봇과 인공지능이 일상생활에서 점점 더 널리 쓰이기 시작하면서, 21세기 인류에게는 두 가지 걱정거리가 생겼다. 첫 번째는 로봇이 일을 너무 효율적으로 잘하게 되면, 일자리를 거의 다 로봇에게 빼앗기는 건 아닐까 하는 걱정이다. 두 번째는 인공지능이 너무 강력해져서 컴퓨터의 지능이 인간의 지능을 넘어서는 특이점이 오지 않을까 하는 걱정이다.

　처음에 많은 노동자와 관리자는 로봇이 인간의 일자리를 빼앗을 거라는 우려에 코웃음을 쳤다. 산업혁명 때 조면기*와 증기기관이 생산성을 증가시켜 경제가 성장했듯이, 초기에는 노동 현장에 도입된 로봇과 인공지능이 생산 과정의 효율을 높이면서 일자리도 늘어나는 듯했다. 실제로 첨단 기술이 적용된 미국 사우스캐롤라이나주 그리어의 BMW 공장의 경우 2010년대 들어 10년 동안 생산성이 두 배로 뛰었고 고용 인원도 4200명에서 1만 명으로 증가했다. 물론 일부 작업은 기계로 대

● 목화씨를 빼는 기계.

체되었지만, 대부분 4D(지루하고^{dull}, 지저분하고^{dirty}, 위험하고^{dangerous}, 세밀한 delicate) 업종이라고 불리는 단순 반복 작업에 불과했다.

처음에 노동자들은 환호했다. 기계가 지루한 작업을 대신하면서 직장은 더 재미있고 덜 위험한 곳이 되었다. 노동자들은 물건을 드는 일 따위는 기계에게 맡긴 채, 생산 과정을 감독하는 데 집중했다. 심지어 이런 농담까지 유행할 정도였다.

미래 공장을 구성하는 3요소는? 답: 기계, 사람, 개.

이유: 기계는 일하고, 사람은 개밥을 주고, 개는 사람이 기계에 손대지 못하게 감시한다.

이제 로봇은 체스를 두고 운전을 하는 등 사람이 하는 일이라면 뭐든 할 수 있어 보인다. 예전에는 컴퓨터로 움직이는 로봇이 진짜 인간처럼 자연스럽게 말하거나 노래를 부를 만한 지성을 갖출 수 있을 거라고 생각하지 않았다. 하지만 이제 상황이 변했다. 첨단 마이크로 공학과 인공지능의 결합으로 만들어질 차세대 로봇은 인간이 하는 거의 모든 일을 할 수 있을 것이며, 심지어 대부분 더 효율적으로 해낼 것이다. 요즘 공장에서는 생산 공정의 거의 모든 작업을 로봇이 도맡고 있다. 아직 대체되지 않은 작업은 미세 조정 작업이나 품질 관리 같은 일부 고숙련 기술뿐이다. 협동 로봇^{collaborative robot} 또는 코봇^{cobot}으로 불리는 인간과 함께 일하는 로봇 또한 생산성과 효율을 높이고 있다. 대체로 다른 로봇보다 작고 민첩한 코봇은 인간을 흉내 내면서 새로운 일을 배운다. 병원에서 일하는 코봇은 간호사를 도와 북적이는 병원 이곳저곳을 오가며 필요한 물품이나 음식을 나른다. 덕분에 간호사는 자잘한 업무에서 벗어나 환자들을 보살피는 일에 집중할 수 있다. 코봇을 사용하면 무거운 짐을 들거나 관절을 반복적으로 사용할 때 나타나는 허리 부상 같은 업무상 재해도 크게 줄어든다. 2018년 로스앤젤레스의 한 햄버거 가게는 버거 패티를 뒤집는 로봇 '플리피Flippy'를 도입했다. 플리피는 조리 도구를 깔끔하게 유지해서 식중독 위험을 낮췄을 뿐 아니라, 뜨거운 기름으로 인한 화상 같은 부상 위험도 크게 줄여주었다.

한편 공장에서는 로봇과 인공지능의 도움으로 시장의 변화에 따라 맞춤형 생산을 할 수 있게 되었다. 가령 사우스캘리포니아주의 BMW 공장은 조립 공정을 로봇에게 맡긴 뒤, 부품 수를 3000개에서 1만 5000개까지 늘렸다. 공장 내 로봇과 인공지능을 인터넷망으로 연결하는 이른바 '산업 사물인터넷Industrial Internet of Things(IIoT)'은 공장을 소품종 대량생산 체제에서 다품종 소량생산 체제로 전환하는 일을 수월하게 만들었다. 변덕스러운 고객의 취향에 빠르게 반응할 수 있는 다품종 소량생산 방식은 공장의 조업도를 끌어올리고 더 많은 이윤을 가져다준다. 그리고 어쩌면 일자리가 늘어날 수도 있다.

공장이 자동화될수록 로봇을 감독하는 노동자에게 요구되는 교육 수준도 점점 더 높아진다. 로봇이 도입되면서 조립 공정 노동자들은 생산 절차나 공장 배치를 개선하는 창의적인 일에 시간을 쏟을 수 있게 됐다.

실제로 독일 일렉트로룩스 공장에서는 원래 세탁기를 조립하던 노동자들을 재교육해 로봇과 함께 일하게 하는 한편, 조립 공정의 효율을 높이기 위해 로봇을 활용할 방안을 찾게 했다.

하지만 재교육을 받지 못한 채 로봇으로 대체된 저숙련 노동자에게는 어떤 일이 벌어질까? 지난 30년 동안 미국에서 사라진 일자리의 약 80퍼센트가 자동화로 인해 기술이 인력을 대체하면서 없어진 것으로 추정된다. 최근 대다수 산업국가의 실업률은 낮은 수준에 머물러 있다. 과거였다면 이럴 때 임금이 올랐을 것이다. 하지만 점점 더 많은 단순노동이 자동화되면서 저숙련 노동자의 임금은 간신히 제자리에 머물러 있는 실정이다. 수많은 노동자가 패스트푸드점이나 편의점 같은 저임금 서비스직으로 내몰리고 있다. 지난 세기 동안 노동자들은 농장이 기계화되면서 공장으로, 다시 공장이 기계화되면서 서비스직으로 대규모 이동을 했다. 그러나 이제 이들은 막다른 곳에 다다른 듯하다. 자동 계산대와 햄버거 패티를 뒤집는 로봇에게 일자리를 내어준 저숙련 서비스직 노동자들은 어디로 가야 할까?

높은 임금을 주던 좋은 블루칼라 직장이 낮은 임금을 주는 서비스업 일자리로 대체되면서 많은 나라는 심각한 문제에 봉착했다. 사회경제적 환경의 급변은 부유한 나라의 사망률 증가라는, 현대 역사상 초유의 현상을 초래했다. 실제로 미국에서 고등학교까지만 나온 백인 미국인의 사망률은 1990년대부터 시작해 20세기 내내 꾸준히 증가했다. 약물 중독과 자살률의 증가는 이 추세를 부추겼다. 이러한 절망사는 기술 발전으로 인한 경제적 기회 박탈과 깊은 관련이 있다. 한때 번성했던 영국 북부와 프랑스의 공업 지역부터 미국의 쇠락한 공장지대인 러스트벨트까지, 기술 발전으로 심한 타격을 입은 지역의 주민들은 이러한 변화를 되돌리겠다고 약속하는 정치인과 정책에 표를 던지기 시작했다.

앞으로 30년 동안 최대 50퍼센트의 일자리가 기술로 대체될 전망이다. 먼 미래에는 사실상 모든 일자리가 사라질 거라고 내다보는 경영자도 있다. 인공지능으로 무장한 로봇이 엄청난 처리 속도로 3D 프린팅 기술을 다룰 수 있게 되면, 로봇이 다른 로봇을 계속해서 만들어내는 시대가 올지도 모른다.

그러면 어떻게 될까? 회계, 법, 의약 분야의 '안정적인' 화이트칼라 직종이 인공지능으로 대체되면 어떤 일이 벌어질까? 그런 날이 오면 머신러닝과 빅데이터는 우리의 경제뿐만 아니라, 정치와 사회에도 극적인 변화를 불러올 것이다.

인공지능이 더 나은 삶을 가져다줄까

폭발적인 속도로 발전 중인 로봇과 인공지능이 인간의 삶에 도움을 준다는 건 부정할 수 없는 사실이다. 로봇이 대신 장을 보고 집을 짓고 옷을 만들어준다면 우리는 훨씬 풍요로운 삶을 살 수 있을 것이다. 이상적으로 생각하면, 로봇이 일하는 동안 사람들은 남는 시간을 가족이나 친구와 함께 보내고 시골길을 산책하고 음악을 작곡하는 데 쓸 수 있을 것이다. 하지만 요즘만 해도 일상을 파고든 기술로 인해 24시간 동안 업무이메일과 메시지가 쏟아지는 실정이다. 아무래도 디지털 시대에 스트레스 없는 삶을 살기란 전보다 오히려 어려워진 듯하다. 게다가 자산을 가진 기업과 개인에게 생산 수단이 집중되면서, 나머지 사람들은 이등 시민으로 강등당할 위협마저 느끼고 있다. 기술이 우리 삶을 편하게 만들어주는 건 사실이지만, 과연 이것이 더 나은 삶이라고 할 수 있을까?

로봇이 인간의 형상을 하고 인간처럼 스스로 생각하는 날이 오면 인간만 할 수 있는 역할을 구분 짓기는 어려워질 것이다. 예를 들어 무인자동차에게는 사람의 생명이 걸린 일을 포함해 운전하면서 생길 수 있는 모든 일을 결정할 책임이 주어질 것이다. 만일 노인과 어린아이 중한 명을 희생시켜야 하는 상황에 처한다면, 무인자동차는 어떤 결정을 내릴까?

로봇이 도덕적으로 행동하게 만들려면 어떻게 해야 할까? 아니, 진정한 지능을 가진 로봇을 우리가 통제할 수 있기는 할까? 기술이 발전하면서 로봇은 로봇 공학자들이 '창발적 행동emergent behavior'이라고 부르는 행동을 보이기 시작했다. 과거 경험에서 배운 것을 바탕으로 제작자가 예상하지 못한 새로운 행동을 하기 시작한 것이다. 일례로 컴퓨터 알고리즘을 이용해 시장 패턴을 파악하고 투자 결정을 내리는 일부 초단타 기업들은 인간 '전문가'라면 생각지도 못했을 방식으로 돈을 번다.

더 걱정되는 일은 로봇과 인공지능이 나쁜 목적으로 사용될 수 있다는 것이다. 이미 2016년 미국 대통령 선거에서 소셜미디어 사이트가 경합 지역 유권자들을 선동할 목적으로 악용되는 일이 있었다. 우리 몸에 심은 센서가 클라우드 서버와 연결되는 날이 오면, 기계는 우리 삶의 거의 모든 부분에 영향을 미치게 될 것이다.

인공지능은 다양한 분야에서 악용될 소지가 있지만, 가장 우려되는 부분은 세 가지다. 사이버 공격, 드론 공격, 감시와 선전. 사이버 공격은 데이터베이스나 기업 웹사이트 같은 가상 네트워크를 공격하는 것으로 오늘날 전 세계에 만연해 있다. 드론 공격은 최신 기술인 드론을 사용해 물리적 목표물을 공격하는 것으로 대다수 현대 국가를 혼란에 빠뜨리거나 아예 파괴할 수 있다. 감시와 온라인 선전을 통해 정치적으로 유리한 고지를 차지하고자 인공지능을 악용하는 행위는 이미 믿을 만한 정치인과 독재 성향의 정치인을 가리지 않고 행해져 왔으며, 미래에는 더 많이 행해질 것으로 보인다.

마지막으로 우리에게는 새로운 기술이 인류에게 해를 미치지 않도록 규제할 방안이 필요하다. 안타깝게도 많은 정부가 기술 변화 속도를 따라잡지 못해 효과적인 규제를 도입하지 못하고 있는 상황이다. 로봇과 인공지능이 결합하면서 고삐가 풀린 엄청난 힘을 어떻게 통제할 것인가도 문제지만, 우리의 거의 모든 생활에 침투한 이 기술을 누가 통제할 것인가도 생각해볼 문제다.

Basic

로봇/인공지능 '인공지능'과 '로봇'이 같은 개념으로 쓰일 때도 있지만, 사실 이 둘은 별개의 개념이다. 하지만 이 두 개념을 한데 합치면 완전히 새로운 존재가 만들어진다. 로봇은 엄밀히 말하자면 특정 작업을 하도록 프로그래밍된 기계에 지나지 않는다. 반면 인공지능은 인간의 지능을 모사한 프로그램을 만드는 컴퓨터과학의 한 분야다. 인공지능은 프로그래머가 정해준 행동을 하는 것이 아니라, 입력된 데이터를 '학습'함으로써 새로운 행동을 스스로 고안해낼 수 있다. 로봇과 인공지능을 결합하면, 진정한 '생각하는' 기계를 만들 수 있다. 이미 인공지능 기계는 운전이나 흉부 엑스레이 판독은 물론이고 와이파이가 연결된 냉장고에 즐겨 먹는 음식을 주문해 채워 넣는 일까지, 점점 더 많은 일을 인간 대신 처리하고 있다.

블루칼라/화이트칼라 육체노동을 하고 시급을 받는 노동자를 흔히 블루칼라 노동자라고 부른다. 육체노동자의 작업복 색깔이 주로 푸른색 계열이기 때문이다. 연봉을 받는 사무직 노동자는 화이트칼라 노동자로 부르는데, 이들은 대체로 블루칼라 노동자보다 교육수준이 높고 더 많은 급여를 받는다.

산업혁명 18세기 말부터 19세기 초까지, 증기기관의 발명으로 경제가 크게 발전하고 확장되면서 영국에서 일어난 급격한 산업화 과정을 산업혁명이라고 부른다. 이전의 농업 기반 경제가 대량생산 제조업 기반 경제로 전환되면서 (비록 분배 과정은 불평등했지만) 영국의 부는 크게 증가했다. '산업'혁명은 곧 다른 선진국으로 퍼져나갔다.

원하는 것을 무한히
가질 수 있는 법

#공유경제

과거 부족 사회에서는 불, 식사, 육아 등 모든 것을 공동으로 했다. 하지만 재산이 늘면서 인류는 각자 자기만의 집, 농장, 차를 소유하는 편이 낫다고 여기게 됐다. 그러다 21세기가 되면서 스마트폰과 각종 기기가 등장해, 전에는 상상도 못했던 방식으로 우리와 주변 사람을 잇기 시작했다. 완전히 새로운 공유경제가 탄생한 것이다.

공유경제는 남이 안 쓰는 자산을 빌려 쓸 수 있게 해준다. 세계 경제에 참여하는 많은 사람이 자동차, 별장, 육아 도우미, 음악 등을 소유하기보다 빌리는 편이 나을 때가 많다고 생각한다. 자산을 공유할 수 있게 도와주는 디지털 플랫폼들은 새로운 세계 경제의 주역으로 떠올랐다.

예를 들어 에어비앤비는 빈방이나 빈집을 가진 사람과 숙소를 구하는 사람을 연결해주는 단순한 사업으로 객실 하나 없이 세계 최대의 숙박 기업이 됐다. 우버는 비슷한 일을 차에 적용했다. 우버는 자기 차는 한 대도 없지만, 다른 사람이 운전하는 차를 탈 수 있게 해준다. 이런 '자산 경량화asset light' 모델을 가진 기업을 이제 세계 곳곳에서 흔히 볼 수 있다. 이들은 고급 의류부터 자전거, 비행기, 농기구까지 모든 것을 빌려 쓸 수 있게 해준다.

공유경제는 진정한 공유가 아닌, 그저 다른 사람의 물건이나 서비스를 이용하고 가격을 지불하는 온라인 거래에 불과할 때가 많다. 우버 운전자가 오로지 손님을 태울 목적으로 차를 리스했다면, 여기에 공유라는 말을 붙일 수 있을까? 개인 간이든 기업 간이든 요즘 이뤄지는 공유경제 거래는 그저 자동차나 사무실 등을 손쉽게 빌리게 해준 대가로 고객이 기업에게 수수료를 지불하는 행위에 그칠 때가 많다.

하지만 시간이 지나면서 수수료를 내고 물건을 빌리는 형태가 아닌 다른 형태의 공유경제도 나타나고 있다. 바르셀로나 지방 정부가 운영하는 '시간 은행'이 한 예다. 시간 은행 사용자들은 돈을 받지 않고 아픈 아이를 돌봐주거나 요양원의 노인들에게 책을 읽어준다. 그 대가로 '포인트'가 지급되는데, 이 포인트를 모으면 휴가 갈 때 강아지를 산책시키거나 화분에 물을 줄 사람을 구할 수 있다.

공유경제의 구성 요소

공유경제의 구성 요소는 세 가지다. '구매자'와 '판매자'를 잇는 디지털 기술, 차나 집 등 사용하지 않는 자원, 원하는 것을 효율적으로 확실하게 얻을 수 있게 해주는 신용 검증 장치(별점, 리뷰 등)가 그것이다. 보통의 공유경제 활동에서는 사용자들이 가까이 모여 사는 게 매우 중요해서 대부분의 거래가 도심에서 이뤄진다. 하지만 디지털 공유나 대여는 예외다. 예를 들어 판도라나 스포티파이 같은 스트리밍 서비스는 어디서나 공유할 수 있다.

농기계 보급률이 낮은 개발도상국 농경 지역에서도 비도심 공유경제 활동의 사례를 찾을 수 있다. 인도의 1억 2000만 농업 인구 가운데 트랙터나 수확 장비 같은 농기계를 가진 사람은 채 15퍼센트도 안 된다. 그러나 농기구 제조사 마힌드라가 만든 트링고^{Trringo}처럼 농기계를 빌려주는 공유 플랫폼이 생기면서 농부들은 탈곡기부터 펌프까지 온갖 기계를 빌릴 수 있게 됐다. 이러한 농기계 공유 활동으로 생산성이 크게 향상되었고, 전체 식량 공급량이 증가하는 효과가 있었다.

돈은 공유경제를 움직이는 중요한 원동력이다. 아무도 아파트나 방을 공짜로 빌려주고 싶어 하지 않는다. 하지만 이제는 경제적 이유에서가 아니라 자산을 소유하지 않기 위해 공유경제를 이용하는 사람도 늘고 있다. 꼭 밀레니얼 세대가 아니라도 전 세계 많은 사람과 기업이 자기 집과 차는 꼭 있어야 한다고 믿던 사고방식을 버리고, 다양한 집과 차를 이용하는 편이 더 낫다고 생각하게 되었다. 캠핑, 해안 드라이브, 화려한 밤 데이트에 모두 어울리는 차 한 대를 고르기는 어려운 일이다. 이럴 때 집카Zipcar를 통해 SUV나 오픈카나 세단을 빌리면, 우리는 경제적 가치보다 훨씬 중요한 다양한 경험을 할 수 있다. 패션 아이템을 빌려주는 렌트더런웨이Rent the Runway도 마찬가지다. 사람들은 렌트더런웨이의 무제한 플랜에 가입해 무한한 패션 경험을 누린다.

다양한 형태의 공유경제

공유경제는 크게 세 가지로 나뉜다. P2P(peer-to-peer: 개인 간 거래)는 집을 공동으로 빌리고자 하는 사람들을 이어주는 이지렌트EasyRent 같은 서비스를 말한다. B2B(기업 간 거래)는 기업끼리 크레인이나 건물 같은 고가의 상품을 공유하도록 도와주는 서비스다. P2B2P(peer-to-business-to-peer: 개인 기업 개인 간 거래)는 공유경제의 가장 전형적인 형태로, 우버 같은 회사가 중개자가 되어 개인 사이를 연결해주고 그 대가로 수수료를 받는 것이다.

기업이 수수료를 받지 않는 또 다른 형태도 있다. 이 형태의 공유경제 기업들은 기존 기업이 간과하고 있던 기회를 찾아내 개인이나 기업이 충분히 사용하지 않고 있던 자산의 가치를 찾을 수 있게 도와준다. 예를 들어 파크플라이렌트ParkFlyRent는 커뮤니티 플랫폼을 이용해 유럽 공항에 차를 주차한 사람이 그 공항에 내린 여행객에게 단기간 차를 빌려줄 수 있게 해준다.

또 다른 공유경제 활동으로는 원치 않거나 필요 없거나 잘 사용하지 않는 물건을 다른 사람에게 나누어주는 것이 있다. 물건을 버리거나 고물상에 가져다주는 대신 재글Zwaggle이나 캐시리스Kashless 같은 사이트를 이용해 무료로 다른 사람에게 나눠줄 수 있다. 아니면 스와프닷컴Swap.com 같은 사이트를 이용해 다른 필요한 물건으로 바꿔도 된다. 돈을 벌고 싶다면 오래된 사이트인 크레이그스리스트Craigslist나 이베이eBay를 이용할 수 있다. 물론 이 경우는 엄밀히 말하면 공유보다는 매매에 가깝지만, 돈벌이를 할 생각보다는 원치 않는 물건을 버리지 않고 재사용하면 환경에 도움이 된다는 생각에서 중고 거래를 하는 사람도 많다.

긱 경제 또한 경제 전반에서 점점 더 중요한 위치를 차지하고 있다. 여기서 긱은 고용주의 필요에 따라 끊임없이 변하는 파트타임 일자리를 말한다. 유데미Udemy나 비스틀리Beastly 같은 회사들은 개인의 시간과 전문성을 한시적으로 쓰고자 하는 기업과 일하려는 사람을 이어주는 일종의 P2B2B(peer-to-business-to-business: 개인 기업 기업 간) 플랫폼이다. 가능하면 더 안정적인 전일제 일자리를 구하고 싶어 하는 사람이 많기는 하지만, 일부 긱 종사자는 단조로운 전일제 일자리보다 다양하고 새로운 여러 가지 일을 하는 편이 자신에게 더 잘 맞는다고 생각한다.

크라우드 경제crowd economy 또한 중요한 공유경제의 분야 가운데 하나다. 킥스타터Kickstarter나 고펀드미GoFundMe 같은 크라우드펀딩 사이트에서

펀딩 시작하기 버튼만 누르면 누구나 일정액을 온라인으로 모금할 수 있다. 어린이 심장 수술비를 지원하는 자선 프로젝트부터 감자샐러드를 만들겠다는 특이한 프로젝트(이 프로젝트는 7000명으로부터 5만 5000달러 이상을 지원받았다)까지 프로젝트 종류에는 제한이 없다. 2010년대 후반까지 전 세계에서 총 100억 달러 이상이 크라우드펀딩을 통해 모금됐다.

교육기관과 정부 또한 온라인 공유에 참여해 우리의 사고방식과 소통 방법을 바꾸기 시작했다. 이제 우리는 지식을 제한 없이 얻을 수 있다. 유명 대학과 위키피디아는 점점 더 많은 강의와 정보를 온라인에 올리고 있으며, 유튜브는 테드TED 강연부터 칸아카데미Khan Academy 강의까지 무한한 콘텐츠를 무료로 보여준다. 공유경제와 함께 배움의 기회는 기하급수적으로 늘고 있다.

여러 국가와 지방 정부가 온라인으로 자료를 공유하면서, 옛날에 보기 힘들었던 정보도 열람할 수 있게 됐다. 정부는 공유경제 플랫폼을 이용해 남는 땅이나 자원을 원하는 사람들에게 분배하기도 한다. 예를 들어 뉴욕시는 596에이커596Acres라는 플랫폼을 이용해 공공 정원을 가꾸고자 하는 사람들에게 땅을 나눠주었다. 공유경제가 불러온 혁신적 변화는 산업을 송두리째 바꾸는 수준에 그치지 않을 수도 있다. 어쩌면 인류는 공유경제를 통해 선사시대 마을에서 볼 수 있었던 투명성과 공동체의식을 되찾게 될지도 모른다.

Basic

공유경제 sharing economy. 공유경제는 다른 사람이 안 쓰는 자산을 이용할 수 있게 해준다. 자동차부터 명품 의류, 별장까지 공유경제를 이용하면 재산을 소유하지 않아도 필요한 물건과 서비스를 언제든지 이용할 수 있다.

긱 경제 gig economy. 긱 경제는 근무시간을 유연하게 조절할 수 있는 임시직 일자리 중심의 경제를 뜻한다. 긱 경제의 고용주는 주로 풀타임 직장을 원치 않거나 가질 수 없어서 독립적으로 활동하는 프리랜서를 고용한다. 자기 분야의 풀타임 직장이 부족해서 어쩔 수 없이 임시직으로 내몰리는 사람도 있지만, 단조로운 풀타임 직장보다 새롭고 다양한 일을 하는 편을 선호하는 사람들도 있다.

Level 4

무역, 전쟁과 협력의
아슬아슬한 줄타기

무역전쟁을 부추기는
정치인들의 속셈

#무역장벽

포퓰리즘 성향의 일부 정치인들은 무역전쟁은 좋은 일이며, 심지어는 '쉽게 이길 수 있다'고 장담한다. 하지만 전면적 무역전쟁은 원래 보호하려 했던 산업을 포함해 모두에게 상처만 주고 끝나는 경우가 훨씬 더 많다. 실제로 2018년 미국이 무역전쟁을 시작했을 때 이를 적극 지지했던 미국 중서부의 농부와 노동자들은, 중국을 포함한 다른 나라들이 밀, 대두, 할리데이비슨 오토바이 등 자신들이 생산한 물건에 엄청난 관세를 매기며 총력 대응하자 충격에 빠졌다.

1929년 주식시장 붕괴 이후 미국이 높은 무역장벽을 쌓았을 때도 마찬가지였다. 그러자 다른 나라에서도 잇따라 무역장벽을 높이면서 미국의 경제활동은 오히려 크게 위축되었고, 수백만 명의 미국인이 일자리를 잃었다. 그리고 세계는 대공황에 빠졌다.

　자유무역의 목적은 상품과 서비스를 외국에 팔려는 개인과 회사에게 공평한 경쟁의 장을 마련해주는 데 있다. 이론에 따르면, 프랑스는 패션 제품, 일본은 가전제품, 미국은 비행기와 영화를 만드는 식으로 세계 각국이 자신이 가장 잘하는 분야에 집중할 때, 세계 경제는 번성하고 거의 모든 이의 삶은 전보다 나아진다. 일반적으로 무역은 소득을 증가시키고, 수입은 기업과 소비자가 늘어난 수익으로 누릴 수 있는 선택지를 넓힌다. 그렇지만 나라가 수출보다 수입을 더 많이 해서 일자리가 줄어든다면 어떻게 해야 할까? 단순히 문을 닫아걸고 무역을 중단하면 문제가 해결될까?

　원래 다자무역 체제에서는 수입액과 수출액의 차이로 인한 적자 또는 흑자가 항상 발생하게 마련이다. 가령 경제가 활황이어서 완전 고용을 달성한 나라는 늘어난 국내 수요를 충족시키기 위해 자연히 외국 기업이 생산한 제품을 더 많이 수입하게 된다. 사실 2010년대 말의 미국처럼 국내 공장을 최대로 가동하고 있는 국가가 소비를 늘릴 방법은 수입을 늘리는 것밖에 없다. 늘어난 수입량을 수출량이 따라잡지 못할 경우, 다른 것으로 수입품의 값을 '치러야' 하는데 이 과정에서 주로 주식이나 채권 같은 유가증권이 외국으로 이전된다. 대부분의 국가는 주로 달러 표시 증권을 매입해 미국과의 무역 불균형을 해소한다. 실제로 아시아와 중동을 중심으로 많은 나라가 수출로 벌어들인 돈으로 수조 달러에 달하는 미국 국채를 사들인다. 불확실성에 대비하고 미국 상품을 수입할 때 쓰기 위해서다.

무역은 물건만 하는 것이 아니다

특정 국가와의 무역에서 적자가 발생했다는 이유로 무역전쟁을 선포하는 것은 우리에게 정말 필요한 제품을 만드는 나라를 벌주겠다는 소리나 마찬가지다. 그저 맛있는 라테를 팔아서 돈을 많이 쓰게 했다는 이유로 단골 카페에 대한 불매운동을 벌인다고 상상해보라. 게다가 세계 경제는 서로 연결돼 있어서 돈이 한곳에 그대로 머무르는 법이 없다. 인도가 콜센터를 운영해 벌어들인 돈이 한국 방송사로 흘러 들어갈 수도 있고, 한국이 수출로 벌어들인 돈이 브라질산 닭고기나 미국산 트랙터를 사는 데 쓰일 수도 있다. 결국에는 모두가 돈을 버는 것이다.

많은 정치인이 무역 적자, 무역 흑자라는 경제 용어를 써가며 무역전쟁을 부추긴다. 이들은 주로 물리적 상품의 거래에 초점을 맞춰 세탁기와 비행기를 많이 수출하고 텔레비전과 바나나를 적게 수입하기만 하면 된다는 듯한 분위기를 풍긴다. 하지만 금융, 엔터테인먼트, 여행, 기술 플랫폼 같은 서비스를 수출해 돈을 버는 나라가 점점 더 늘어나고 있다. 그리고 미국처럼 운 좋은 일부 국가는 매년 외국인 투자 형식으로 엄청난 돈을 받는 특혜까지 누린다.

 무역 적자에 대한 집착이 잘못된 이유는 물건 및 서비스 거래의 적자나 흑자가 언제나 금융 거래에 의해 상쇄되기 때문이기도 하다. 경제학자들은 그래서 물건의 거래만 파악하는 **무역수지**가 아니라, 물건과 서비스의 거래를 모두 포함하는 경상수지를 보고 무역 규모를 파악한다. 경상수지에는 외국에서 일하는 국민이 자국으로 송금한 돈이나 외국 부채를 갚는 데 쓰인 이자 같은 금융 거래도 포함돼 있다. 경상수지는 자본수지와 균형을 이루는데, 자본수지는 모든 투자를 더한 값으로 대부분 금융자산의 국제 거래로 이뤄진다. 여기서 균형을 이룬다는 말은 경상수지와 자본수지를 더하면 항상 0이 된다는 뜻이다.

 정치인들이 무역에서 '이기'거나 '졌다'고 말하는 것은 모든 물건 및 서비스의 거래가 반대 방향의 금융 거래로 상쇄된다는 사실을 이해하지 못하고 하는 말이다. 물건과 서비스의 국제 거래와 각 나라가 주고받은 돈을 모두 합치면 0이 되지만, 무역은 한 나라가 이득을 얻으면 다른 나라가 손해를 보는 **제로섬 게임**이 아니다. 국제 무역에 참여하는 모든 국가는 오랜 경험을 통해 무역의 장점이 단점보다 훨씬 크다는 사실을 알고 있다. 자유무역이 한 나라와 그 나라의 노동자를 국제 경쟁으로 내몰고 그 결과 문 닫는 공장과 해고되는 노동자가 생기는 건 맞지만, 그렇다고 무역장벽을 세우면 다른 국가도 무역장벽으로 맞대응하면서 더 많은 일자리가 사라질 수 있다.

무역장벽의 형태

무역장벽은 크게 관세, 쿼터, 보조금의 세 가지로 나뉜다. 관세는 세금의 한 종류다. 세금을 신설하는 정책에 반대하는 정치인이라면, 외국에서 수입한 상품에 붙는 관세를 올리는 일에도 신중해야 한다. 왜냐하면 자본주의 사회에서는 다른 비용과 마찬가지로 관세도 결국 최종 소비자가 치러야 할 몫이 되는 경우가 많기 때문이다. 쿼터는 아예 외국 상품의 수입량을 제한하는 방법이다. 관세와 쿼터를 도입하면 외국 상품의 가격이 오른다. 이외에도 정부는 국내 상품의 가격을 수입 상품보다 낮게 유지하기 위해 납세자들의 돈으로 국내 생산자에게 보조금을 지급하기도 한다.

무역장벽은 대부분 협의에 의해서가 아니라 한 나라가 일방적으로 수입 제한을 결정하면서 세워진다. 대개 '한시적'으로 국제 경쟁으로부터 국내 기업을 보호하고 생산성을 높이는 것이 목적이다. 문제는 한번 국내 시장에서 보호받으며 편안함을 누린 기업이 제품을 개선하고 가격을 낮추기 위해 노력하는 경우가 드물다는 데 있다.

역사를 돌아볼 때, 무역장벽을 낮추는 정책에 가장 강한 지지를 보낸 곳은 개발도상국이었다. 이들에게 세계 시장 진출은 지속적으로 발전할 수 있는 유일한 길이었다. 브라질이나 인도처럼 높은 무역장벽을 고집한 나라들은 대부분 저생산성 함정에 갇혀 세계 시장에서 경쟁력을 갖추지 못하고 지속적으로 대규모 무역 적자를 기록했다. 반대로 스위스와 싱가포르처럼 무역장벽을 낮춘 나라들은 자국 화폐 가치가 높음에도 불구하고 계속해서 무역 흑자를 봤을 뿐 아니라 국민들에게도 전 세계에서 들어온 값싼 물건을 살 수 있는 혜택이 돌아갔다.

물론 전 세계가 자유무역협정을 맺으면 무역장벽 문제를 단번에 해결할 수 있겠지만, 어떤 문제에 대해서든 세계 경제에 참여하는 모든 국가의 동의를 받기란 어려운 일이다. 특히 정치인들이 점점 고립주의적 입장을 취하는 요즘 같은 상황에서는 더욱 그렇다. 실제로 21세기를 열며 발제된 도하 라운드는 다자간 자유무역협정을 통해 무역장벽을 제거하는 것을 목표로 삼았지만, 몇 년 동안 진전이 없다가 결국 결렬됐다. 협상이 결렬된 주원인은 자국 농부들로부터 시장을 계속 보호하라는 압력을 받은 선진국들이 농산품에 대한 무역장벽을 낮추고 싶어 하지 않았기 때문이다. 또 한 가지 원인은 개발도상국 사이에서 비효율적인 국내 산업을 보호하려는 움직임과 함께 시장 개방에 대한 회의가 커졌기 때문이다.

결국 많은 나라가 다자간 자유무역협정 대신 양자간 자유무역협정을 맺는 일부터 시작하기로 결정하면서 도하 라운드는 결렬됐다. 양자간 협정은 다자간 협정보다 진행이 더 수월할 뿐 아니라, 확실한 이득이 보장되고 자국 기업에게 지급하는 보조금을 포기할 필요가 없기 때문에 고립주의적 정치인들을 설득하기가 쉽다.

예를 들어 말레이시아는 첫 번째 자유무역협정을 일본과 맺었는데, 원래 보호를 받던 말레이시아 자동차 시장에 일본이 진출하는 것을 허용하는 대신, 말레이시아산 합판과 열대 과일, 새우에 대한 수출 장벽을 낮추는 조건이었다. 하지만 일본의 쌀 생산자들에게 지급되는 높은 보조금은 계속 유지하기로 했다.

무역분쟁의 조정

자유무역협정이 체결된 이후에도 당사국들이 협약을 이행하도록 강제할 방안이 필요하다. 양자간 무역을 관리하는 무역위원회가 따로 있기는 하지만, 국제 무역 전반의 감시자 역할을 하는 기관은 세계무역기구(WTO)로, 스위스 제네바에 모여 무역분쟁을 조정한다. 포퓰리즘 성향의 정치인들은 유엔과 마찬가지로 세계무역기구에 대해서도 많은 비판을 늘어놓지만, 사실 세계무역기구의 역할은 극히 제한적이다. 세계무역기구는 분쟁 당사국이 만나 불만을 털어놓고 무역분쟁을 해결할 수 있는 자리를 마련해주는 국제 협상장에 불과하다.

결정 권한이 이사회에 있는 국제통화기금이나 세계은행과 달리, 세계무역기구는 회원국의 합의에 따라 모든 결정을 내린다. 회원국들은 함께 모여 특정 국가의 무역 제재 허용 여부를 결정한다. 세계무역기구는 어떤 목적으로도 특정 국가에게 자국의 이익에 반하는 일을 하도록 강제할 수 없다. 세계무역기구의 진정한 힘은 상대국이 무역협정을 어기고 무역장벽을 세우는 바람에 피해를 본 나라에게 주로 관세 형태의 무역장벽을 세울 권한을 주는 데 있다.

일례로 2013년 미국은 인도가 '반칙을 저질러' 인도 내 태양열 발전 프로젝트에 자국산 태양광 전지만 사용하도록 강제함으로써 미국산 태양광 전지의 대인도 수출량이 90퍼센트 감소했다면서 세계무역기구에 인도를 제소했다. 2016년 세계무역기구는 미국이 인도산 제품에 보복관세를 부과하도록 허용했다. 결국 인도는 불법 무역장벽을 포기했고, 미국산 태양광 전지의 대인도 수출량은 다시 빠르게 증가했다.

그럼에도 불구하고 미국은 2018년부터 여러 외국산 제품에 일방적으로 관세를 부과하며 모든 무역분쟁을 세계무역기구에서 해결한다는 국제 협정을 완전히 무시하는 태도를 보이고 있다. 미국은 국가 안전 보장을 위해 어쩔 수 없는 조치라고 변명했지만, 미국의 오랜 우방국인 캐나다나 영국이 미국의 안전을 '위협'한다는 말은 믿기 힘들다. 미국의 이런 조치에 유럽연합과 캐나다는 곧바로 켄터키 버번위스키와 리바이스 청바지 등 미국산 제품의 수입을 제한하겠다며 맞섰다. 이들이 제시한 수입 제한 품목에는 국가 보안과 관련 없는 미국 중서부 제품이 다수 포함돼 있었는데, 고립주의를 지지하는 유권자가 많은 미국 중서부 지역을 노린 전략적 행동이었다.

과거에는 무역전쟁이 군사 충돌로 이어지는 경우가 자주 있었다. 1800년대 중반 중국 청나라와 대영제국 사이에 벌어진 아편전쟁도 그중 하나다. 전쟁에서 진 청나라는 수입품에 부과하던 높은 관세를 철폐하고 홍콩의 통치권을 영국에 넘겨줘야 했다. 1997년 중국 반환 당시,

홍콩은 세계에서 가장 성공한 무역 중심지가 되어 있었다. 이외에도 20세기 후반에는 주로 미국 기업이 소유한 중남미 바나나 농장에 대한 무역 장벽을 두고 미국과 일부 유럽 국가 사이에서 바나나 전쟁이 벌어졌으며, 레이건 행정부가 미국산 레몬과 호두를 유럽에 수출하기 위해 유럽산 파스타에 징벌적 관세를 매기면서 파스타 전쟁이 일어나기도 했다. 두 분쟁은 모두 전쟁 당사국들이 문제가 된 관세를 철회하면서 원만히 해결됐다.

무역이 주는 엄청난 이득에도 불구하고 무역장벽은 어떤 형태로든 언제나 존재했고 아마 앞으로도 그럴 것이다. 우리는 기존 산업과 기업에 미치는 피해를 최소화하면서 가난한 나라의 발전에 도움이 되도록 자유무역을 촉진할 방안을 찾아야만 한다. 국제 무역 체제를 무너뜨리는 행동은 지금 존재하는 문제를 악화시킬 뿐이며, 세계 경제의 지속적 성장 가능성을 짓밟아 기업가는 물론이고 노동자에게도 피해를 준다. 실질임금을 올리려면 국가의 생산성을 높여야 한다. 세계 시장 진출은 더 효율적이고 경쟁력 있는 시장을 만들어 국가의 생산성을 높이는 가장 확실한 방법으로, 국가 전체에 금전적 이득이 될 것이다.

Basic

관세 수입품에 붙는 세금. 대체로 수입 가격에 대해 낮게는 몇 퍼센트부터 높게는 100퍼센트 이상까지 다양한 비율로 '페널티'를 물리는 식으로 운영한다. 정부는 국산 제품과 경쟁할 가능성이 있는 상품의 수입을 제한하기 위해 관세를 부과한다. 관세는 사실 무역장벽 가운데 가장 넘기 쉬운 장벽으로, 제품을 수입할 때 드는 추가 비용을 감당할 돈만 충분하다면 극복할 수 있다. 대다수 자유무역협정은 쿼터제를 금지하고 관세와 보조금을 낮추는 것을 목표로 한다.

도하 라운드 전 세계를 대상으로 한 자유무역협정을 맺기 위한 시도로 세계무역기구의 주최하에 2001년 카타르 도하에서 시작됐다. 주목적은 유럽, 북미, 일본 등 부유한 산업 국가에서는 농산물에 대한 무역장벽을 없애고, 개발도상국에서는 제조업 상품에 대한 무역장벽을 없애는 데 있었다.

무역수지 국가의 무역을 가장 단편적으로 보여주는 수치로, 수출액에서 수입액을 뺀 값. 무역수지는 서비스 무역은 고려하지 않고, 와인과 컴퓨터처럼 오직 '눈에 보이는' 물건의 무역만 반영한다. 무역수지는 어떤 나라가 무역 적자 상태이고 어떤 나라가 무역 흑자 상태인지 알려준다. 언론에서는 무역수지 수치만 가지고 '무역 균형', '무역 적자', '무역 흑자' 등의 표현을 쓸 때가 많지만, 사실 한 나라의 전체 무역 현황을 파악하려면 금융 서비스나 외국인 투자 수입 같은 서비스 부문도 고려해야 한다. 경상계정을 무역수지로 잘못 알고 있는 사람이 많지만, 경상계정과 무역수지는 다른 개념이다. 경상계정은 모든 국제 상품 및 서비스 거래에 해외 투자로 얻은 이자 및 배당금 소득을 합친 값이다.

보조금 정부가 기업에 주는 돈. 보조금을 주는 표면적 이유는 경제적으로 어려운 시기를 겪는 기업을 돕는 데 있다. 하지만 결국에는 효율성만 낮아질 가능성이 높기 때문에 세금 낭비라는 비판을 자주 받는다. 정부 보조금이 아니었다면 살아남기 힘들었을 비효율적이고 방만하게 운영되는 산업을 많은 국가에서 찾아볼 수 있다. 사탕수수나 면화 같은 일부 농업과 조선업, 철강업 등이 대표적이다.

세계무역기구(WTO) World Trade Organization. 스위스 제네바에 본부를 둔 세계무역기구는 무역 마찰을 겪고 있는 국가들이 만나서 무역장벽을 철회하거나 조정할 수 있는 장소다. 세계무역기구가 판결을 내리면, 불법 무역장벽을 세운 나라는 보통 이를 철회한다. 만일 철회하지 않을 경우, 상대가 세운 무역장벽으로 손해를 입은 나라는 (주로 관세 형태의) 무역장벽을 세워 맞대응할 수 있다.

제로섬 게임 상대의 손해가 곧 나의 이득이 되는 게임. 제로섬 게임은 게임이론에서 발전한 개념으로, 모든 사람이 합리적인 정치 및 경제 결정을 내리고 승자와 패자 사이에 명확한 구분이 존재한다고 가정한다. 하지만 실제 세계에서는 진정한 제로섬 게임을 찾아보기 힘들다. 더 나은 쥐덫이 발명되면 손해를 입는 것은 성능 나쁜 쥐덫 제조자와 쥐밖에 없다.

쿼터 국제 무역에서 말하는 쿼터란 정해진 기간 내 한 나라에 들어올 수 있는 수입품의 총량을 제한하는 것을 말한다. 쿼터는 국제 무역에 관세보다 훨씬 큰 지장을 준다. 관세의 경우, 관세를 매긴 나라로 수출되는 상품의 가격을 낮추면 시장 경쟁력을 유지할 수 있다. 하지만 쿼터는 일단 정해진 양을 채우고 나면 가격과 상관없이 상품을 더는 수출할 수 없다. 다행히 일반적으로 자유무역협정을 맺으면 쿼터가 제일 먼저 금지된다.

흑자 들어오는 양이 나가는 양보다 많으면 흑자가 발생한다. 예를 들어 무역 흑자는 수출한 물건이 수입한 물건보다 많을 때, 외화 유입이 늘면서 발생한다. 정부의 재정 흑자는 세수가 정부 지출보다 많을 때 발생한다.

More

게이레츠 系列. 서로 복잡한 소유관계로 얽힌 일본의 기업 집단을 일컫는 말이다. 게이레츠에는 제조업체, 은행, 도매상, 유통업체, 특정 상표만 취급하는 소매업체 등 여러 단계의 기업이 속해 있어, 외국의 기업이나 브랜드가 일본 시장에 진출하는 데 걸림돌이 되는 경우가 많다.

국제수지 한 나라의 국제 무역과 국제 투자 규모를 모두 보여주는 것이 국제수지다. 국제수지에는 한 나라가 다른 나라와 거래한 상품, 서비스, 돈이 모두 포함된다. 물건과 서비스를 다른 나라로부터 들여오고 내보낼 때 돈은 항상 반대 방향으로 움직이므로, 국제수지는 언제나 균형을 이룬다. 국제수지를 무역수지와 혼동하는 경우가 많은데 서로 다른 개념이다. 무역수지에는 서비스 거래와 투자를 제외한 상품 무역만 반영된다.

덤핑 상품이나 서비스를 생산비용보다 낮은 가격에 파는 것. 정상보다 싼 가격에 물건을 산 소비자들은 분명 만족할 것이므로 덤핑은 사실 직접적으로 해를 끼치는 행동은 아니다. 하지만 해외 공급자가 덤핑을 하다가 적발될 경우, 국내 공급자들은 반칙을 선언하며 자국 정부에게 외국 기업이 너무 싼 가격에 물건을 수출하는 행위를 제재해달라고 요청한다. 미국 정부는 덤핑을 핑계로 철강 제품, 에탄올 등 다양한 제품에 높은 관세를 부과해왔다.

무형무역 경제학자들은 은행, 보험, 언론 같은 서비스 수출입 거래를 '무형무역'이라고 부른다. 무형무역이라는 이름이 붙은 까닭은, 외국으로 실려 나가는 상품에 물리적 실체가 없기 때문이다. 영화, 컨설팅 서비스, 온라인 음원 다운로드 등 여러 가지 형태의 무형무역이 있다. 자동차 같은 물리적 상품을 파는 것보다 무형무역으로 더 많은 수입을 올리는 나라도 많다.

바터무역(구상무역) barter trade. 구소련 시절 보드카와 펩시를 교환했듯이, 상품을 다른 상품으로 교환하는 무역 방식. 바터무역은 환전이 어렵거나 불가능해서 발생하는 기업과 소비자의 불편을 줄여준다. 돈으로 하는 거래가 훨씬 편리하기 때문에 대다수 선진국에서는 바터무역이 불필요하다.

수입대체 때로 정부는 기업과 개인이 사용하는 수입품을 국산 제품으로 대체하도록 장려하기 위해 보호 관세를 매기거나 수입 할당제(쿼터제)를 시행한다. 이를 수입대체 정책이라고 하는데, 주로 개발도상국 정부가 부족한 외화의 사용을 줄이고 지역 경제 발전을 촉진할 목적으로 시행한다. 문제는 많은 경우 모든 제품을 수입품과 같은 품질로 생산할 수 없다는 데 있다. 가령 정부가 농부에게 조악한 국산 트랙터를 쓰라고 강요하면, 곡물 수확량이 감소해 모든 사람이 고통받을 것이다.

수확체감의 법칙 소비자와 생산자는 첫 단위를 구매할 때 가장 높은 가격을 지불하는 경향이 있다. 예를 들어 아직 콜라를 마시지 않은 소비자는 콜라 한 병에 높은 가격을 지불하려 하겠지만, 콜라를 이미 마셨다면 지불하고자 하는 가격이 낮아질 것이다. 한계효용 체감의 법칙에 따르면, 소비자의 추가 구매를 유도하려면 가격을 점점 더 낮춰야 한다. 마찬가지로 사무실과 공장에서는 수확체감의 법칙이 적용된다. 새로운 기계를 처음으로 도

입하면 생산성이 빠르게 증가한다(계산기를 쓰던 사무실에 처음으로 컴퓨터 한 대를 들여놓는
다고 생각해보자). 그러나 같은 기계를 더 들이면 생산성이 향상되기는 하겠지만, 처음처럼
큰 변화는 없을 것이다.

신용장 국제 무역에서 수입을 하려면 들어올 물건의 대금을 지급할 돈이 충분하다는 사
실을 입증해야 할 때가 많다. 신용장은 물건이 도착하는 대로 대금을 치르겠다는 내용을
보증하는 문서로 주로 은행이 발행한다.

중상주의 지속적인 무역 흑자를 통해 부와 권력을 모으는 경제 정책. 중상주의 경제는
수입보다 수출을 중시한다. 소비자는 고통받지만, 정부와 기업은 벌어들인 외화를 저축
및 투자해 엄청난 부를 쌓을 수 있다.

최혜국(MFN) most-favored nation. 특별한 우대를 받는 무역 상대국. 예전에 미국은 일
부 국가에 자국 시장에 대한 특별 접근 권한을 부여하면서 이들 국가를 최혜국이라고 불
렀다. 그러나 무역량이 급증한 요즘에는 최혜국이라는 표현이 주종관계의 느낌을 풍긴다
는 지적에 따라, 항구적 정상무역관계라는 표현으로 바꿔 부르고 있다.

평형 경제학은 경제 내 모든 힘이 평형을 향해 움직인다는 가정에 기초한다. 가령 어떤
제품의 가격이 너무 비싸면, 사람들은 이 제품에 대한 소비를 줄일 것이다. 그러면 생산자
는 더 많은 제품을 팔기 위해 가격을 내릴 것이고, 수요와 공급이 평형을 이룰 때까지 이
과정이 계속될 것이다. 저축, 투자, 고용 등 대부분의 경제학 개념은 이러한 평형 이론에
기초하고 있다.

항구적 정상무역관계(PNTR) permanent normal trade relations. 미국에서 우호적인 무역 관계를 일컫는 말. 미국은 원래 상호 무역을 장려하는 차원에서 일부 국가에게 최혜국 지위를 부여해 미국 시장에 대한 특별 접근 권한을 주었다. 이제는 이런 국가를 '항구적 정상무역관계'라고 부른다. 물론 완벽한 자유경제 체제에서는 '모든' 나라와 항구적 정상무역관계를 맺어야 할 것이다.

영국은 과연
혼자 살 수 있을까

#브렉시트 논쟁

2016년 브렉시트 투표 당시 유럽연합 탈퇴 여부를 결정해야 했던 영국 유권자들은 가난한 나라에 농업 보조금을 지급하고 기반시설을 건설하느라 들어가는 수십억 유로의 유럽연합 분담금을 내지 않으면 영국을 더 좋은 나라로 만들 수 있다는 포퓰리즘 성향 정치인의 말에 넘어갔다. 하지만 영국의 모든 경제학자와 영국 정부의 예산책임청Office for Budget Responsibility(OBR)은 다른 유럽 국가와 호혜무역을 할 수 없게 될 경우, 경제성장률이 하락하면서 오히려 의료보험을 비롯한 모든 곳에 쓸 돈이 줄어들 것으로 예상했다.

전 세계 유권자들은 증가하는 이민자부터 국제기구의 간섭까지 온갖 소문에 흔들리다 못해 이제는 '혼란스러운 사실 따위가 아닌 내가 믿고 싶은 걸 믿겠다!'라는 태도를 취하기 시작했다. 오스트레일리아, 헝가리, 미국 등지에서는 무역과 이민은 물론이고 외국과 관련된 것이라면 뭐든 제한하라는 목소리가 커지고 있다. 문제는 국가 간 협력과 자유로운 물자, 서비스, 아이디어의 이동에 크게 의존하는 21세기 경제 체제에서 고립은 거의 언제나 경제적으로 나쁜 결과를 초래한다는 것이다.

실제로 브렉시트가 결정되었다는 투표 결과가 발표되자마자 영국의 파운드화는 급락했다. 영국의 경제 전망이 나빠졌기 때문에 투자자들이 파운드를 판 것이다. 유럽 시장 접근성이 떨어지면 영국의 수출이 가파르게 감소해 해외 판매 수익이 줄면서 파운드 가치가 떨어질 거라는 예상에서였다. 이처럼 자국 화폐의 구매력이 감소하면, 중동산 휘발유와 독일산 자동차 같은 수입품의 가격은 크게 오를 수밖에 없다. 브렉시트 투표 당시 0.4퍼센트였던 영국의 물가상승률은 2년도 안 되어 3퍼센트까지 뛰어올랐다.

영국이 세계 경제의 중심국 자리를 되찾길 바라며 브렉시트에 찬성한 유권자들은 영국이 유럽 시장에서 빨리 발을 빼고 전 세계에 흩어진 옛 식민지 및 아시아와 중남미 신흥시장과 연계하길 원했다. 문제는 영국의 가장 큰 무역 상대가 유럽연합이라는 것이다. 영국의 전체 수출 가운데 유럽연합에 대한 수출 비중은 40퍼센트인 반면, 싱가포르나 말레이시아 등지로 수출되는 비중은 훨씬 작다. 브렉시트 투표 당시 말레이시아와 영국의 교역량은 유럽연합 국가 가운데 경제 규모가 작은 편에 속하는 벨기에와 영국 간 교역량의 약 10퍼센트에 불과했다. 게다가 유럽연합 상권에는 유럽연합 회원국 외에도 아이슬란드, 노르웨이, 스위스 등이 속해 있어서 영국은 사실상 서른 개 이상의 국가가 속해 있는 무역지대를 탈퇴하는 셈이다.

국제 무역에서 자명한 이치로 받아들여지는 사실 중 하나는 다른 조건이 모두 같을 때 거리가 두 배 늘면 교역량은 반으로 감소한다는 것이다. 일반적으로 지구 반대편에 있는 나라보다는 이웃 나라와의 교역이 더 활발하다. 영국 유권자들은 덩치 큰 이웃으로부터 등을 돌림으로써 경제적 성공 가능성이 희박한 길을 택한 셈이다. 영국의 중앙은행인 잉글랜드은행의 총재는 브렉시트를 '세계화'가 아닌 '반세계화'로 평가하면서, 물가가 오를 것이므로 물가상승률을 조절하기 위해 금리를 높일 필요가 있다고 말했다.

영국이 미처 생각하지 못한 것

영국 정부는 브렉시트에 찬성한 유권자들의 희망 사항을 반영하는 동시에 유럽연합과 새로운 관계를 맺어야 하는 어려운 문제에 직면했다. 투표용지에 쓰인 모호한 표현은 그렇지 않아도 어려운 일을 더 힘들게 만들었다. 유권자들이 받은 종이에는 "영국이 유럽연합 회원국으로 잔류해야 한다고 보십니까, 아니면 유럽연합을 탈퇴해야 한다고 보십니까?"

라는 질문에 "잔류" 또는 "탈퇴"를 선택하게 되어 있었다. 하지만 탈퇴 방식에 대해서는 아무런 질문도 없었다. 이는 브렉시트 협상을 무척 어렵게 만들었고, 수년 동안 혼란스럽고 공격적인 협상이 이어지면서 많은 유권자가 새로운 국민투표를 요구하는 상황에까지 이르렀다.

현재 논의 중인 탈퇴 방식 가운데 가장 극단적인 것은 '노딜no deal 브렉시트'다. 이렇게 되면 영국은 방글라데시나 볼리비아처럼 유럽연합의 평범한 무역 상대국으로 되돌아가, 세계무역기구에서 정한 기본 무역 가이드라인에 따라 교역해야 한다. 이 경우 영국은 유럽연합 시장에 대한 어떠한 우선권도 갖지 못하므로 영국령 북아일랜드와 아일랜드공화국 사이의 국경을 포함한 모든 유럽연합 국경에서 외국으로 취급되어 물자와 사람의 이동에 큰 제약을 받을 것이다.

영국이 유럽연합 시장에 대한 우선권을 유지하려면 세 가지 선택지 가운데 하나를 택해야 한다. 첫 번째는 따로 기본적인 자유무역협정을 맺는 것이고, 두 번째는 관세동맹만 유지하는 것, 세 번째는 유럽연합이 정한 모든 규범을 지키며 유럽연합 단일시장에 계속 잔류하는 것이다.

유럽연합과 자유무역협정을 맺는 것은 가장 단순한 해결책으로, 북미자유무역협정(NAFTA)과 비슷한 협정을 맺어 유럽연합 국가와 영국 사이에서 거래되는 물자와 서비스(아니면 물자 또는 서비스)에 대한 관세와 쿼터를 금지하는 것이다. 과거부터 많은 나라가 이런 자유무역협정을 맺어왔지만, 협정 대상국 사이에 사람의 자유로운 이동을 보장한 경우는 거의 없다.

  두 번째 해결책인 유럽연합 관세동맹 가입은 영국과 유럽연합이 관세동맹 바깥 국가에서 수입한 상품에 대해 같은 관세를 매기기로 합의하는 것이다. 관세동맹의 장점은 합의하에 정해진 공통 관세를 매긴 수입품을 동맹 지역 내 어디로든 자유롭게 옮길 수 있다는 데 있다. 예를 들어 영국이 미국으로부터 수입한 아이폰이나 자동차는 그 물건이 어디에서 왔건 관계없이 관세동맹 내 다른 국가로 자유롭게 옮길 수 있다. 하지만 여러 여론조사에 따르면, 많은 유권자가 브렉시트에 찬성표를 던진 주요 이유 중 하나는 영국이 직접 관세를 정하고 독립적으로 무역협정을 맺기를 바랐기 때문으로 보인다. 그러나 만일 영국이 유럽연합과 관세동맹을 맺는다면, 다시 결정 권한을 유럽연합에 넘길 수밖에 없다.

  현재 영국 협상단이 고려 중인 방안 가운데 영국이 유럽연합에 가장 적극적으로 참여하는 방안인 세 번째 해결책은 유럽연합 단일시장 회원국으로 남는 것이다. 이 방향으로 협의가 이뤄진다면, 영국은 수입품에 대해 유럽연합 관세동맹이 정한 단일 관세를 계속 매겨야 할 뿐 아니라, 물건·서비스·자본·사람의 완전히 자유로운 이동이라는 유럽연합의 대원칙을 지켜야 한다. 하지만 영국 유권자들이 브렉시트에 찬성한 주요 이유 중 하나는 영국 국경을 닫아 이민을 제한하기 위해서였다. 과연 유럽연합 시민의 자유로운 이동이라는 원칙은 받아들이지 않으면서 유럽연합 단일시장에 남을 수 있을까? 유럽연합 가입을 보류한 스위스, 아이슬란드, 노르웨이 같은 독립적인 나라들조차 유럽연합 단일시장에 자유롭게 접근하기 위해 유럽연합 여권 소지자가 자국에서 거주하고 일하는 것을 허용하고 있는 상황을 고려하면 가능성은 낮아 보인다.

탈퇴 방식에 대한 결정이 너무 복잡해지자, 영국이 유럽연합과 아무런 호혜무역협정을 맺지 않은 채 협상이 노딜로 끝나 다른 여러 국가와 같은 수준의 유럽연합 시장 접근권밖에 얻지 못하리라는 우려가 커지기도 했다.

무역장벽이 불러온 예상치 못한 상황

한편 다른 지역에서도 물리적 장벽(미국과 헝가리는 국경에 물리적 장벽을 쌓고 있다)이나 무역장벽을 세우려는 움직임으로 인해 예상치 못한 경제적 상황들이 벌어지고 있다. 반무역주의 정치인들은 겉으로는 경제를 이유로 내세우지만, 사실 국경에 장벽을 세우려는 움직임의 기저에는 공포심리와 세계화에 대한 전반적인 혐오, 실업에 대한 공포, 노골적인 인종차별주의가 도사리고 있다. 일례로 미국 정부는 생산 설비 가동률이 최대치에 육박하고 실업률이 전례 없이 낮은 상황임에도, 보호주의 정책을 밀어붙인 결과로 발생한 연방정부 셧다운 등의 혼란을 정당화하기 위해 경제 핑계를 대고 있다.

무역분쟁은 분쟁을 시작한 국가를 포함한 모든 이에게 상처를 입힌다. 2018년, 노벨상 수상자 열네 명을 비롯한 저명한 경제학자 1140명은 미국 의회와 대통령에게 공개서한을 보내 미국이 관세를 도입하면 상대국에서도 보복 조처를 취할 것이 분명하므로 결국 보호주의적 방침이 일자리를 줄일 것이라고 경고했다. 예를 들어 미국이 수입산 철과 알루미늄에 관세를 부과하면 철과 알루미늄의 가격이 오르고, 금속을 재료로 사용하는 제품들의 생산 단가가 오르면서 미국 제품의 세계 시장 경쟁력이 낮아질 것이다. 결국 보호주의는 일자리를 '보호하는' 게 아니라 없앨 가능성이 높다.

Basic

관세동맹 동맹국 외의 국가로부터 수입한 물건에 동일한 관세를 매기기로 동의하는 것. 관세동맹의 장점은 수입품에 한번 정해진 관세를 매기고 나면 동맹국 중 어느 곳으로든 자유롭게 보낼 수 있다는 것이다. 예를 들어 이탈리아가 미국으로부터 수입한 아이폰이나 자동차는 원 수출국이 어디든 간에 유럽 관세동맹 내 어떤 나라로든 제한 없이 보낼 수 있다.

단일시장 유럽연합은 수입품에 동일한 관세를 매기는 단계를 넘어 상품, 서비스, 자본, 사람의 완전히 자유로운 이동을 보장하는 단일시장으로 발전했다. 세계 최대의 자유무역 지대인 유럽 시장에 제한 없이 접근하려는 나라는 유럽연합 여권 소지자가 자국에서 자유롭게 일하고 거주할 수 있도록 해야 한다. 유럽연합 가입을 보류한 스위스, 아이슬란드, 노르웨이도 예외는 아니다.

More

경상계정 특정 국가가 일정 기간 외국과 거래한 상품 및 서비스 무역량을 보여주는 지표. 경상계정에는 TV나 쌀 같은 '유형' 무역과 은행 서비스와 영화 같은 '무형' 무역이 모두 포함된다. 또 해외 거주자가 자국으로 송금한 돈과 자국민이 외국 채권자에게 지불한 이자도 포함된다. 경상계정과 자본계정(주식이나 채권 같은 금융자산의 국제 거래를 보여주는 지표)을 합치면 0이 된다.

경제특구 정부는 특정 지역에 대한 외국인 투자와 무역을 장려하고자 할 때, 그 지역을 경제특구로 지정해 수출입 장벽을 줄이고 세금 혜택을 주는 등 인센티브를 제공한다. 경제특구의 목적은 경제활동을 촉진해 일자리를 만들고 그 지역의 생활수준을 높이는 데 있다. 중국 선전은 가장 성공한 경제특구로 손꼽힌다. 이외에도 브라질의 마나우스, 필리핀의 수빅만, 요르단의 아카바 경제특구 등이 있다.

일방적 무역장벽 한쪽 손으로 허공에 손뼉을 치듯, 한 나라가 일방적으로 수입을 제한하는 것을 말한다. 보통 국내 생산자를 국제 경쟁으로부터 보호해, 생산성과 효율성을 높일 시간을 벌게 해줄 목적으로 세워진다. 문제는 한번 보호를 받는 편안함에 익숙해지면, 제품을 개선하고 가격을 낮추기 위해 노력하는 경우가 별로 없다는 데 있다. 게다가 일방적으로 무역장벽을 세우면 다른 나라도 보복성 무역장벽을 세우는 경우가 많다.

일자리가 사라지는 건
이민자 탓일까

#이민자에 관한 진실

이민은 현재 전 세계 정부와 유권자의 가장 큰 관심사다. 시리아 내전을 피해 유럽으로 밀려드는 난민과 수십 년 동안 가족을 이끌고 미국·멕시코 국경을 넘어온 멕시코 이민자의 물결은 전혀 통제되지 않는 듯하다. 정당한 서류 없는 불법 이민자 수백만 명이 몰려온다는 생각은 이민을 금지해 '질서'를 되찾자고 주장하는 신극우주의 포퓰리즘 정당과 정치인의 영향력을 키웠다. 많은 전문가는 이민자에 대한 공포가 브렉시트 투표 결과와 2016년 미국 대선 결과에 큰 영향을 미쳤다고 보고 있다.

2010년대 말 현재, 2억 5000만 명 이상이 태어난 나라가 아닌 다른 곳에서 살고 있다. 2000년에 비해 두 배나 증가한 수치다. 이들 중 약

6500만 명은 전쟁이나 폭력, 자연재해로 인해 어쩔 수 없이 사는 곳을 떠난 것으로 보인다. 이민자들은 대부분 떠나온 나라와 생활수준이 비슷한 이웃 나라로 옮겨간다. 열악한 사정에 처한 이민자가 유럽, 오세아니아, 북미 같은 부유한 지역으로 이동하는 데 성공할 가능성은 매우 적다.

일부 국가의 외국 출생자 비율(2018)

순위	국가	외국 출생 거주자 비율
1	스위스	28.3%
2	오스트레일리아	27.7%
3	이스라엘	22.6%
4	뉴질랜드	22.4%
5	캐나다	20.0%
6	오스트리아	16.7%
7	아일랜드	16.4%
8	슬로베니아	16.1%
9	스웨덴	16.0%
10	벨기에	15.5%
11	노르웨이	13.9%
12	스페인	13.4%
13	미국	13.1%
14	독일	12.8%
15	영국	12.3%

자료: OECD

가장 흔히 들을 수 있는 이민에 대한 불만은 이민자가 일자리를 빼앗는다는 것이다(주로 비숙련 노동자들이 이런 불만을 제기한다). 이외에도 이민자들이 학교와 공공기관을 점령할 거라는 주장부터 문화적 배경이 다른 이민자가 사회 통합과 안전을 위협할 거라는 인종차별에 가까운 반이민주의적 주장까지 다양한 불만이 제기되고 있다. 심지어 외국인에게 직업을 빼앗길 것이 두려워서가 아니라, 문화적 배경이 다른 사람이나 이민자들이 자신보다 경제적으로 더 높은 위치에 오를 경우 자신의 사회적 위치가 낮아질까 봐 반이민주의 정당을 지지하는 사람도 많다.

일자리에 관한 근거 없는 믿음

일자리에 관한 가장 끈질기면서 근거 없는 믿음 중 하나는 한 경제의 일자리 수가 정해져 있어서 새로운 사람이 인력 풀에 추가돼도 이 숫자가 바뀌지 않는다는 것이다. 경제학자들은 이를 '노동총량불변의 오류 lump of labor fallacy'라고 부르는데, 실제로는 사람이 많아지면 거의 언제나 일자리도 늘어나기 때문이다. 이주 노동자들은 적어도 정착 초기에는 그 나라 사람들이 기피하는 일을 하는 경우가 많다. 잘사는 나라에서는 아무리 저임금 노동자라고 해도 생선 내장을 빼는 일이나 뜨거운 태양 아래서 몇 시간 동안 곡물을 수확하는 일은 어떻게든 피하고 싶어 한다.

21세기 경제 내 다른 것과 마찬가지로 일자리 또한 제로섬 게임이 아니다. 일자리 하나가 차면, 새로운 일자리가 또 생긴다. 새로운 노동력이 공급되면 집, 식료품, 미용 서비스 등 수많은 상품과 서비스에 대한 수요가 늘어나고 경제 규모가 커진다.

이민자들은 생산량을 늘려 경제 전체를 성장시킨다. 이민자들이 번 돈은 고향의 가족에게 송금되는 일부를 제외하면 대부분 그 나라 경제 내에서 다시 쓰인다. 또한 이민자들은 소득세와 소비세를 납부해 정부 예산을 지원한다. 정부는 이 돈 가운데 일부를 기술 교육 같은 노동자 재교육에 사용할 수 있고, 이런 재교육은 자국 출신 노동자들이 경제적 사다리를 오르도록 도울 것이다. 또한 이민자들은 자국 노동자보다 훨씬 저축을 많이 하는 경향이 있다. 이민자들이 은행에 맡긴 돈은 주택을 마련하려는 개인이나 기업에 필요한 자금을 빌려주는 데 쓰인다.

대학 교육을 받았거나 공학 등의 특수 기술을 가진 이민자들은 국가 경제에 특히 더 도움이 된다. 유럽과 북미의 고숙련 이민자들은 스타트업 설립이나 투자를 통해 수많은 일자리를 만들었다. 브루킹스 연구소 Brookings Institution는 보고서에서 미국 노동 인구 가운데 이민자의 비중은 15 퍼센트에 불과하지만, 미국의 신규 기업 투자 가운데 약 25퍼센트가 이민자에 의해 이뤄졌다고 밝혔다. 같은 보고서에 따르면, 미국 신규 기업 가운데 이민자가 창업에 참여한 기업이 전체의 3분의 1이 넘는다. 이 중에는 일자리 수만 개를 창출한 유니콘 기업도 다수 있다. 또 다른 연구에 따르면 기업가치 10억 달러 이상의 미국 민간 기업 가운데 창립 멤버 중 이민자가 속해 있는 기업은 절반이 넘는다.

심지어 대학 졸업장이 없는 자국 노동자들도 이민의 혜택을 누릴 수 있다. 모든 것이 서로 연결된 요즘 세상에는 한 경제 분야에서 일어난 일이 다른 분야에도 영향을 미치기 때문이다. 새로운 기업과 공장이 설립되면, 햄버거 패티를 뒤집는 일부터 공장에서 로봇을 조종하는 일까지 다양한 수준의 일자리가 생긴다. 실제로 미국의 실리콘밸리와 영국의 실리콘펜 지역은 기술 기업이 들어서고 외국인 이민자가 유입되면서 일자리가 늘어나, 다른 지역이 불황을 겪을 때조차 경제가 다방면으로 꾸준히 성장하는 모습을 보였다.

경제적·사회적 이유를 들어 이민을 엄격히 제한해온 일본은, 경제학자들 사이에서 이민에 대한 공포가 얼마나 광범위한 경제 문제를 불러일으키는지 보여주는 사례로 손꼽힌다. 일본은 지난 수십 년 동안 심각한 저출산이 이어진 데다 저숙련 노동자의 이민을 거의 허용하지 않은 결과(현재 일본 인구 가운데 외국에서 출생한 사람의 비율은 1.5퍼센트밖에 되지 않는다), 인구가 감소하면서 심각한 인력난을 겪고 있다. 인구 감소와 통화 수축 정책 등 여러 요인이 맞물리면서, 현재 일본은 이민에 더 관대한 태도를 보인 다른 선진국에 비해 훨씬 낮은 경제 성과를 내고 있다.

다양한 문화적 배경을 지닌 직원들은 국제적으로 활동하는 기업의 경쟁력을 키워준다. 하버드 비즈니스스쿨의 연구에 따르면, 직원의 출생지를 비롯해 여러 가지 면에서 다양성이 많은 기업일수록 더 혁신적이고 더 높은 수익을 낸다고 한다.

이민에 아무런 문제가 없다는 말은 아니다. 하지만 대개의 경우 이민이 새로운 세계 경제 속에서 경쟁해야 하는 기업에게 인력, 기술, 다양성을 공급해 경제를 활성화하고 국가에 더 많은 기회를 주는 것만은 확실하다.

Basic

유니콘 기업 기업 가치가 10억 달러를 넘어선 스타트업. 벤처캐피털 업계에서 아주 가끔 일어나는 신화 같은 일이기 때문이다. 유니콘 기업으로는 에어비앤비, 핀터레스트, 디디추싱(滴滴出行, 중국의 택시 및 자가용 승용차 호출 앱-옮긴이) 등이 꼽힌다. 유니콘이라는 말은 2018년 벤처캐피털리스트 에일린 리(Aileen Lee)가 처음으로 사용했다. 기업 가치가 100억 달러 이상인 기업은 데카콘(dcacorn)이라고 부른다.

More

국제노동기구(ILO) International Labour Organization. 제네바에 본부를 둔 국제노동기구는 세계 경제의 노동 관련 문제 전반을 관리 감독한다. 국제노동기구의 주목표 중 하나는 개발도상국 노동자들이 최소한의 노동 환경 기준을 충족하는 일터에서 일할 수 있도록 돕는 것이다.

불완전 고용 경제학자들은 사람들이 시간제로 근무할 수밖에 없거나 교육 수준과 능력에 훨씬 못 미치는 수준의 일자리를 택할 수밖에 없는 상황을 불완전 고용이라고 말한다. 일반적으로 실업률을 산정할 때는 정부가 운영하는 고용 알선 기관에 등록한 사람처럼 현재 직업을 적극적으로 찾고 있는 사람만을 실업 상태로 간주하기 때문에 불완전 고용은 반영되지 않는다.

선거철마다 정치인들이
'경제위기'를 외치는 까닭은

#포퓰리즘의 경제학

대공황 당시 독일의 경제위기를 이용해 권력을 잡은 히틀러처럼 오늘날의 포퓰리스트 정치인들은 경제위기와 유권자의 공포를 이용하는 것이 당선을 위한 가장 확실한 전략이라는 사실을 잘 알고 있다. 히틀러가 뮌헨의 맥주홀에서 폭동을 일으킨 1923년은 1차 세계대전 이후 초인플레이션이 정점에 달했을 때였고, 나치가 절대권력을 손에 넣은 1930년대 초는 독일이 심한 디플레이션에 빠져 있을 때였다. 당시 독일 포퓰리스트 정치인들의 생각이 유독 악랄했을 뿐, 경제위기를 해결해야 한다는 이유로 시민의 권한을 축소하고 정부의 힘을 키우는 일은 꽤 흔하다.

오늘날 유권자들은 복잡한 세계 경제만큼이나 복잡한 정치 지형에

압도되어 정치에 흥미를 잃고 있다. 전 세계 정치인들은 흥미를 잃은 시민들이 경제 원칙 따위는 무시한 손쉬운 해결책을 제시하는 정치인을 더 좋아한다는 사실을 알아챘다. 권위주의 정권은 경제 논리를 빌려 '독자 생존'과 '자국 우선' 정책을 정당화하며 대중이 국제 무역협정과 유엔, 세계무역기구에 품고 있는 회의감을 자극한다. 경제학적으로는 세계 경제에 참여할 때 큰 이득을 얻을 수 있음이 자명한데도, 평범한 노동자들은 오르지 않는 임금과 높은 실업률을 세계화 탓으로 돌리곤 한다. 적어도 외국인 공장 노동자나 로봇이 더 낮은 비용으로 할 수 있는 산업에 종사하는 사람들 사이에서는 이런 생각이 널리 퍼져 있다. 우드로 윌슨 이후 네 명의 미국 대통령이 연달아 '미국 우선America First'이라는 선거 구호를 쓴 것은 우연이 아니다.

유권자들의 무관심이 불러온 결과

낮은 임금과 실업, 일자리 불안정성에 시달리는 소외 계층 노동자들은 어려운 경제 논쟁을 듣고 싶어 하지 않는다. 2010년대 말 현재 월마트 노동자가 받는 평균 임금은 50년 전 포드나 GM(제너럴모터스)에 근무하는 노동자가 받던 임금의 30퍼센트 수준이다. 당연히 불만과 분노가 생겨날 만하다. 여기에 포퓰리스트 정치인까지 가세해 경제 문제가 주요 정당이 제 기능을 하지 못해서 발생했다며 불만을 부추긴 결과, 2008년부터 시작된 대침체 이후 미국, 프랑스, 이탈리아, 멕시코, 브라질 등 거의 모든 나라에서 대중의 불안과 공포를 이용하는 데 능한 포퓰리스트 극단주의 정치인이 당선되는 일이 늘었다.

일부 국가에서는 경제적·사회적 혼란으로 인해 민주주의 절차를 크게 훼손하는 행위를 유권자들이 묵인하는 일까지 벌어졌다. 2010년대 후반 러시아, 터키, 헝가리 등 많은 나라에서 심각한 조작 선거나 현 집권자의 재집권을 형식적으로 승인하기 위한 이름뿐인 선거가 치러졌다. 일부 국가에서는 아예 임기 제한을 없애려는 시도까지 있었다. 많은 나라에서 언론은 지배 정당이나 국가 지도자의 통치 수단으로 전락해, 반대 의견이나 비판의 목소리를 널리 퍼뜨리는 일이 사실상 불가능해졌다.

포퓰리즘은 이제 독재자가 통치하는 국가의 수가 서구식 자유민주주의 국가의 수를 앞설 정도로 널리 확산됐다. 2010년대 후반에 발표된 한 연구에 따르면, 1인당 소득 기준 상위 15개국 가운데 더는 민주주의 국가라 부를 수 없는 나라가 60퍼센트를 넘었다. 《이코노미스트》의 조사부서 EIU(The Economist Intelligence Unit)는 '민주주의의 침체'라고 불리는, 2007~2008 금융위기 이후 자유민주주의의 후퇴 현상에 대해 조사했다. 조사 결과에 따르면 89개국에서 민주주의가 후퇴한 데 반해, 민주주의가 진보한 국가는 단 27개국뿐이다.

권력을 잡은 포퓰리스트 정치인은 언론과 사법제도가 문제를 해결하는 역할을 하는 것이 아니라 문제 그 자체라며 공격하는 수법을 자주 쓴다. 극단적인 경우 이들은 어떤 반론도 받아들이지 않고 오직 자신만이 평범한 노동자들을 위하는 방향으로 경제 문제를 해결할 수 있다고 말하는 진정한 독재자가 된다.

많은 독재자가 입으로는 노동자를 지켜주겠다고 하지만, 사실은 노동자를 희생시켜 자신과 가족의 배를 불린다. 예를 들어 헝가리와 러시아에서는 지배 정당과 가까운 이들이 경제의 어마어마한 부분을 차지하고 있다. 사하라 이남 아프리카에서 오랫동안 행해진 '정실자본주의'는 21세기 들어 원래 서구식 자유주의를 채택하고 있던 일부 국가에까지 둥지를 틀었다. 일례로 터키 대통령은 2018년 터키 리라의 가치가 몇 달 만에 40퍼센트나 급락하는 심각한 경제위기 상황에서조차 사위를 재무부 장관으로 앉혔다. 거시경제 정책을 다뤄본 경험이 거의 없는 사위를 경제 부처 수장으로 앉힌 것을 보면 터키 대통령의 관심은 경제 발전보다는 가족을 다음 대통령으로 키우는 데 쏠려 있는 것으로 보인다.

정치인들은 경제를 생각하지 않는다

브렉시트를 찬성하는 정치인들 역시 경제를 생각해서가 아니라 자신들의 정치 기반을 확보하기 위해 브렉시트를 부추겼다는 비난을 받고 있다. 사실 영국인에게 브렉시트는 가장 큰 시장으로부터 등을 돌리는 행위나 다름없다. 유럽연합과의 '완전한 단절clean Brexit'이 실현될 가능성이 낮아지면서, 영국이 유럽연합을 떠나면 '국제' 무역 국가로 재탄생함으로써 경제적으로 새로운 시대가 열릴 거라던 이들의 주장에 의문이 제기되고 있다.

경제학자 폴 크루그먼Paul Krugman은 소위 국제 무역의 '중력 방정식'을 근거로 브렉시트 지지파의 계획이 잘못된 경제 논리에 근거하고 있다고 지적했다. 국제 무역의 중력 방정식에 따르면 무역 상대국의 크기도 중요하지만, 그것보다는 거리가 훨씬 더 중요하다. 영국은 바로 눈앞에 있는 4억 5000만 명 규모의 시장에서 등을 돌림으로써 훨씬 접근하기 힘든 시장과의 무역에 기댈 수밖에 없게 된 것이다.

영국이 지척에 있는 무역 상대를 완전히 새로운 무역 상대로 바꾸는 어려운 과제에 돌입함과 동시에, 미국은 자국 경제가 원활히 돌아가는 데 꼭 필요한 여러 품목을 포함해 광범위한 상품에 관세를 매김으로써 캐나다를 비롯한 주요 무역 상대국들과의 관계를 허무는, 경제적으로 이해하기 힘든 행동을 하기 시작했다. 이 행동을 정당화하기 위해 미국이 내세운 이유는 무역 상대국들이 미국산 제품과 미국 기업에게 적극적으로 시장을 개방하지 않았다는 것이다.

미국은 수입품에 대한 무역장벽을 세웠던 1930년대의 경험으로부터 결과를 예상했어야 했다. 과거와 마찬가지로 상대국들은 보복성 무역장벽을 쌓았다. 지난 대통령 선거에서 현 대통령에게 가장 큰 지지를 보낸 지역에서 생산한 제품을 대상으로 빠르고 거센 보복이 가해졌다. 미국 경제는 무역전쟁 때문에 세금 인하로 생긴 경제적 이득을 모두 상쇄할 만큼 큰 손해를 입었다. 결국 노동자들의 사정은 나빠졌고, 많은 사람이 직장을 잃었다. 아이러니한 점은, 어떤 대가가 따르더라도 미국의 일자리를 지켜야 한다면서 여전히 포퓰리즘 정책을 지지하는 노동자가 많다는 것이다.

'미국 우선' 정책 지지자들은 간과하고 있지만, 사실 미국의 무역 적자는 다른 나라가 독단적으로 높은 무역장벽을 쌓는 '반칙'을 했기 때문에 생긴 것이 아니다. 세계은행 통계를 보면, 무역전쟁 전 미국 제품에 대한 각국의 관세는 유럽 1.6퍼센트, 일본 1.4퍼센트, 캐나다 0.9퍼센트로 미미한 수준이었음을 알 수 있다. 미국처럼 설비 가동률이 최대치에 도달한 나라가 이미 낮은 관세를 더 내리기 위해 세계를 상대로 무역전쟁을 선포하는 것은 경제적 관점에서 보면 미친 짓이나 다름없다.

미국처럼 국내 공장이 최대치로 제품을 생산하고 있고 거의 모든 노동 인구가 고용 상태에 있는 나라가 다른 나라에게 수입량을 늘리라고 강요할 경우, 미국산 제품의 가격이 오르면서 원래 미국산 제품을 수입하던 나라에서까지 수출 경쟁력을 잃을 수 있다. 더 심각한 문제는 국제 무역 시스템을 경시하는 주요국 포퓰리스트 정치인들이 불필요한 무역전쟁을 선동하면 다른 나라 정치인들도 이를 따르면서 전 세계에 혼란이 올 수 있다는 것이다. 대다수 권위주 정치인이 감추고 있는 비밀은, 사실 이들이 소수의 지지층과 기업가를 보호하는 일 같은 자기 이익을 지키는 데만 관심이 있다는 것이다. 이들은 자신의 이득을 위해 평범한 시민들의 공포를 이용해 나라 전체의 경제적 이득에 반하는 표를 던지게 만든다.

Basic

디플레이션 인플레이션의 반대말. 경기가 둔화되어 물가(주로 상품과 서비스 바스켓으로 측정한 물가를 사용한다)가 떨어질 경우 발생한다. 생산자들이 웬만해선 가격을 낮추고 싶어 하지 않기 때문에, 디플레이션은 무척 드물게 발생한다. 일본은 디플레이션으로 인해 고통받는 몇 안 되는 현대 국가 중 하나다.

초인플레이션 물가가 통제를 벗어난 수준으로 상승하는 현상. 1920년대 독일이나 1990년대 아르헨티나처럼 주로 심각한 경제위기나 정치위기에 빠진 국가에서 나타난다. 일부 국가는 물가가 1년에 1000퍼센트 이상 상승하는 심각한 초인플레이션을 겪기도 했다.

More

도둑정치 부패한 지도자가 권력을 이용해 경제에 영향을 미쳐 기업의 소유권을 빼앗고 뇌물을 받는 등 부당이득을 취하는 정치 행태. 도둑정치는 법치주의가 약하고 관리 · 감독이 제대로 이뤄지지 않는 독재국가나 과두정부, 군사정부에서 주로 나타난다. 하지만 일부 현대 민주주의 국가에서도 도둑정치 지도자가 권력을 이용해 다양한 방법으로 사업적 이득을 취하는 모습을 볼 수 있다. 특히 이들을 감시해야 할 법원이나 정부의 법 집행 기관이 정치인을 감시할 수 없거나 감시할 의지가 없는 경우 이런 모습을 더 자주 볼 수 있다.

래퍼 곡선 Laffer curve. 일화에 따르면 미국 경제학자 아서 래퍼(Arthur Laffer)는 대통령과의 식사 자리에서 레스토랑 냅킨에 이 곡선을 그려, 세율을 내리면 세수가 줄지 않고 늘어난다는 주장을 폈다고 한다. 래퍼의 생각은 이렇다. 정부가 세율을 낮추면 사람들이 자유롭게 쓸 수 있는 돈이 많아지고, 정부 지출보다 더 효율적으로 소비가 이뤄져 경기가 살아난다. 그 결과 경제활동이 활발해지면서 세금이 더 많이 걷힌다. 래퍼 곡선의 앞부분에서는 세금 감면의 단기 효과가 크게 나타나 세금을 내릴수록 조세 수입이 줄어들지만, 뒷부분에서는 조세 감면의 긍정적 효과가 더 크게 나타나 세금을 내릴수록 조세 수입이 늘어난다.

부가가치세(VAT) 생산 단계마다 부과되는 세금. 제품의 가치가 올라갈 때마다 그 가치를 창출한 기업이나 개인이 내야 할 세금도 커지기 때문에 이런 이름이 붙었다. 부가가치세를 매기는 이유는 누진세를 적용해 생산자와 소비자가 더 공평하게 세금을 부담할 수 있게 하기 위해서다. 물건이 최종 소비자에게 판매될 때만 부과되는 소비세와 달리, 부가가치세는 생산 과정에 참여하는 모든 주체에게 부과된다. 미국을 제외한 대부분의 현대 산업국가에는 부가가치세가 있다.

세계화,
문제일까 해결책일까

#세계화의 양면성

정치 성향을 막론하고 많은 정치인이 세계화의 위험을 경고한다. 심지어 대공황 시절의 고립주의와 비슷한 체제로 돌아가자고 주장하는 사람도 많다. 이들은 하나같이 우리 내면의 공포심을 자극해 '엘리트'들이 세계화의 이점을 누리는 동안, 나머지 사람들은 임금과 권력이 줄어들어 고통받고 있다고 의심하게 만든다.

문제는 이런 말을 하는 정치인들의 정치 성향에 따라 '엘리트'의 정의가 완전히 달라진다는 데 있다. 좌파에서 말하는 엘리트란 상위 1퍼센트로 불리는 경제적 부유층으로, 세계화 덕분에 자본과 시장에 제한 없이 접근할 수 있게 되면서 다른 사람들이 고통받는 동안 부당한 이득을 쌓는 사람이다. 반면 우파에서 말하는 엘리트는 높은 수준의 교육을 받고 영향력을 지닌 좌파 엘리트로, 다문화 정책 등의 진보 정책을 밀어붙이고 국경을 열어 이민자를 늘리고 무역 적자를 키우는 이들이다.

오늘날의 삶을 2차 세계대전 이후 경제 성장 황금기 때와 비교해보면 서유럽과 북미 선진국의 중산층 노동자 사이에 만연한 분노를 쉽게 이해할 수 있다. 전후 황금기 동안 저숙련 노동자의 평균 임금은 세대가 바뀔 때마다 거의 두 배씩 올랐다. 노동자들도 교외에 집을 사고 아이들을 좋은 대학에 보낼 수 있었다. 하지만 2008년 대침체가 시작되기 전부터 이미 많은 나라에서 평범한 노동자의 소득이 30년째 제자리걸음 하는 동안 상위 1퍼센트의 소득은 세 배나 오르는 현상이 나타났다.

기술이 발전하면서 대다수 선진국에서는 비숙련 노동자에 대한 수요가 크게 줄어들었다. 예전에 중산층 노동자들이 넉넉한 임금을 받으며 하던 일들을 로봇이나 기계가 대신하면서 대다수 서구 선진국에서 제조업 일자리가 차지하는 비중은 10퍼센트 이하로 떨어졌다. 물론 세계화로 인해 고소득 제조업 일자리가 저소득 개발도상국으로 옮겨가면서 일자리가 줄어든 이유도 있지만, 줄어든 일자리 가운데 대다수는 세계화가 아니어도 기술 발달로 인해 어차피 사라질 일자리였다. 게다가 이제는 인공지능 기반 경제의 도래로 개발도상국에서조차 저임금 저숙련 일자리가 사라지고 있다. 정치 성향을 막론하고 모든 유권자와 정치인은 국경을 닫아걸면 이 문제가 해결될지 자문해봐야 한다. 또한 '고립주의로 돌아가면 누가 가장 피해를 입을 것인가?'라는 더 중요한 질문도 던져야 할 것이다.

세계화의 결과

영화배우 조앤 크로퍼드는 소설가 오스카 와일드의 말을 빌려 "사람들 입에 오르내리는 것보다 더 나쁜 일이 있다면, 그건 이야깃거리조차 되지 못하는 것이다"라고 말했다. 이 말을 전 세계가 연결된 21세기 경제 상황에 적용하면 이렇게 말할 수 있다. 국제 무역을 위해 국경을 여는 것보다 더 나쁜 일이 있다면, 그건 국경을 닫아거는 것이다. 물건, 서비스, 돈의 자유로운 이동으로 발생하는 문제도 많지만, 거의 언제나 그로 인해 얻는 이득이 더 크다. 역사를 돌아보면, 국경을 닫는 쪽을 택한 나라는 대부분 경기침체기와 호황기를 가릴 것 없이 꾸준히 하위권에 머물렀다.

2차 세계대전이라는 비극을 겪은 뒤, 세계는 서로 밀접히 연결되고 긴밀히 협조하게 되었다. 전쟁으로 폐허가 되지 않은 몇 안 되는 국가 중 하나였던 미국은 세계화를 이끌었다. 이후 70년 동안 꾸준한 경제 발전이 이어지면서 부자와 빈자 모두 유례없는 번영을 누리고 일자리를 얻었다. 전쟁으로 폐허가 된 런던과 베를린의 사진을 오늘날의 번쩍이는 두 도시의 풍경과 비교하면, 무역과 투자가 불러온 변화에 감사하는 마음이 들 수밖에 없다.

대다수 전문가는 경제적 고립주의가 2차 세계대전이 일어난 주원인이라는 데 동의한다. 대공황 시절 고립주의가 확산되면서 안정적으로 민주주의를 누리던 나라에 독재정권이 들어서고, 히틀러와 무솔리니 같은 독재자들이 권력을 잡는 일이 벌어졌다. 오늘날에도 국제적 혼란을 틈타 섬뜩할 정도로 비슷한 일이 재현되고 있다. 1929년 경제위기에 대응하기 위해 무역장벽을 세우며 국경을 닫아걸었던 미국의 조치는 다른 나라들에게 보복성 무역장벽을 세우게 만들어 경기침체를 전 세계로 확산시켰다. 그 결과 미국에서 시작된 경기침체는 곧 세계 대공황으로 번졌다.

당시 무슨 일이 벌어졌을까? 배부른 자본가들도 주식시장에서 돈을 잃는 등 어느 정도 고통을 겪었다. 하지만 이들 중 대다수는 남은 재산이나 새로 구한 직장에 기대 살아갈 수 있었다. 결국 이 고통스러운 시기에 가장 비참한 가난과 굶주림에 시달린 계층은 농부와 노동자들이었다.

역사적으로 국경을 열고 국제 무역을 한 나라는 언제나 번성했다. 고대에는 그리스, 로마, 베네치아가 무역으로 황금기를 누렸고, 20세기에는 일본과 미국이 번성했으며, 이제는 여러 신흥시장 국가가 무역을 통해 번영을 누리고 있다. 세계 시장을 향해 문을 열기 전, 중국은 가난하고 문제 많은 낙후된 나라였다. 그러나 오늘날의 중국은 세계에서 가장 큰 경제 규모를 가진 나라가 됐다.

1990년대 초에는 세계 인구의 약 23퍼센트가 연 2만 달러 이상의 소득을 버는 중산층에 속했다. 이제는 세계 인구의 45퍼센트 이상이 중산

층으로 분류된다. 이는 약 23억 명이 가난에서 벗어났다는 뜻이다. 빈곤
층을 떠나 중산층에 진입한 전 세계 수백 수천만 명의 사람들은 자동차
부터 다운로드 음원까지 다양한 물건과 서비스를 구매하는 매력적인 신
시장이 되었다.

불평등의 문제

세계화는 말 그대로 문을 여는 것이다. 세계화는 우리에게 사고, 팔고,
외국을 여행할 기회의 문을 열어준다. 일부는 직업을 잃기도 하지만 더
많은 사람이 새로운 직업을 얻는다. 무역과 교류가 경제 발전을 가져온
다는 것은 통계적으로 입증된 사실이다. 늘어난 소득의 가장 큰 부분을
부자가 차지하는 경향이 있는 것도 맞다. 하지만 경제가 커질수록 노동
에 대한 수요도 늘어난다.

　물론 세계화로 인해 심해진 불평등에 눈을 감아야 한다는 뜻은 아니
다. 하지만 소득 불평등에 대한 비난의 화살이 향할 곳은 세계화 자체가
아니라, 세계화로 얻은 부의 대부분이 부자의 주머니로 흘러 들어가게
둔 정부가 아닐까? 정부가 부를 재분배하기 위해 수백 년 동안 사용해
왔고 지금도 사용할 수 있는 방법이 있다. 바로 세금이다. 세금의 원리는
무척 단순하다. 가난한 사람보다 부자들로부터 돈을 더 걷어서 도움이
절실한 사람들을 위해 쓰는 것이다. 그러면 건실하고 여유 있는 중산층

이 늘면서 소비가 활성화되고 경제가 성장해 선택받은 일부가 아닌 거의 모든 사람이 더 나은 삶을 살 수 있다.

자유무역의 작동 방식은 비교적 단순하다. 우리는 대개 국산품보다 수입품이 더 쌀 때 수입품을 산다. 자유무역은 모든 나라가 각자 가장 효율적으로 생산할 수 있는 제품을 만들어 팔고 나머지는 수입해서 쓸 수 있게 해준다. 각국은 프랑스 치즈, 한국 텔레비전, 미국 영화처럼 생산에 비교우위를 가진 제품을 수출함으로써 귀중한 외화를 벌 수 있고, 이렇게 벌어들인 외화로 다른 나라가 더 잘 만드는 제품이나 서비스를 수입할 수 있다.

비교우위론에 따르면 '어떤' 나라든 세계무대에서 경쟁할 수 있다. 심지어 다른 나라보다 효율적으로 생산할 수 있는 게 아무것도 없는 나라조차 경쟁이 가능하다. 단순히 화폐 가치만 낮아져도 그 나라 상품과 서비스의 세계 시장 경쟁력이 올라간다. 물론 화폐 가치가 낮아지면 수입품이 비싸지므로 너무 지나치면 인플레이션이 발생할지도 모른다.

하지만 국제 경쟁 때문에 일자리를 잃은 노동자들은 어떻게 하냐고? 당연히 어떤 이유로든 일자리가 절대 사라지지 않는다면 제일 좋겠지만, 자본주의 자유시장 체제에서 모든 것은 끊임없이 변하게 마련이다. 세계화가 아니라도 일자리는 계속 생겨나고 없어진다. 변화는 자본주의의 토대다. 변화에 저항하기보다는 사라진 일자리보다 더 좋은 일자리를 새로 만들고 경제 발전의 이득을 모든 사람이 함께 나눌 방법을 찾는 것이 더 중요하다. 그러나 안타깝게도 세계화에 반대하는 사람들은 어떤 대가를 치르더라도 현재 상태를 지켜야 한다고 믿는다.

하지만 황금알을 낳는 거위의 배를 가르는 대신, 거위가 낳은 알을 더 공평하게 분배할 방법을 찾는 건 어떨까? 가령 스웨덴 정부는 '일자리가 아닌 노동자를 지키는' 정책을 펴고 있다. 이런 '스칸디나비아식 절충안' 덕분에 스웨덴은 고임금 국가인 스웨덴에 맞지 않는 조선업 등의 산업이 문을 닫는 상황을 잘 견뎌낼 수 있었다. 스웨덴 정부는 산업을 보호하는 대신, 직장을 잃은 노동자들이 어려운 시기를 잘 극복할 수 있도록 관대한 사회복지 서비스와 보조금 등을 제공하는 데 집중했다.

황금알을 고르게 나눠 갖는 법

세계화는 인류가 아프리카를 떠나 다른 대륙으로 이동했을 때부터 이미 시작됐다. 그날 이후 인간은 항상 다른 나라를 탐험하고, 서로 교역하고, 싸우고, 종교를 전파해왔다. 이제 국제 무역상은 나귀와 돛단배가 아닌 편안한 여객기를 타고, 상품은 철도, 컨테이너선, 비행기를 통해 이동하지만 국경을 개방하면 기회가 열린다는 사실만은 변하지 않았다.

물론 예나 지금이나 세계화가 절대선은 아니다. 일자리가 다른 나라로 옮겨간다는 말은 곧 국내 일자리가 줄어든다는 의미이고, 이민이 늘면 문화와 인구 구성이 바뀔 수 있으며, 먼 나라로 물건을 옮기는 과정에서 많은 오염물질과 이산화탄소가 배출된다. 하지만 이런 문제는 경제

성장으로 증가한 부를 활용해 줄일 수 있다. 스스로에게 물어보자. 우리 자신과 우리 다음 세대의 미래가 어떤 모습이기를 바라는가? 이론상 무역장벽이 아주 낮으면 소비자는 전 세계 생산자가 최상의 가격 조건으로 내놓은 상품 가운데 가장 좋은 상품을 살 수 있다. 부유한 산업국가가 가난한 나라로부터 상품을 수입하면 부유한 국가의 소비자의 선택지가 다양해질 뿐 아니라, 살아남기 위해 절실히 일자리를 필요로 하는 가난한 나라에 일자리를 늘릴 수 있다. 외국에 설탕을 팔 방법이 없어지면 남아프리카공화국의 사탕수수 농부는 열심히 일군 경작지를 갈아엎어야 할지도 모른다. 부유한 국가에서 소비자에게 국산 의류만 살 것을 강요한다면, 의류 공장에서 일하던 과테말라 재봉사는 일자리를 잃게 될 것이다.

물론 노동 착취와 아동 노동을 방지하기 위해 개발도상국의 근무 환경을 엄밀히 감시할 필요는 있다. 하지만 수출용 제품을 만드는 일은 대개 다른 일보다 보수가 높기 때문에 대부분의 가난한 나라 가정에게 이 일자리는 아이들을 먹이고 교육하고 더 나은 미래로 나아갈 수 있게 해줄, 가장 실현 가능성 높은 꿈으로 여겨진다.

개발도상국에게 경제 발전의 기회를 줌과 동시에 부유한 나라 또한 임금 수준이 훨씬 높은 정보산업에 집중해 경제를 키울 수 있다. 게다가 경제가 발전해 가처분소득이 늘어나면 개발도상국에서는 선진국으로부터 자동차, 냉장고, 컴퓨터, 동영상 스트리밍 같은 상품과 서비스를 수입할 것이다. 결국 무역이 증가하면 모든 나라가 발전하고, 모든 이가 더 부유해진다.

　가장 중요한 일은 이렇게 얻은 부를 공평하게 분배하는 방법을 찾는 것이다. 그 과정에서 먼저 가난과 불평등을 구분할 필요가 있다. 세계화 덕분에 불평등이 심해지기는 했지만 거의 모든 이의 삶이 나아졌다면, 부를 가져다준 세계화를 무너뜨리는 대신 세계화 덕분에 부를 제대로 분배하는 데 힘을 쏟아야 할 것이다.

Basic

비교우위론 세계 각국이 자신이 가장 효율적으로 생산할 수 있는 상품과 서비스를 만들어 수출할 경우, 시너지 효과가 발생해 결국 모두가 더 잘살게 된다는 이론.

More

공정무역 비정부기구인 FLOCERT는 일정한 환경 및 노동 기준에 부합하는 제품에 '공정무역' 인증을 부여한다. 또한 독립적인 감사기구를 통해 바나나, 설탕, 차 등 다양한 상품의 생산 과정이 자매 기구인 국제공정무역기구(Fairtrade International)의 기준을 충족하는지 심사한다.

규모의 경제 한 번에 많은 양을 만들어낼 때 얻을 수 있는 이득을 일컫는 말이다. 대량생산을 하면 비용이 여러 상품으로 분산되어 생산 단가를 낮출 수 있다는 생각은 산업혁명의 기초가 됐다.

밀턴 프리드먼 Milton Friedman. 가장 잘 알려진 자유시장주의 경제학자. 시카고학파 경제학자로 노벨상을 수상했으며, 어려운 경제 결정을 내리는 데 자유시장보다 더 나은 방법은 없다는 생각을 알리는 데 누구보다 많이 기여했다. 프리드먼 경제학의 목표는 '선택할 자유'의 보장에 있다. 이론적으로 소비자가 원하는 물건을 자유롭게 살 수 있고 생산자가 원하는 물건을 자유롭게 팔 수 있다면, 세상은 (거의) 모든 이에게 더 나은 곳이 될 것이다.

분업 정육점 주인, 빵 굽는 사람, 양초 만드는 사람 등 분업을 통해 각자가 가장 잘하는 일을 하는 나라는 훨씬 효율적으로 운영된다. 세계 경제도 마찬가지다. 특정 물건을 잘 만드는 나라는 계속 그 물건을 만들고, 다른 나라는 다른 제품을 만들면 효율이 높아진다.

시너지 둘 이상이 모여 능력 또는 자산을 합침으로써 상호 이득을 얻는 것. 국제 무역에서의 시너지란 모든 나라가 각자 더 효율적으로 생산할 수 있는 물건과 서비스를 만들어 수출함으로써 얻게 되는 비교우위론적 이득을 말한다. 비교우위론에 따르면 각국이 가장 잘하는 분야에 집중하면 모두에게 이득이 된다.

화폐 유통 속도 화폐 유통 속도는 사용 가능한 화폐의 양에 비해 경제가 얼마나 빠르게 성장하는지를 보여주는 경제지표다. 화폐 유통 '속도'는 경제가 공급된 통화를 사용해 얼마나 많은 일을 하는지 알려준다. GDP는 높은데 통화량은 비교적 적은 나라가 있다면, 이 나라는 화폐 유통 속도가 빠르다고 말한다.

세계에서 제일
잘나가는 시장

#브릭스와 그 너머

지난 몇십 년 동안 세계 경제에는 큰 변화가 일어났다. 신흥국과 개발도
상국이 가장 강력한 경제력을 가진 주체로 떠오른 것이다. 한때 '제3세
계'로 비하되던 지역에서 이제는 세계 경제 생산의 60퍼센트 이상이 이
뤄진다. 이제는 발전한 제1세계라는 개념 자체가 깨지고 있다.

중국, 브라질, 남아프리카공화국, 인도 등 신흥시장 목록에 이름을 올
린 스무 개 남짓한 국가는 세계 경제의 원동력이 되었다. 21세기의 첫
20년 동안 이들 국가의 경제성장률은 언제나 미국, 프랑스, 일본 같은
'선진' 산업국가의 경제성장률을 크게 앞섰다.

국제통화기금(IMF)이나 스탠더드앤푸어스(S&P) 같은 주요 경제기

관의 조사에서 거의 언제나 신흥시장 목록에 이름을 올리는 국가는 브라질, 칠레, 중국, 콜롬비아, 헝가리, 인도네시아, 인도, 말레이시아, 멕시코, 페루, 필리핀, 폴란드, 러시아, 남아프리카공화국, 태국, 터키다. 이들 가운데 가장 경제 규모가 큰 네 나라인 브라질, 러시아, 인도, 중국은 공동 전략을 수립하고 경제 성장을 조율하기 위해 2009년 브릭BRIC 경제 정상회담을 발족했으며, 2010년 남아프리카공화국이 합류하면서 명칭을 브릭스BRICS로 바꿨다.

중국과 브라질 같은 일부 신흥국은 새로 벌어들인 자본을 다른 개발도상국의 경제 개발 사업에 투자하고 있다. 브라질은 2010년대 초부터 빈곤에 허덕이는 아이티를 비롯해 경제적 어려움을 겪고 있는 아프리카와 남미 지역 국가에 대규모 자금을 투자했다. 중국 또한 1500억 달러가 넘는 자금을 투입해 주변국에 기반시설을 공급하는 일대일로一帶一路 사업을 시작했다. 중국은 이 사업을 통해 미얀마, 파키스탄, 이란 등에 고속철도, 고속도로, 송유관, 전력망 등 각종 기반시설을 건설 중이다.

중국의 일대일로 정책

중국이 벌이고 있는 일대일로 사업의 최종 목표는 유럽과 북미 사이의 대서양 중심 무역 지대에 대응할 유라시안 무역 지대를 만드는 것이다. 이름에 들어간 '대帶'는 중앙아시아를 통해 중국의 무역과 생산을 유럽

과 연결하는 육로를, '로^路'는 동남아시아와 아프리카 일부 지역의 현대
식 항구를 통과하는 유럽·중국 간 해상 무역로를 뜻한다. 유럽과 아시아
사이를 현대식 해상로와 효율적인 육로로 잇기 위해서는 중국의 대규모
투자도 물론 필요하겠지만, 결국에는 이 새로운 실크로드에 위치하는
국가의 투자가 필요할 것이다. 실제로 아제르바이잔은 유럽과 아시아를
잇는 이 무역로가 건설되면 엄청난 경제적 효용이 따를 것으로 판단하
고, 대부분 자비로 대규모 기반시설을 건설하고 있다.

장벽을 세워 주변 국가와의 교류를 막고자 하는 일부 독불장군식 서
양 지도자들과는 반대로, 중국 정부는 아시아와 유럽을 잇는 쪽을 택했
다. 중국은 아시아인프라투자은행(AIIB)을 통해 수조 달러 이상을 들여
수많은 도로, 철도, 교량을 건설 중이다. 중국이 이 사업을 하는 이유가
새로운 수출 시장과 원자재 공급처를 확보하기 위해서만은 아니다. 중
국은 주변국을 비롯한 여러 나라와 우호를 다지고 전략적 동맹을 맺는
것이 도움이 된다고 믿고 있다.

중국을 중심으로 하는 새로운 국제 질서는 중국과 주변국들의 오랜
꿈이었지만, 미국과 서유럽이 국제무대를 장악하고 있는 상황에서는 이
꿈을 이루기 어려웠다. 그러나 최근 들어 일부 서양 국가가 국제 무역에
등을 돌리고 신흥국은 계속 발전하면서, 중국을 비롯한 브릭스 국가에
게 그들의 새로운 경제력을 과시할 좋은 기회가 왔다.

실제로 중국은 2010년대 후반부터 세계무역기구의 분쟁 해결 절차
를 적극적으로 수용하기 시작했으며, 국제통화기금과 세계은행에 내는

분담금도 늘려 추가 의석을 확보해나가고 있다. 또한 중국은 오스트레일리아와 뉴질랜드 등 주요 아시아 국가가 참여하는 태평양 중심 무역 협정을 추진하는 동시에 인도 및 인도양 주변국과의 무역 환경을 개선하고 있다.

신흥국이 지속적으로 성장하려면

인구는 한 나라의 경제 성장에 큰 영향을 미친다. 예를 들어 일본과 독일에서는 출산율 감소로 인구가 줄어들면서 경제성장률도 하락했다. 21세기 중반이 되면 일본의 인구는 4000만 명 이상 감소해, 최대치인 2010년 인구의 3분의 2 수준으로 떨어질 것으로 보인다. 하지만 여러 개발도상국에서는 정반대의 일이 벌어지고 있다. 21세기 중반이 되면 인도의 인구는 16억 명으로 늘어나 세계 인구의 17퍼센트를 차지할 것으로 예상된다. 2050년에 이르면 세계 인구는 96억 명이 될 것으로 보이는데, 주로 신흥국이나 개발도상국의 인구가 증가할 것이다.

GDP와 출산율 추이를 고려할 때, 향후 세계 인구 성장률의 반 이상을 나이지리아나 에티오피아 등의 아프리카 국가들이 담당할 것으로 보이며, 나머지 인구 성장 또한 아시아나 중남미에 국한될 것으로 예상된다. 1인당 GDP가 미국의 약 8분의 1에 불과한 인도 같은 나라는 1인당 소득이 조금만 증가해도 경제가 엄청나게 성장할 것이다.

하지만 경제가 지속적으로 성장하려면 교육과 훈련을 잘 받은 노동력이 필요하다. 그러나 많은 신흥국과 개발도상국의 가난한 사람들은 좋은 교육을 받을 기회가 거의 없다. 일례로 브라질에서는 사립학교에 다닐 돈이 있는 학생들만 대학 입학 자격시험을 통과할 수 있다. 인도에서 여자아이들은 학교에 가지 않고 집안일을 돕는 경우가 많다. 정부가 여자아이들을 보호하고 교육하기 위해 '베티 바차오, 베티 파하오Beti Bachao, Beti Padhao'● 정책을 펴고 있지만, 2010년대 후반에도 여전히 인도 여자 청소년의 40퍼센트 이상이 어떤 형태의 학교에도 다니지 않는다. 전 세계적으로 학교에 다니지 않는 학령기 여자아이의 수는 1억 5000만 명에 달하는 것으로 추정된다.

대다수 신흥국에서는 교육 격차로 인해 21세기형 일자리에 맞는 구직자를 찾기 어렵다. 이 같은 구직난은 많은 신흥국의 발전을 크게 저해하는 요인이다. 인도와 브라질에서는 기술 분야의 새로운 일자리 가운데 60퍼센트 이상이 제대로 교육받은 지원자를 찾지 못하고 있다. 삼성 같은 일부 기업은 개발도상국 교육기관의 부족한 직업훈련을 대신하기 위해 여러 곳에서 기술학교를 운영한다. 하니웰 또한 멕시코와 인도 등지에서 학생들이 기술 전문가의 도움을 받아 과학 및 공학 능력을 키울 수 있도록 하는 교육 프로그램Honeywell Initiative for Science & Engineering을 운영하고 있다.

● '여자아이를 구하자, 여자아이를 교육하자'라는 뜻.

2010년대 말 현재, 하루 소득이 1달러 미만인 사람이 4000만 명에 달하는 중국은 '공동 번영을 향한 행진'에서 아무도 소외되지 않도록 외진 시골 지역의 교육과 취업 기회를 크게 늘리고 있다. 중국의 교육 장려책은 아프리카와 동남아시아를 비롯한 여러 국가의 가난한 시골 지역을 돕기 위해 먼저 해야 할 일이 무엇인지 잘 보여준다.

브릭스를 비롯한 개발도상국이 앞으로 수년 내에 겪게 될 문제는 선진국의 성공과 실패를 교훈 삼아 해결할 수 있을 것이다. 더 중요한 문제는 환경을 파괴하거나 자원을 고갈시키는 일 없이 수억, 아니 수십억에 달하는 세계의 가난한 사람들에게 경제적 기회를 줄 방안을 찾는 것이다. 우리는 케이프타운, 상하이, 상파울루 같은 고립된 현대 도시에서 비교적 여유 있게 생활하는 중산층과 부유층뿐만 아니라, 개발도상국의 모든 사람을 경제적 번영에 동참시킬 방안을 찾아야만 한다.

Basic

브릭스(BRICS) '브릭(BRIC)'이라는 단어는 골드만삭스 투자은행이 21세기 경제에서 가장 큰 개발도상국 네 곳, 즉 브라질(Brazil), 러시아(Russia), 인도(India), 중국(China)의 이름 첫 글 자를 따서 만든 명칭이다. 2010년 남아프리카공화국(South Africa)이 여기에 합류하면서 '브릭스'가 됐다. 브릭스 5개국의 인구는 세계 인구의 40퍼센트 이상을 차지한다. 이들은 정기적으로 정상회담을 열어 경제 정책을 조율한다.

제3세계 2차 세계대전 이후 수십 년 동안, 세계는 세 개의 경제 권역으로 나뉘어 있었다. 제1세계에는 발전한 자본주의 국가들, 제2세계에는 소련과 공산주의 국가들, 제3세계에는 개발도상국이 속했다. 그러나 21세기가 되면서 제3세계라는 말은 본래 의미를 잃었다. 제2세계에 속했던 소련은 무너졌고 칠레, 싱가포르, 한국 등 많은 신흥국은 제1세계로 분류된 여러 경제 선진국을 앞설 만큼 발전했다.

More

브래디 채권 Brady bond. 1989년 디폴트 위기에 처한 중남미 지역 개발도상국들이 채무 구조조정 과정에서 발행한 채권을 말한다. 브래디 채권이라는 이름은 당시 미국 재무부 장관인 니컬러스 브래디의 이름을 딴 것이다. 브래디 채권은 미국 재무부가 지급을 보증 하는 채권이었기 때문에 국제 투자자들에게 일반 채권보다 인기가 많았다.

환금작물/식용작물 개발도상국에서 식용작물은 농부 가족의 생계를 위해 모두 소비되는 경우가 많다. 작물이 남으면 팔아서 돈을 벌 수 있는데, 팔아서 돈을 벌기 위해 재배하는 작물을 '환금작물'이라고 부른다. 환금작물은 가계가 주거비용을 마련하거나 옷 같은 생활필수품을 살 수 있게 해준다.

Level 5

우리가 미처 몰랐던
세계 경제의 뒷모습

유럽연합은 계속
유지될 수 있을까

#자유무역협정의 쟁점

자유무역지대가 노벨상을 받는 것은 거의 볼 수 없는 일이다. 그러나 2012년 노벨상 위원회는 유럽연합에 노벨 평화상을 수여했다. 유럽연합이 평화와 화합, 민주주의, 인권 증진에 크게 기여했다는 이유였다.

보통 자유무역협정(FTA)이라고 하면 그저 관세를 없애고 국제 무역에 시장을 개방하는 것만 떠올리지만, 사실 FTA는 매우 다양한 역할을 한다. 유럽연합의 전신은 2차 세계대전 이후인 1952년 유럽에서 6개국(서독, 프랑스, 이탈리아, 벨기에, 네덜란드, 룩셈부르크)이 서로 관세를 폐지할 목적으로 만든 유럽석탄철강공동체다. 21세기 초가 되자 유럽연합에 소속된 국가는 스무 개 이상으로 늘었다. 유럽연합 회원국들은 수백

년에 걸쳐 크고 작은 분쟁과 비극적인 전쟁을 겪은 유럽 대륙의 평화와 번영을 위해 힘을 합치고 있다.

1992년 마스트리히트조약의 비준으로 출범한 유럽연합은 무역장벽을 없애는 수준을 훨씬 넘어서는 구상이었다. 유럽연합이 출범하면서 기존의 유럽경제공동체는 유럽 국가 지도자들이 수백 년 동안 꿈꿔온 정치·경제 공동체로 거듭났다. 회원국 사이의 사람, 자본, 물건, 서비스의 이동이 자유로워지면서 유럽연합은 미국과 비슷한 일종의 합중국으로 변모했다. 회원국들은 독립 정부와 재정 및 화폐 정책 결정 권한을 유지하면서 4억 명의 인구를 갖춘 훨씬 넓은 지역에 통합되었다.

마스트리히트조약 이후 포르투갈 시민은 런던이든 아테네든 유럽 내 어느 지역에서나 거주하고 일할 수 있게 됐다. 아무런 행정 절차 없이 상품을 핀란드에서 이탈리아로 옮기고, 아무런 제약 없이 마드리드에서 프랑크푸르트로 돈을 송금할 수 있게 됐다. 1999년 유로가 도입되면서 동일한 통화를 쓰는 데 합의한 유럽의 11개 국가들은 무역장벽이 전혀 없는 진정한 자유무역을 하게 됐다. 당시 덴마크, 스웨덴, 영국은 자국 통화를 유지하기로 했으며, 나중에 가입한 구소련 국가들도 대부분 자국 통화를 유지하는 편을 택했다.

서유럽 국가 가운데 아직 유럽연합에 가입하지 않은 국가는 스위스, 리히텐슈타인, 아이슬란드, 노르웨이뿐이다. 기다리며 지켜보는 전략을 택한 이 나라들은 공식적으로 유럽연합에 가입하지는 않았지만, 다양한 양자 및 **다자간 무역협정**을 통해 유럽연합 시장에 접근하고 있다. 상대

적으로 부유한 이들 국가는 예전부터 유럽자유무역연합(EFTA)이라는
경제 공동체를 통해 서로 자유무역을 해왔다. 유럽연합의 영향력이 커
지고 가입하는 나라가 계속 늘면서, 한때는 모든 유럽 국가가 유럽연합
에 가입하는 것이 시간문제처럼 보였다.

유로존의 위기

그러나 완전히 하나 된 유럽으로 향하는 길은 순탄치 않았다. 2016년
영국이 국민투표를 통해 유럽연합을 탈퇴하기로 결정하면서, 유럽의 완
전한 통합이라는 목표는 높은 장벽에 부딪혔다. 그 이전인 2010년대에
는 2008년 금융위기의 여파로 일부 유로존 국가들이 국가 부도 위기를
겪으면서 '유로존 경제위기'가 발생해 유럽 통합에 타격을 주었다. 잘 알
려진 그리스 외에도 아일랜드, 키프로스, 스페인, 포르투갈이 불어난 채
무의 원금과 이자를 갚지 못해 구제금융을 받았다.

그리스는 수년 동안 계속된 정부의 방만한 재정 운영과 관습적이고
광범위한 탈세로 인해 유럽연합이 출범한 이래 가장 큰 경제위기를 경
험했다. 국가 부도 위기에 처한 국가들은 다른 부유한 유로존 국가들에
게 구제금융을 요청했지만, 독일을 중심으로 많은 회원국은 이들에게
구제금융을 받기 전에 재정 적자를 줄이고 긴축 재정을 펴라고 요구했
다. 유럽연합이 권고한 긴축 재정이 시작되면서 그리스와 스페인에서는

실업률이 27퍼센트까지 치솟았고 경제 불황이 확산됐다. 현금이 부족하고 경제성장률이 낮거나 심지어 마이너스에 달했던 이들 유럽 국가는 재정 적자를 메우고 죽어가는 경제를 살릴 자금을 구하느라 큰 어려움을 겪었다.

통화 공동체라는 제약은 경기 회복 과정을 특히 더 어렵게 만들었다. 다른 나라에서는 경제위기가 발생하면 통화 가치가 하락하기 때문에 그 나라 상품과 서비스의 국제 시장 경쟁력이 높아진다. 하지만 그리스를 비롯한 유로존 국가들에게는 경제위기 때 통화 가치를 하락시킬 방법이 없었고, 이런 상황에서 국가가 할 수 있는 일은 그리 많지 않았다. 유로존 경제위기 당시에도 독일은 BMW나 SAP 컨설팅 프로그램 같은 하이엔드 상품과 서비스를 팔아 지속적으로 흑자를 내고 있었다. 독일 같은 부유한 국가의 경제가 튼튼했기 때문에 다른 유로존 국가의 경제위기에도 불구하고 유로의 가치는 비교적 높게 유지되었다. 그리스 유권자들은 처음엔 독일과 다른 유로존 국가가 제안한 긴축안을 거부하는 쪽에 표를 던졌다. 하지만 긴축안을 받아들이지 않으면 아예 유로존을 떠나는 극단적인 결정을 할 수밖에 없다는 점을 깨닫고 물러설 수밖에 없었다. 유로존을 탈퇴하면 경제위기가 더 심해질 거라는 두려움 때문이었다. 유로존 경제위기는 여러 회원국의 정치에 영향을 미쳐, 절반이 넘는 유럽 국가에서 극우 또는 극좌 정부가 권력을 잡는 결과를 낳았다.

2010년대 말부터 이어진 난민 사태 또한 유럽통합의 큰 걸림돌이 되고 있다. 독일 정부는 시리아 등 정치적·경제적 문제를 겪고 있는 나라의 이민자 100만 명 이상을 유럽연합 내로 받아들이기로 하고 다른 회원국에게 '정치 난민'을 분담 수용해줄 것을 요청했다. 유럽연합 내 많은 국가는 난민 중 대다수가 정치 난민이 아닌 경제 난민이라는 이유를 들어 분담을 거부했다. 특히 옛 공산주의 국가인 동유럽 국가에서 반발이 심했다. 난민 사태가 촉발한 혼란은 유럽 전역에 반이민주의 정당이 득세하는 계기가 되었다. 그리고 대다수 설문 조사에 따르면 영국이 유럽연합 탈퇴 결정을 내리는 데도 영향을 미친 것으로 보인다.

헝가리, 이탈리아, 스웨덴 같은 국가의 유권자들이 더 많은 정치적·경제적 독립성을 원하는 상황을 고려할 때, 미래의 유럽연합은 더 강력한 통합보다는 각 나라의 선택에 따라 참여 수준을 정할 수 있는 유연한 통합을 추구해야 할지도 모르겠다. 현재 고려 중인 방안 가운데 하나는, 단일 통화와 관세동맹을 완전히 수용하는 중심 회원국부터 스위스나 노르웨이처럼 회원국은 아니지만 중요한 무역 상대국까지, 여러 단계의 회원 등급을 두는 것이다. 이 맨 아래 등급에 속하는 국가들은 유럽연합 정책에 대한 투표권은 없지만, 유럽연합 규칙을 준수하는 데 동의한 국가들이다. 소위 '다중속도multispeed' 유럽이라 불리는 이러한 협력 방식은 많은 이에게 유럽 통합을 유지하기 위한 최선의 방책으로 여겨지고 있다.

북미자유무역협정 모델

유럽연합과 달리 캐나다, 미국, 멕시코 사이에 체결된 북미자유무역협정(NAFTA)은 무역협정일 뿐 경제, 통화, 정치 공동체로 나아가려는 계획은 전혀 없다. 게다가 유럽연합과 달리 경제 블록 외 지역으로부터 수입되는 물품에 대해 동일한 관세를 매기거나 쿼터를 할당하지도 않는다. 차가운 극지방 툰드라 지대부터 따스한 카리브 해안까지, 여러 기후대에 속한 나라들이 속한 북미자유무역협정은 다른 나라가 비교우위를 가진 상품을 자유롭게 사용하기 위해 체결한 협정이다. 가령 캐나다가 추운 유콘 지방에서 담배나 바나나를 기르려고 노력하기보다는, 이런 작물은 남쪽에 있는 멕시코로부터 수입하고 대신 와인, 목재, 금융 서비스 등을 수출하는 편이 더 나을 것이다.

21세기 초 북미자유무역협정 회원국에서는 상품과 서비스의 교역이 증가하면서 경쟁으로 사라진 일자리보다 훨씬 많은 수의 일자리가 생겨났다. 미국의 경우 큰 타격을 받은 남동부 지역의 공단을 비롯해 저임금 공업 지대에서 제조업 일자리가 줄어들기는 했지만, 수출 중심지인 팜 벨트와 서부 해안 지역에 새로 생긴 일자리가 더 많았다. 멕시코 또한 경제적으로 큰 이득을 얻었다. 면세로 들여온 부품을 조립하는 외국계 공장(마킬라도라 maquiladora)이 들어서면서 빈곤율이 크게 낮아졌으며, 일자리를 찾아 북미로 이주해야 한다는 압박도 줄었다.

미국은 북미자유무역협정을 탈퇴하고 협정을 파기하겠다고 으름장을 놓았지만, 2018년 협정을 일부 수정하고 이름을 '미국·멕시코·캐나다협정(USMCA)'으로 바꾸는 선에 그쳤다. 새로운 협정에서는 환태평양경제동반자협정(TPP)을 가이드라인 삼아, 지식 재산권 보호, 디지털 화권digital rights, 환경 정책, 노동 관행 관련 조항이 강화됐다. 하지만 자동차 제조업에 관한 조항을 제외하면 기존의 북미자유무역협정과 큰 차이는 없다. 새로운 협정에 따르면, 수입품에 대한 면세 혜택을 받으려는 사업자는 자동차에 들어가는 부품 가운데 75퍼센트를 북미에서 생산해야 하며, 자동차 조립 공정의 40퍼센트 이상을 시간당 최소 16달러 이상의 임금을 받는 노동자에게 맡겨야 한다. 미국은 이외에도 분쟁 해결 방식을 바꾸고, 전체 회원국의 동의가 없으면 5년 후 자동으로 협정이 파기되는 내용의 일몰제를 도입하려 시도했지만, 캐나다와 멕시코는 이 제안을 거절했다.

다양한 자유무역지대

유럽연합과 북미자유무역협정이 무역을 촉진하는 데 성공하면서 다른 나라들도 자유무역지대를 만들기 시작했다. 일례로 남미의 아르헨티나, 브라질, 우루과이, 파라과이는 메르코수르Mercosur라는 남미 공동시장을 만들었다. 메르코수르는 유럽연합과 비슷하게 회원국 사이의 관세를 낮추고 외부에서 생산된 물품에 대한 관세를 통일했다. 메르코수르는 맥주와 과일부터 금융 서비스까지 회원국 사이의 모든 교역을 크게 증가시켰다.

야심 찬 다자간 자유무역협정 계획인 환태평양경제동반자협정은 세계 무역량의 40퍼센트를 차지하는 12개 환태평양 국가를 한데 묶는다는 구상에서 출발했다. 원래는 캐나다, 미국, 멕시코, 페루, 칠레, 오스트레일리아, 뉴질랜드, 브루나이, 말레이시아, 싱가포르, 베트남, 일본을 이을 계획이었다. 미국의 가장 큰 경쟁자인 중국이 배제된 것에서 알 수 있듯, 이 협정은 태평양에 대한 미국의 패권을 공고히 하기 위해 시작됐다. 하지만 2017년 미국은 '미국 우선'을 내건 새 정부의 보호주의 방침에 따라 탈퇴를 선언했다. 미국의 탈퇴 결정과 동시에 환태평양경제동반자협정의 혁신적 면모는 많이 퇴색했다. 예를 들어 노동자 인권, 최저임금, 노동조합권, 불법 벌목 및 아동 노동 금지 등 관세가 아닌 다른 무역 문제에 대한 규정은 원안대로 추진되지 못하게 됐다.

사실 최근의 자유무역협정에서는 유전자 조작 식품 금지법이나 미성년자의 공장 노동 금지법 같은 회원국의 국내법이나 관습이 주요 쟁점이 되는 경우가 많다. 과거 자유무역협정의 주요 쟁점은 농산물과 공업 생산품이었지만, 미래의 자유무역협정에서는 데이터와 인공지능의 세계 시장 내 역할이나 서비스 무역 같은 21세기형 문제가 더 크게 다뤄질 것이다.

Basic

다자간 무역협정 셋 이상의 무역 상대국이 상품 및 서비스의 자유무역에 동의하는 것. 지역 무역협정과 국제 무역협정은 비교우위에 근거한 특화의 이점을 누리기 위한 가장 좋은 방법으로, 협정 대상국들이 각자 가장 잘하는 분야에 집중할 수 있게 해준다. 그러나 21세기 들어 각국 정부가 농업 보조금이나 공업 제품 보호 관세 같은 반영구적 무역장벽을 허무는 데 회의적인 태도를 보이면서 대부분의 다자간 무역 협상은 답보 상태에 놓이게 됐다. 다자간 무역협정을 맺기보다는 그때그때 필요한 무역협정을 맺어가며 조금씩 무역 자유화를 진행하는 편이 더 수월한 경우가 많다.

유럽연합(EU) 유럽연합은 원래 1950년대에 단순한 관세동맹으로 시작했다. 유럽경제공동체(EEC), 유럽공동체(EC), 공동시장(Common Market)은 모두 유럽연합의 예전 이름이다. 원래 회원국 사이의 무역장벽을 없애고자 만들어진 이 '공동체'는 결국 동일한 정치, 사회, 경제 정책을 공유하는 '연합'으로 발전했다.

유럽자유무역연합(EFTA) 스위스, 리히텐슈타인, 아이슬란드, 노르웨이 4개국은 유럽연합에 가입하지 않은 채 자신들끼리 '유럽자유무역연합'을 만들었다. 이들은 유럽연합과 따로 무역협정을 맺어 유럽 시장 접근권을 확보하되, 유럽연합 가입은 시간을 두고 고려하는 쪽을 선택했다.

유로존 Eurozone. 유로존에는 유로화를 사용하는 다음 19개 국가가 속해 있다. 오스트리아, 벨기에, 키프로스, 에스토니아, 핀란드, 프랑스, 독일, 그리스, 아일랜드, 이탈리아, 라트비아, 리투아니아, 룩셈부르크, 몰타, 네덜란드, 포르투갈, 슬로바키아, 슬로베니아, 스페인.

More

공동시장 유럽연합의 예전 이름. 이는 유럽연합 회원국 사이의 물자 및 자본 이동에 제한을 두지 않는다는 의미다. 유럽이 경제 공동체를 넘어선 정치 공동체로 발전하면서, 공동시장이라는 이름은 더 포괄적 의미를 지닌 '유럽연합'으로 바뀌었다.

미주자유무역지대(FTAA) Free Trade Area of the Americas. 1994년 아메리카 대륙의 국가 지도자들은 아메리카 대륙 북쪽 끝의 캐나다 유콘부터 남쪽 끝의 티에라델푸에고 제도까지, 대륙 내 크고 작은 여러 경제 및 무역협정을 통합해 미주자유무역지대를 만들기로 결의했다. 미주자유무역지대에는 북미, 중남미의 모든 자유시장 경제 국가가 포함될 예정이었다. 하지만 불행히도 정치적 분열과 완고한 이익단체 때문에 실현되지는 못하고 의도만 좋은 계획으로 끝나게 됐다.

석유수출국기구(OPEC) 석유수출국기구는 1960년대에 석유 산출량을 조절해 회원국의 시장 지배력을 늘리고자 만들어졌다. 중동의 주요 아랍 산유국과 이란, 베네수엘라를 포함해 14개 국가가 회원으로 가입돼 있다.

카르텔(기업연합) 생산량과 가격을 통제하기 위해 뭉친 기업 또는 국가 연합. 국제 경제에서 활동하는 주요 카르텔로는 1960년대에 원유 산출량을 조절해 시장 지배력을 늘리기 위해 설립된 석유수출국기구(OPEC)가 있다.

세계를 움직이는
은밀하고 거대한 권력

#샤프파워

융합 세계 경제 내에서 국가의 힘을 과시할 방법은 군사력 외에도 많다. 심지어 고대 로마제국도 목적을 이루기 위해 하드파워와 소프트파워를 적절히 섞어 썼다. 로마는 군사력을 기르는 것 외에도 원형극장과 수도교를 건설하고 라틴어를 국제 공용어로 지정하는 등 문화와 교육 면에서 많은 노력을 했다. 멀티미디어 기술, 사이버 무기, 해킹한 컴퓨터 파일로 무장한 21세기 국가들은 이제 옛날과는 완전히 다른 방식으로 국력을 과시하기 시작했다.

'동맹을 얻고 적을 흔들기 위한' 비군사적 방법으로 소프트파워와 샤프파워가 있다. 소프트파워는 대부분 문화와 교육 활동으로 자국 발레

단이나 오케스트라의 해외 순방 공연을 기획하거나 다른 나라에 도서
관이나 문화센터를 건립하는 등의 온화한 방식을 통해 국력을 과시하는
것을 말한다.

예를 들어 서양의 많은 국가는 세계 각지의 수도와 대학 캠퍼스에 자
국 문화원을 설치해 운영하고 있으며, 최근에는 중국도 이 대열에 합류
했다. 이제 전 세계로 퍼진 중국 공자학원은 프랑스의 알리앙스 프랑세
즈나 독일의 괴테 인스티튜트와 비슷한 활동을 한다. 자국어를 가르치
고 자국 문화를 전파하며 자국을 매력적인 나라로 홍보하는 것이다. 이
처럼 온화한 소프트파워와 달리 경제력을 샤프파워 형태로 과시하는 경
우, 그 의도와 영향력은 절대 온화하지 않다.

여론을 움직이는 정치 자금

새로운 디지털 경제 시대에 샤프파워를 과시하기 위해 가장 널리 쓰이
는 수단은 아마 인터넷일 것이다. 브렉시트 투표부터 미국 대통령 선거
까지 세계 각지에서 치러진 선거가 외국 세력에 의해 이전에는 불가능
했던 방법으로 조작됐다. 외국 정부가 특정 국가의 유권자에게 접근하
기 위해 소셜미디어 사이트에 돈을 지불하고 엄청난 양의 광고를 쏟아
부어 유권자의 생각을 바꾸고, 나아가 선거 결과에도 영향을 미치는 일
은 이제 드물지 않다.

물론 이런 샤프파워 전략을 써서 다른 나라 유권자들을 회유하고자
하는 정부가 직접 페이스북이나 트위터, 링크드인과 거래하는 경우는
거의 없다. 샤프파워 책략의 핵심은 정보가 외국 정부로부터 나오는 것
이 아니라 같은 시민에게서 나온다는 믿음을 심어주는 데 있기 때문이
다. 샤프파워 공격을 할 때, 외국 정부는 정체를 감춘 채 제3자를 통해
여론과 투표를 조작한다. 예를 들어 2016년 미국 대통령 선거운동 기간
에는 케임브리지 애널리티카가 중개자 역할을 했다. 이외에도 많은 정
부는 비밀리에 특정 싱크탱크나 언론기관을 지원하고 있다. 이들 기관
은 겉으로는 중립을 표방하지만, 사실은 그들이 원하는 메시지를 신중
히 다듬어 세상에 퍼뜨릴 뿐이다.

외국 정부는 이메일이나 데이터를 해킹해서 후보자의 치부를 알아낸
뒤 이를 철저히 계산된 시점에 공개하는 방식으로 선거를 조작하기도
한다. 그런가 하면 선거자금을 대거나 유권자에게 돈을 쥐여주고 표를
사는 경우도 있다. 2016년 브렉시트 투표 당시 브렉시트 찬성파에게 많
은 선거자금을 지원한 한 후원자가 주영 러시아 대사와 몇 차례나 수익
성 높은 사업 계약을 체결한 사실이 나중에 밝혀졌다. 다른 나라에서도
후보자가 외국 정부나 외국 정부와 관련된 기업으로부터 후원금을 받았
다는 의혹이 불거져 조사를 받는 일이 있었다. 뉴질랜드와 오스트레일
리아의 일부 국회의원과 당선에 성공한 2016년 미국 대통령 후보가 조
사를 받았다.

샤프파워는 다른 나라 정당을 공략해 정당의 강령과 정책에 영향을

미치기도 한다. 실제로 프랑스의 포퓰리즘 정당 국민전선(FN)은 2017년 대선을 몇 달 앞두고 러시아 은행으로부터 대출금을 받았다고 공개적으로 시인했다. 국민전선이 유럽연합 탈퇴를 지지하는 데 러시아 정부의 입김이 작용했을 개연성까지는 아니더라도 가능성은 충분히 있는 셈이다. 많은 나라는 외국 자본이나 이익 집단이 선거에 영향을 미치는 것을 막기 위해 정부가 정당과 선거운동에 필요한 자금을 지원한다. 예를 들어 스페인과 슬로바키아 정당들은 선거운동 자금의 90퍼센트를 정부로부터 지원받는다. 그러나 미국과 영국의 경우 정치 자금의 90퍼센트 이상이 정부 지원이 아닌 민간 모금을 통해 충당된다. 자국민은 물론 외국인에게까지 정치 자금을 내고 원하는 정책을 밀어붙일 기회를 주고 있는 것이다.

공짜 원조는 없다

샤프파워는 경제 원조의 형태를 띠기도 한다. 일반적으로 멀리 떨어져 있는 지역에까지 정치적·경제적 영향력을 떨치고자 하는 나라에서 이런 방식을 쓴다. 아프리카와 중남미 전역에서 경제력 있는 외국 정부의 지원으로 댐, 철도, 항만 터미널 같은 사회 기반시설이 지어지고 있다. 외국 정부는 주로 정치적 보상을 노리고 이런 사업을 벌인다. 보상은 수혜국이 원조국의 인권 문제를 눈감아주는 것부터 유엔이나 세계무역기구 같은 국제기구에서 원조국에 유리한 쪽으로 표를 던지는 것까지 다양한 방법으로 이뤄진다.

일부 힘 있는 원조국은 수혜국에 주는 돈에 경제적 제약을 걸기도 한다. 예컨대 미국은 개발도상국에 돈을 기부할 때, 미국산 농산물이나 기계를 사는 데 써야 한다는 조건을 붙이는 경우가 많다. 또한 미국은 준비통화 보유국이라는 특수한 지위를 활용해 스위스 은행의 비밀주의를 깨고 이란과 터키에 경제 제재를 가하는 등 원하는 일을 밀어붙여왔다.

일대일로 정책을 포함해 중국의 모든 원조 프로젝트는 적어도 어느 정도는 정치적·경제적 이득을 얻는 데 목적이 있다. 10년에 걸친 중국의 중남미 원조는 2010년대 말 빛을 보았다. 남미산 석유, 철, 구리 등 중국 내 산업 생산을 뒷받침할 안정적인 원자재 공급처를 확보한 것이다. 중남미를 비롯한 여러 지역에서 중국의 샤프파워 전략이 성공하자, 2018년 미국은 개발도상국에 대한 경제 패권을 되찾기 위해, 중남미와 사하라 이남 아프리카 등지의 개발 프로젝트에 600억 달러 이상을 지원하겠다고 제안했다.

강력한 경제 동맹은 세계 각지에 동맹국을 만든다는 원래 목표를 넘어 더 많은 것을 달성하는 경우가 많다. 경제적으로 밀접한 나라들은 낙태, 기후 변화, 민간 분야에서 정부의 역할 같은 정치적 문제에 대해서도 서로 의견을 나눌 수 있다. 나아가 군사적 충돌이 있을 때도 경제 관계가 밀접한 나라끼리는 경제적 실리를 위해서나 정치적 편의를 위해서나 서로를 돕게 되는 경우가 많다.

샤프파워의 행사는 국제 정치에 심각한 악영향을 미쳤다. 최근 들어 유럽연합이나 나토 같은 국제 동맹의 결속력을 약화하려는 일부 국가의 샤프파워 책략이 큰 성공을 거두고 있다. 브렉시트는 다른 나라가 온라인 미디어 등 여러 가지 방식을 활용해 유럽 동맹의 오랜 결속을 깨려고 한다는 사실을 보여주는 하나의 사례에 지나지 않는다. 이들 세력은 철의 장막이 무너진 이후 동유럽의 구소련 국가들과 적대적 관계가 아닌 신뢰할 수 있는 경제적 동반 관계를 형성할 수 있다고 기대했던 서양 열강의 믿음마저 무너뜨리는 데 성공했다.

극좌나 극우 정치인의 당선 비율이 높아지는 세계적 추세를 고려할 때, 앞으로도 각국 정부의 국내 및 국제 여론 조작은 계속될 것으로 보인다. 더군다나 헝가리, 미얀마, 터키, 베네수엘라 등 세계 각지에 독재정부가 들어서는 것을 보면, 국제 협력과 상호의존에 얼마나 금이 가든 선진국과 개발도상국 모두 계속해서 샤프파워 책략을 중요한 수단으로 사용할 것이 분명해 보인다.

Basic

샤프파워/소프트파워 sharp power/soft power. '동맹국을 얻고 적국에 영향을 미치기 위한' 비군사적 방법에는 두 가지가 있다. 바로 소프트파워와 샤프파워다. 소프트파워 전략은 자국 발레단이나 오케스트라의 세계 순회공연을 열거나 다른 나라에 도서관이나 문화센터를 짓는 등의 온화한 방식이다. 반면 샤프파워 전략으로는 소셜미디어를 이용해 선거를 조작하거나 정치적·경제적 영향력을 확보할 목적으로 경제 원조를 제공하는 것 등이 있다.

착한 투자가
가난한 나라를 살린다

#변화하는 개발 원조

디지털 시대 이전의 크라우드펀딩은 주로 교회, 모스크, 유대교 회당 등에서 성금을 모금하는 방식으로 이뤄졌다. 이들은 모두 같은 종교를 믿는 신자들이므로 이 돈은 주로 종교 공동체의 공공선을 위해 사용됐다. 오늘날의 세계 경제에서 자선사업은 다른 모든 분야와 마찬가지로 최신 기술의 영향을 받아 예전과는 다른 모습을 띠게 됐다. 마이크로파이낸스부터 빌 앤 멀린다 게이츠 재단까지, 21세기의 자선사업은 불평등을 줄이고 개발도상국 주민들의 삶의 질을 높이는 데 핵심적 역할을 하고 있다.

1945년 유엔 수립 당시 창립국들은 정부나 국제기구로부터 직접 지시를 받지 않는 비영리 단체를 지칭하는, '비정부기구 nongovernmental organization (NGO)'라는 말을 만들었다. 현재 전 세계에 1000만 개가 넘는 비정부기구가 활동하는 것으로 추정되며, 활동 분야 또한 의료, 인권 보호, 환경운동, 교육 등 무척 다양하다.

세이브더칠드런, 옥스팜, 국경없는의사회 같은 대형 비정부기구들은 주로 가난한 지역에 사는 사람들의 삶의 질을 높이고 빈곤을 줄이는 일을 한다. 이들 단체는 대부분 처음에는 단순히 식량이나 의료를 제공하기 위해 조직됐지만, 이제는 기아와 전염병을 예방하는 환경을 조성하는 더 근본적인 활동을 하고 있다.

2015년, 유엔은 2030년까지 자선단체, 비정부기구, 정부가 힘을 합쳐 달성해야 할 열일곱 가지 지속가능개발목표를 제시했다. 첫 번째 목표는 빈곤 종식이다. 그 밖에 모두가 깨끗한 물을 쓸 수 있게 하고, 영아 사망률을 줄이고, 모든 사람에게 기초 교육을 제공하고, 성 평등을 달성하고, 친환경 에너지를 사용하는 것 등의 목표가 제시됐다.

많은 개발도상국이 국민에게 최소한의 삶조차 보장하지 못하는 이유는 자원이 부족해서가 아니다. 많은 나라에서 법을 지키지 않는 관습과 만연한 부패로 인해 기아, 질병, 문맹 퇴치에 쓰일 자원이 특권을 가진 소수 지배계층의 호주머니로 들어간다. 개발도상국에서 활동하는 많은 비정부기구와 자선단체들은 부패한 정부를 통하지 않고 주민들에게 직접 가난에서 벗어날 방법을 알려줌으로써 주민 스스로 삶을 개선해나가게 하는 편이 더 낫다는 사실을 발견했다. '물고기 한 마리를 잡아주면

하루를 살 수 있지만, 물고기 잡는 법을 알려주면 평생 먹고살 수 있다'
는 격언처럼 말이다.

변화하는 경제 원조의 방식

21세기 들어 인터넷은 사회경제적 발전에 가장 중요한 요소가 됐다. 하
지만 21세기가 시작된 지 20년이 지났음에도 여전히 세계 인구의 반 이
상이 인터넷을 쓸 수 없다. 아직도 많은 나라에서는 인구의 대부분이 가
장 기본적인 인터넷망을 설치할 돈조차 없다. 행정기관이 발행하는 결
혼증명서를 떼기 위해 수 킬로미터를 걸어가야 하는 아프리카 시골 마
을의 예비 신부나, 자신이 만든 양탄자를 세계 시장에 내다팔 수 없는 네
팔의 양탄자 상인을 떠올려보자. 오늘날 인터넷 없이 세계 경제에 참여
하기란 사실상 불가능하다.

정부가 운영하는 인터넷망 사업자들이 가난한 시골 지역에 인터넷을
보급하는 데 실패하자, 스페이스엑스, 페이스북, 구글 같은 민간 기업이
나섰다. 이들은 극심한 가난에 시달리는 지역에 무료 인터넷을 공급해,
하루 1달러 미만의 소득으로 살아가는 사람들이 컴퓨터보다 훨씬 저렴
한 스마트폰으로 인터넷에 접속할 수 있게 할 계획이다. 스페이스엑스
는 위성 인터넷망을, 페이스북은 태양광과 레이저를 사용해 인터넷을
보급할 계획이며, 구글의 모회사 알파벳은 고고도 열기구를 이용한 인

터넷망을 개발 중이다.

개발 원조 분야에서 민간 기업의 역할은 무척 중요해졌다. 정부 원조 기관과 자선단체, 비정부기구들은 개발 프로젝트들의 규모가 홀로 감당하기에는 너무 크다고 느끼기 시작했다. 미국국제개발처(USAID)와 영국의 국제개발부(DFID)는 세계 각국에서 이뤄지는 원조 및 개발 프로젝트의 효율성을 높이기 위해 돈을 주고 민간 기업을 고용한다. 이렇게 하는 이유 중 하나는 최근 국제 원조 방식이 학교를 짓거나 식량을 배급하는 전통적 방식에서, 지역 개발을 이끌 현지 기업가에게 '기술 지원'을 하는 방식으로 바뀌고 있기 때문이다.

공공, 민간, 비정부기구는 특히 깨끗한 물, 교육, 의료를 지원하기 위해 많은 협력을 하고 있다. 예를 들어 깨끗한 물 공급 사업은 비정부기구와 자선단체가 맷 데이먼이나 제이지 같은 유명인과 손을 잡으면서 지난 몇 년 동안 크게 활성화됐다. 이들은 함께 전 세계 낙후된 지역의 가난한 사람들에게 깨끗한 물을 제공할 방법을 찾고 있다. 이 문제의 심각성은 사람들의 관심을 끌기에 충분하다. 전 세계 10억 명이 넘는 사람이 하루에 깨끗한 물 한 잔도 제대로 마시지 못한다. 요리에 쓰거나 씻을 물은 당연히 없다. 깨끗한 물이 없어서 가장 고통받는 사람은 아주 어린 아이들이다. 세계 각지에서 오염된 물로 인해 많은 아이가 죽는다. 세계보건기구(WHO)에 따르면, 지금도 한 해 100만 명이 넘는 사람이 오염된 물을 마시고 사망한다.

착한 투자

많은 투자자가 사회와 환경에 선한 영향을 미치는 기업에 투자하고자 한다. 연기금과 대학 기부금 펀드는 물론이고 대형 은행들까지 한 해 수조 달러에 달하는 투자 자금 가운데 임팩트 투자 impact investment● 비중을 늘리고 있다. 가톨릭교회 또한 투자 자금이 사람과 환경에 미치는 영향을 고려하기 시작했다. 개인 투자자를 대상으로도 여러 ETF(MSCI 지수의 경우 임팩트 투자 관련 ETF는 열 개가 넘는다)를 비롯해 지속 가능성, 사회적 편익, 거버넌스를 중시하는 기업과 프로젝트에 투자할 수 있는 다양한 상품이 나와 있다.

마이크로크레디트는 선진국의 지원에 의존하지 않는 혁신적인 개발원조 방식이다. 마이크로크레디트는 소액을 빌려주려는 투자자와 담보가 없어서 일반은행에서 대출을 받지 못하는 사람을 이어준다. 가난한지역에 사는 사람들은 신용 정보가 없어서 정수기를 사거나 우물을 팔돈을 빌리지 못할 때가 많다. 게다가 개발도상국의 시중은행은 많게는일주일에 1퍼센트에 달하는 과도한 이자를 요구하곤 한다. 돈이 필요한사람에게 담보 없이 적은 돈을 빌려주는 마이크로크레디트 운동을 처음시작한 사람은 노벨상 수상자인 무함마드 유누스 Muhammad Yunus였다. 그로부터 처음 돈을 빌린 사람은 인도의 가난한 바구니 제작공들로, 그 돈으

● 이윤과 환경·사회적 목표 달성을 동시에 추구하는 투자.

로 대나무 등 바구니를 엮은 재료를 샀다.

마이크로크레디트의 대출 상환율이 일반은행과 비교해도 꽤 높다는 사실이 밝혀지면서 여러 비정부기구와 자선단체가 소액대출 서비스를 시작했다. 그라민은행Grameen Bank, 포지티브플래닛Positive Planet, 키바 Kiva 같은 잘 알려진 성공 사례 외에도 전 세계 개발도상국에서 많은 마이크로크레디트 은행이 수공예품 제작자와 농부, 소상공인에게 소액대출 서비스를 제공하고 있다.

중남미에서 가장 큰 소액대출 기관인 콤파르타모스Compartamos는 양말 생산자나 소상공인처럼 신용 점수가 낮은 사업가에게 돈을 빌려주는 사업으로 시작했다. 콤파르타모스의 성공 비결은 지역 경제 참여율이 낮은 여성을 포함해 생각이 잘 맞는 사업가들을 모아 모임을 구성한 데 있었다. 모임 참여자들은 다른 참여자의 빚을 보증하는 역할도 한다. 캘리포니아에 본사를 둔 세쿼이아 Sequoia 같은 대형 벤처캐피털 기업이 인도와 과테말라 등지의 마이크로파이낸스에 투자할 정도로, 마이크로파이낸스는 이제 세계 경제계의 관심을 받고 있다. 마이크로파이낸스는 개발도상국의 성장을 촉진하고 새로운 기회를 제공할 것이다.

다양한 기부의 형태

비교적 부유한 국가에 사는 돈이 필요한 사람을 돕기 위한 고펀드미나

킥스타터 같은 크라우드펀딩 사이트도 있다. 이들 사이트에는 대형 화재를 겪은 지역의 주민들을 돕는 프로젝트부터 난치병 환자의 치료비를 모금하는 프로젝트까지 다양한 기부 프로젝트가 올라와 있다. 구세군과 굿윌 같은 기존 자선단체들도 기부금을 늘리기 위해 마이티코즈Mightycause 나 크라우드라이즈Crowdrise 같은 온라인 크라우드펀딩 사이트를 이용하기 시작했다. 이들 사이트는 생긴 지 몇 년밖에 안 됐지만, 이미 수만 개에 달하는 비정부기구와 자선단체가 이 사이트들을 통해 기부금을 모금하는 데 성공했다.

대부호들 또한 자체적으로 개발을 장려하고 빈곤을 퇴치할 방법을 찾고 있다. 가장 눈에 띄는 활동을 하는 사람은 빌 게이츠와 멀린다 게이츠 부부로, 2010년 재산의 반을 자선사업에 쓰겠다고 선언했다. 이들은 다른 부유한 사업가들에게 동참을 권유했고, 같은 해 다른 미국 자선가 40명과 함께 '기빙 플레지Giving Pledge'라는 기부 선언 캠페인을 시작했다. 이후 스무 개가 넘는 국가에서 부자들의 기부 선언이 이어졌다. 특히 워런 버핏은 320억 달러가 넘는 돈을 기부했는데, 주로 빌 앤 멀린다 게이츠 재단이 벌이는 말라리아와 에이즈 퇴치 및 국제 개발 활동을 지원하기 위해서였다. 빌 앤 멀린다 게이츠 재단은 유효성이 입증된 사업 기술을 활용해 지금까지 해결할 수 없었던 국제 개발 문제들을 풀어나가는 것을 목표로 하고 있다. 21세기 초 10만 명 이상에 달하던 전 세계 말라리아 사망자 수가 절반 이하로 줄어드는 등, 이들의 노력은 이미 성과를 내기 시작했다.

이들 억만장자가 가진 재산이 세계의 가난한 나라가 가진 자산을 모두 합친 것보다 더 많다는 사실을 고려할 때, 부호들이 가난한 사람을 돕기 위해 내놓은 큰돈을 신중히 사용한다면 무척 긍정적인 결과가 있을 것으로 기대된다. 하지만 물고기를 잡아줄 게 아니라 잡는 법을 가르치라는 말이 있듯, 그저 돈을 주는 것은 단기적 해결책일 뿐이다. 자선단체, 비정부기구, 국제기구, 부유한 자선사업가가 수혜국 지도자들과 힘을 합쳐 개발도상국의 문제에 대한 장기적 해결책을 찾아낸다면, 경제 계층을 막론하고 거의 모든 사람이 더 나은 삶을 살게 될 것이다.

Basic

마이크로크레디트/소액융자 microcredit/microloan. 마이크로크레디트 금융은 일반은행에서 돈을 빌릴 수 없는 개발도상국 사람들에게 소액을 대출해주는 서비스다. 개발도상국에는 담보가 부족하거나 제대로 된 신용 정보가 없거나 직장이 없어서 최소한의 대출 기준도 충족하지 못하는 사람이 많다. 마이크로크레디트의 대출 상환율이 시중은행과 비교해도 꽤 높다는 사실이 밝혀지면서 여러 비정부기구와 자선단체가 마이크로크레디트 서비스를 시작했다. 그라민은행, 포지티브플래닛, 키바 같은 잘 알려진 기관 외에도 많은 소액금융기관이 수공예품 생산자와 농부, 소상공인에게 돈을 빌려주며 전 세계 개발도상국에서 성공적으로 운영되고 있다.

비정부기구(NGO) nongovernmental organization. 1945년 유엔 창설 당시, 창립 회원국들은 정부나 국제 기구로부터 직접 지시를 받지 않는 비영리 단체를 '비정부기구'라고 부르기로 했다. 현재 전 세계에는 1000만 개가 넘는 비정부기구가 활동하는 것으로 추정되며, 활동 분야 또한 의료, 인권 보호, 환경운동, 교육 등 무척 다양하다. 대표적인 국제 NGO로는 국경없는의사회, 세계자연기금, 시에라클럽, 적십자 등이 있다.

More

사회책임투자 socially responsible investment. 사회 문제에 관심이 많은 투자자들은 자신이 생각하는 올바른 세상의 모습에 부합하는 기업이나 펀드에 투자하기 위해 노력한다. 예를 들어 많은 사회 공헌 펀드는 직원 복지가 좋은 기업이나, 지속 가능성을 중시해

나무 한 그루를 베면 새로 한 그루를 심는 기업처럼 사회적 책임을 다한다고 알려진 기업에만 투자한다. 개인 투자자 중에서도 자신이 세계 경제에 투자하는 돈이 사회와 환경에 좋은 영향을 미치는 기업을 지원하는 데 쓰여야 한다고 주장하는 사람이 많아지기 시작했다. 연기금과 대학 기부금 펀드는 물론이고 대형 은행들까지 한 해 수조 달러에 달하는 투자 자금 가운데 임팩트 투자가 차지하는 비중을 늘리고 있다. 개인 투자자들도 다양한 투자 상품에 가입함으로써 지속 가능성, 사회적 편익, 거버넌스를 중시하는 기업과 프로젝트에 투자할 수 있다.

세계자연기금(WWF) World Wide Fund for Nature. 스위스 글랑에 위치한 세계자연기금은 세계 최대의 멸종위기종 보호 기구다. 미국과 캐나다에서는 여전히 '세계야생생물기금'이라는 옛 이름으로 부른다.

세계지적재산권기구(WIPO) World Intellectual Property Organization. 스위스 제네바에 위치한 세계지적재산권기구는 이름 그대로 세계 경제의 지적 재산권 보호를 촉구하는 기관이다. 유엔 산하 기구로, 제약 특허나 음악 저작권처럼 복잡한 지적 재산권 문제를 해결하는 국제 토론장 역할을 맡고 있다.

부패한 정치인은 부동산과 미술품에 투자한다?

#불법자금과 돈세탁

세계의 부패한 정치인들은 소위 '회색' 경제를 이용해 부정 축적한 돈을 숨기거나 세탁한다. 미국 같은 강대국에서도 예외는 아니다. 2018년, 2016년 미국 대통령 당선인의 캠페인 매니저 중 한 명이 자금세탁 혐의로 기소됐다. 검사는 그가 부정 축적한 돈을 합법적인 돈으로 꾸미기 위해 예치placement, 은닉layering, 통합integration이라는 전형적인 3단계를 거쳐 자금세탁을 했다고 주장했다.

불법 마약 판매, 조직 폭력, 사기, 온라인 피싱, 개인 정보 해킹, 부정부패를 가릴 것 없이 불법 재산을 축적하려면 일단 현금으로 거래해야 한다. 미국 내 불법 마약 거래 시장의 규모는 한 해 600억~1000억 달러에 이르는 것으로 추정된다. 이 정도 돈이면 무게가 약 900만 킬로그램이나 나간다. 만일 마약 딜러가 페라리 대리점에 돈뭉치를 들고 걸어 들어가서 차를 사거나, 뉴욕 5번가의 고급 아파트 월세를 시중은행 계좌를 통하지 않고 현금으로 지불한다면 금방 티가 날 것이다. 그래서 이들은 일단 이 현금을 합법적으로 벌었다고 믿어줄 은행이나 금융기관을 찾아 돈을 맡기는데, 이것이 돈세탁의 첫 번째 단계인 예치다.

이렇게 많은 현금을 합법적으로 벌었다고 주장하기 위해 흔히 쓰는 방법은 식당이나 세차장처럼 주로 현금이 오가는 가게를 차리는 것이다. 이런 가게를 차려 합법적으로 번 돈과 불법으로 번 돈을 섞으면 자금의 진짜 출처가 가려진다. 합법적 사업장의 피자 판매량이나 세차 횟수를 부풀리면 아무도 눈치채지 못하게 불법자금을 은행 계좌에 넣을 수 있다.

불법자금을 예치하는 또 다른 수법은 계좌 하나에 돈을 모두 넣는 대신 계좌를 여러 개 만들어 돈을 분산하는 것이다. 돈이 많은 계좌는 정부의 감시 대상이 되기 때문인데, 실제로 미국에서는 1만 달러 이상의 은행 거래 내역을 정부에 보고하게 되어 있다. 1만 달러 미만의 계좌를 여러 개 만드는 계좌 분산은 원래 불법이지만, 협동조합 은행이나 은행원을 매수하는 건 쉬운 일이다.

일부 국가에서는 은행이 큰돈이 든 계좌를 신고할 필요가 없다. 보고 의무가 느슨해 역외 금융의 중심지가 된 케이맨 제도나 바누아투의 경우가 그렇다. 자금이 역외 은행에서 도쿄, 뉴욕, 런던 등의 역내 은행으로 옮겨졌을 때는 이미 자금 출처를 파악하기에 늦은 경우가 많다.

자금세탁의 단계

자금세탁의 두 번째 단계는 '은닉'으로, 돈을 실제로 사용할 계좌에 입금하기 전에 이 은행 저 은행으로 여러 번 옮기는 것이다. 이 단계의 목적은 무역 거래나 투자 등의 이유를 들어 돈을 세계 이곳저곳으로 복잡하게 옮김으로써 자금 흐름을 추적할 수 없게 만들어 돈의 불법적 출처를 감추는 데 있다.

예치와 은닉 단계에서 비트코인 같은 암호화폐가 사용될 때도 있다. 암호화폐 거래는 대부분 익명으로 이뤄지기 때문에 돈의 출처를 파악할 수 없다. 그러나 암호화폐 옹호론자들은 선불 신용카드나 아마존이나 아이튠스 기프트카드처럼 합법적으로 익명 거래를 할 수 있는 다른 방법도 많다고 주장한다.

복권이나 카지노 같은 합법적 도박도 자금세탁에 이용될 수 있다. 사실 자금세탁을 하는 사람들은 원금만 지킬 수 있다면 일부를 잃는 것 정도는 개의치 않는다. 예를 들어 작은 카지노에서 수백만 달러를 걸어 도박을 하면 평균적으로 건 돈의 80~90퍼센트를 당첨금으로 받을 수 있다. 이렇게 세탁을 마치면 호화로운 집이나 요트를 산 다음 어디서 돈이 났냐는 질문에 '운이 좋았다'고 답할 수 있다.

유령회사 또는 페이퍼컴퍼니로 불리는 역외회사도 검은 자금의 출처를 감추기 위해 동원된다. 허술한 세금과 보안 체계를 악용해, 물건을 과도하게 비싼 가격으로 사고파는 일을 반복하며 키프로스의 회사에서 카리브 제도에 있는 회사로 돈을 옮기는 과정에서 불법자금은 서서히 합법의 탈을 쓴다. 실제로 브라질에서는 브라질 정부 소유의 독점 석유기업 페트로브라스Petrobras가 건설 및 판매 계약금을 수억 달러나 부풀렸다는 사실이 밝혀지며 라바자투 lava jato 스캔들이 일기도 했다. 이렇게 빼돌린 돈은 표면적으로는 선거자금 명목으로 주요 정당으로 흘러 들어간 것으로 보이지만, 역외 은행 계좌 가운데 대부분은 부패한 정치인 개인의 소유였다.

역외 금융 국가들은 대부분 소득세와 자본이득세가 없기 때문에, 세금을 내지 않으려 하는 기업과 부자를 끌어 모은다. 2010년 유출된 조세 회피처 관련 문건인 파라다이스 페이퍼와 파나마 페이퍼에 따르면 영국 여왕부터 팝스타인 마돈나와 보노까지 다수의 유명인이 탈세를 목적으로 역외 회사를 이용한 것으로 보인다. 이런 행동이 불법은 아니지만, 세무당국으로서는 돈을 숨기는 개인과 기업의 행태를 어디까지 눈감아줘야 하느냐는 의문이 들 수밖에 없다. 부유한 투자자들은 절세라고 말하지만, 다른 이가 보기에는 탈세이니 말이다.

비밀이 보장된 역외 계좌는 부자들에게 합법적 세금 도피 창구를 제공하는 한편, 정치 부패, 마약 거래, 자금세탁 같은 범죄에도 이용된다. 최근 스위스와 영국 등은 탈세를 막기 위해 미국을 포함한 주요국과 금융 정보를 공유하는 데 동의했다. 주로 미국이 은행 비밀주의를 포기하고 모든 계좌의 실소유주를 파악하도록 스위스를 압박해서 얻어낸 결과였다. 하지만 아이러니하게도 델라웨어나 네바다 같은 미국의 일부 주에서는 여전히 익명의 기업이 아무런 제재 없이 계좌를 열고 수상한 돈을 얼마든지 주 내의 여러 은행으로 옮긴 다음 합법적 금융 체제 내로 들여오는 일이 가능하다.

자금세탁의 세 번째 단계인 '통합'은 의심을 사지 않고 불법자금을 쓰는 것을 뜻한다. 미국 드라마 〈브레이킹 배드〉의 주인공은 마약을 만들어 판 돈으로 암 치료비를 냈다. 그러나 현실에서는 호화 부동산이나 미술품, 요트 같은 고가품을 사는 게 일반적이다.

21세기 들어 부동산은 세탁을 마친 자금을 보관하는 용도로 가장 각광받는 자산이 되었다. 골프장, 호화 아파트, 쇼핑센터 같은 고가 자산이 많은 데다, 임대료를 받을 수 있고 몇 년 뒤 가격 상승도 기대할 수 있기 때문이다. 더욱이 부동산에 투자하면 팔 때만 세금을 내면 되므로 자본이득세를 내지 않아도 된다. 일부 국가에서는 자본 유출은 통제하지만, 해외 부동산 구매는 막지 않는다. 이런 이유로 런던, 파리, 뉴욕의 부유한 지역과 스위스의 고급 스키 리조트에는 주인이 살지 않는 집이 넘쳐나게 됐다. 한 보고서에 따르면 런던 부동산 가운데 '수상한 부'를 일군 사업가나 정치인이 소유한 자산의 총가치가 약 60억 달러에 달한다고 한다.

불법자금을 막을 수 있을까

부패한 정부와 정치인은 21세기 경제에서 돈세탁을 가장 많이 하는 부류다. 가난한 나라에서 수천, 수백만 달러를 손에 쥘 기회를 거부하기란 무척 어려운 일이다. 심지어 법을 집행하는 사람들조차 돈을 받아 챙긴다. 많은 나라에서 월급이 적은 경찰과 공무원들은 뇌물을 받아 추가 소득을 올린다. 이렇게 불법으로 챙긴 돈이 월급보다 몇 배나 많은 경우도 꽤 있다. 일례로 리비아의 전 대통령은 리비아 GDP에 맞먹는 금액인 30억 달러 이상을 불법으로 빼돌린 혐의로 재판에 회부됐다.

　뇌물을 받는 경찰관과 공무원은 흔히 뇌물로 부족분을 메우라는 뜻으로 월급을 적게 주는 거라며 자신의 행동을 정당화한다. 어차피 일당의 대부분이 팁이라는 사실을 알기에 평균보다 적은 월급을 받고 일하는 미국의 웨이터나 웨이트리스처럼, 이들은 부족한 월급을 뇌물로 채운다. 멕시코시티에서는 '모르디다mordida', 카이로에서는 '박시시baksheesh', 나이로비에서는 '홍고hongo'를 내야 사업할 수 있다. 세계에는 뒷돈 없이는 성사가 안 되는 거래가 너무나 많다.

　해외 시장에 진출한 사업가의 입장에서는 손을 더럽히지 않고 세계 시장에서 경쟁하는 것이 불가능해 보일 만도 하다. 많은 나라에서 뇌물수수는 불법이다. 심지어 뇌물이 사업 관행인 나라에서조차 불법일 때도 있다. 미국의 경우 해외부패방지법으로 국제 뇌물수수를 금지하고 있다. 실제로 이 법이 시행된 뒤 국제 거래에서 불법 뇌물수수가 크게 줄었다.

베를린에 본부를 둔 부패 감시 단체인 **국제투명성기구(TI)**는 국제 비즈니스 거래의 투명성을 높여 부정부패를 방지하는 일을 한다. 이들은 서른 개 이상의 선진국이 가입한 **경제협력개발기구(OECD)**와의 협력 아래 해외에서 기업 활동을 할 때 현지 공무원에게 뇌물을 주는 행위를 금지하는 여러 규칙에 대한 동의를 받는 방식으로 국제 부정부패와 싸우고 있다.

국제투명성기구는 매년 180개 국가와 지역을 대상으로 부패인식지수 순위를 발표한다. 점수는 가장 부패한 나라 0, 가장 덜 부패한 나라 100을 기준으로 매겨진다. 최근 조사에 따르면 스칸디나비아 국가, 스위스, 뉴질랜드가 높은 순위를 차지해 청렴한 나라로 꼽혔다. 최하위는 베네수엘라, 소말리아, 북한이 차지했다.

온라인 거래가 늘고 출처를 파악하기 힘든 현금 거래가 줄면서, 요즘은 예전보다 훨씬 쉽게 자금 흐름을 추적할 수 있게 되었다. 21세기 들어 거의 완벽하게 전자화된 은행의 계좌 이체 서비스 또한 세계 각지를 옮겨 다니는 불법자금을 추적하는 데 큰 도움이 된다. 일부 국가에서는 투명성을 확보하고 부패를 방지하기 위해 모든 공무원의 연봉과 소득을 온라인에 공개하고 있다.

일부 원조국에서는 개발도상국에 차관이나 원조를 제공할 때, 부패 없는 은행과 기업 활동을 조건으로 걸기 시작했다. **금융안정화포럼(FSF)**과 **국제자금세탁방지기구(FATF)**를 비롯한 몇몇 기구는 함께 전 세계 부

부패인식지수 (점수 100: 가장 덜 부패, 점수 0: 가장 심하게 부패)			
1. 덴마크	88	11. 독일(동점)	80
2. 뉴질랜드	87	11. 영국(동점)	80
3. 핀란드(동점)	85	18. 일본	73
3. 싱가포르(동점)	85	22. 미국	71
3. 스웨덴(동점)	85	34. 이스라엘	61
3. 스위스(동점)	85	45. 한국	57
7. 노르웨이	84	87. 칠레	39
8. 네덜란드	83	105. 브라질	35
9. 캐나다(동점)	81	138. 멕시코	28
9. 룩셈부르크(동점)	81	144. 케냐	27

자료: 국제투명성기구, 2018

패와 자금세탁 실태를 조사해 규정이 느슨하거나 비협조적인 국가의 명단을 발표하기도 했다.

불행히도 사안의 심각성에 비해 미국을 포함한 여러 나라에서 자금세탁으로 유죄를 선고받는 경우는 그리 많지 않다. 유엔마약범죄사무소(UNODC)에 따르면 세계 범죄 자금의 규모는 약 2조 달러로 추정된다. 세계 GDP의 4퍼센트에 달하는 큰 금액이지만, 실제로 몰수되거나 추징되는 액수는 이 중 1퍼센트도 채 되지 않는다. 더구나 필리핀 등 일부 국가에서는 한 번도 자금세탁에 대해 유죄가 선고된 적이 없다.

안타깝게도 전 세계가 밀접히 연결된 요즘의 경제 체제에서는, 어느 한 나라가 자금세탁을 막겠다고 나서봤자 성과가 미미할 때가 많다. 어딘가에는 사욕을 추구하는 데 급급해 자금세탁을 방지할 생각이 없는 부패한 정치인이 지배하는 나라가 있게 마련이고, 대부분의 불법자금이 법과 관행이 느슨한 이런 나라로 빠져나가기 때문이다.

★★★
만만한
경제 용어

Basic

경제협력개발기구(OECD) Organization for Economic Cooperation and Development. 프랑스 파리에 본부를 둔 OECD는 세계 주요국이 모인 기구다. 회원국에게 경제 전반에 대한 통계와 보고서를 제공할 뿐 아니라, 회원국들이 경제 정책을 논의하고 조율할 수 있는 토론장의 역할도 수행한다.

국제자금세탁방지기구(FATF) Financial Action Task Force. 파리에 있으며, 전 세계 조세 회피처를 조사하고 자금세탁 방지 협력국에 대한 보고서를 정기적으로 발행하는 독립 기관이다. OECD 산하에 있다.

국제투명성기구(TI) Transparency International. 베를린에 있으며, OECD 등 다른 국제기구와 협력해 전 세계의 부패 관행을 파헤치고 그 결과를 공개해 국제 경제의 뇌물수수 관행과 싸우는 국제기구다. 국제투명성기구의 가장 영향력 있는 사업은 부패한 사업 관행을 용인하거나 부추기는 기업과 국가의 명단을 발표하는 것이다.

금융안정화포럼(FSF) Financial Stability Forum. 스위스 바젤에 있으며, G7 국가들이 금융 안정화를 촉구하고 국제 경제 문제를 논의하기 위해 만든 기구다. 국제 자금세탁을 감시하는 일도 한다.

자금세탁(돈세탁) 돈세탁의 목적은 불법으로 번 돈을 금융 감독이 느슨한 나라에 있는 역외회사 등을 이용해 합법적 사업에 사용함으로써 정당하게 번 돈처럼 보이도록 만들어 의심받지 않고 사용하는 데 있다.

역외회사 본국에서 영업 활동을 거의 또는 전혀 하지 않는 기업. 역외회사의 수익에 일반회사보다 낮은 세율을 적용하는 나라가 많다.

More

무기명 채권 007 시리즈에 나오는 악당들은 자기앞수표나 무기명 채권으로 돈을 받는 편을 선호한다. 무기명 채권은 받는 사람의 이름이 적혀 있지 않고 등록할 필요도 없어서 아무 제약 없이 현금으로 바꿀 수 있기 때문이다. 무기명 채권의 소유자는 채권 액면가 전체와 이자를 받을 권리를 가진다. 미국에서는 돈세탁용으로 쓰이는 것을 막기 위해 1984년 무기명 채권 발행을 금지했다.

인터넷 세상 깊숙한 곳에
감춰진 어둠의 거래

#다크웹

21세기 들어 경제 곳곳에 인터넷이 스며들면서 단속이 힘든 불법 및 위법 활동이 걷잡을 수 없이 늘어났다. 정치적으로 민감한 내용이 담긴 이메일을 해킹하는 범죄부터 온라인상의 협박이나 경제 스파이까지 사이버 범죄의 종류는 다 셀 수 없을 지경이다. 마트나 보험회사에 등록된 우리의 신용카드 정보가 해킹당한다면, 해커들은 수많은 방법으로 이 값나가는 정보를 팔아 돈을 벌 것이다. 카드 번호나 유효 기간 정보를 팔아넘길 수도 있고 신상 정보를 이용해 여러 곳에서 이런저런 사기를 칠지도 모른다.

인터넷을 거대한 빙하에 비유하자면 유튜브, 구글, 페이스북 등 누구나 접속할 수 있는 웹사이트와 블로그는 물 위에 떠서 우리 눈에 보이는 희고 반짝이는 부분에 해당한다. 하지만 수면 아래 어두운 곳에는 훨씬 거대하고 위험한 **딥웹**과 **다크웹**이 숨겨져 있다. 딥웹과 다크웹은 같은 뜻으로 쓰일 때가 많지만, 의미가 전혀 다르다.

일반적으로 딥웹에서는 불법이 아니라 그저 남들에게 공개하기를 꺼리는 활동이 이뤄진다. 인터넷 뱅킹, 의료 정보 아카이브, 회사 인트라넷 같은 사설망이 대표적이다. 이런 곳에서 일어나는 일까지 전 세계가 알아야 할 필요는 없다.

인터넷 세상의 가장 깊숙한 곳에 감춰진 다크웹은 범죄나 비밀스러운 활동을 감출 목적으로 이용되기 때문에 이런 이름을 얻었다. 다크넷이라고 불리기도 하는 이곳에서는 갈취, 마약 거래 등 **암시장**과 크게 다르지 않은 일들이 벌어진다. 다른 점이 있다면, 스파이 통신부터 가짜 온라인 ID 매매까지 더 다양한 범죄가 일어난다는 것뿐이다.

다크넷이란?

다크넷은 완벽한 익명성을 보장하는 토르^{Tor}나 I2P 같은 포털을 통해 접속할 수 있다. I2P처럼 정체를 숨겨주는 인터넷 브라우저에 접속하면 검색 엔진을 통해 다양한 불법 활동에 거의 무제한으로 접근할 수 있다. 다크넷 시장에서는 훔친 사진, 도난·해킹당한 신용카드, 위조화폐, 가짜 여권, 마약, 불법 총기류 등이 거래된다. 성매매, 성인물, 해커, 청부살인 같은 서비스도 거래 대상이다.

　다크넷에서 결제는 대개 추적이 불가능한 암호화폐로 이뤄진다. 배송은 사용자에게 신원 정보를 요구하지 않는 렐란토스 Lelantos 같은 회사를 통해 무인 택배보관함으로 보내진다. 익명이 보장된다는 점만 빼면 아마존 같은 합법적인 온라인 쇼핑 사이트에서 제공하는 무인 택배보관함 서비스와 비슷하다. 많은 다크넷 사이트가 합법적인 온라인 쇼핑 사이트의 판매 방식을 모방하는데, 크레이그스리스트나 아마존에서처럼 판매자 신뢰도를 별점으로 매길 수 있는 사이트도 있다.

　2013년 FBI에 의해 폐쇄되기 전까지 '실크로드Silk Road'는 세계 최대의 다크넷 거래 포럼이었다. 불법이나 탈법적인 물건은 물론이고 합법적인 물건과 서비스까지 거래되는 그야말로 다크넷의 이베이였다. 실크로드 운영자는 체포됐고, 재판에서 가석방 없는 종신형을 선고받았다. 강력범죄 전과가 전혀 없다는 사실을 들어 너무 가혹한 판결이라고 비판하는 여론도 있었지만, 한때 매년 1000만 달러에 달하는 마약이 실크로드를 통해 거래됐기 때문에 미 당국에서는 최고 형량을 선고하고자 했다.

　마약 거래 시장은 세계에서 가장 큰 암시장으로, 한 해 거래 규모가 수조 달러에 달한다. 마약을 용인하거나 합법화한 나라도 있지만, 대다수 국가에서 대마, 코카인, 헤로인 같은 마약류는 엄격히 금지돼 있다. 문제는 마약 판매를 금지해도 수요가 존재하는 한 누군가는 위험을 감수하고서라도 마약을 팔아 짭짤한 수익을 올린다는 데 있다. 예를 들어

1920년부터 1933년까지 내려진 미국의 금주령은 거대한 밀주 시장을 키웠고, 이렇게 커진 밀주 시장은 엄청난 지하경제 수익을 내며 조직범죄의 근거지가 되었다.

2010년대 들어 미국에서 대마초를 합법화하는 주가 늘면서, 이전의 불법 마약 거래액 가운데 많은 부분이 정부 승인 기업의 합법적인 수익으로 전환되어 알래스카, 워싱턴, 오리건, 캘리포니아 등지의 세수를 늘렸다. 2017년 콜로라도의 합법적인 대마초 판매량은 10억 달러를 넘어섰고, 세수는 연 2억 달러 이상 늘었다. 이 세금은 교육, 공공 의료, 주택 보급 사업과 함께, 언뜻 납득이 안 될 수도 있지만 마약 중독의 치료 및 예방에도 쓰인다.

합법적인 사업체를 사칭해 불법으로 수익을 올리는 암시장 범죄도 많다. 예를 들어 피싱은 은행이나 신용카드 회사 같은 합법적인 기업에서 보낸 것처럼 이메일을 발송하는 사기 수법이다. 이들은 메일을 받는 사람의 신용카드 계좌나 온라인 쇼핑몰 거래 내역에 문제가 생겼다며 개인 정보를 요구한다. 피싱 메일에는 하이퍼링크가 포함된 경우도 있는데, 이 링크를 누르면 사기 조직이 원격으로 수신자의 컴퓨터에 접속할 수 있게 된다. 이들은 피해자로부터 '낚은' 정보를 온라인 거래에 쓰거나 다크웹을 통해 다른 익명의 사기꾼에게 판매한다.

해킹이 불러온 경제적 손실

해커들은 사용자를 속여 정보를 얻어내는 것이 아니라, 아예 정보를 훔친다. 이들은 기업 컴퓨터에 저장된 사용자의 개인 정보를 해킹하면 엄청난 돈을 벌 수 있다는 사실을 발견했다. 이렇게 얻어낸 개인 정보는 사기 거래에 쓰이거나 가장 많은 돈을 제시한 사람에게 팔리기도 하지만, 대개는 기업을 협박해 돈을 뜯어내는 용도로 사용된다. 2017년 우버의 컴퓨터가 해킹당해 5000만 명이 넘는 전 세계 고객의 이름, 주소, 전화번호가 범죄 집단의 손에 들어갔다는 사실이 폭로됐다. 우버는 기록을 지우고 해킹 사실을 발설하지 않는 대가로 범죄자들에게 10만 달러를 지불했다고 인정했다.

HBO와 디즈니를 비롯한 여러 기업이 비슷한 랜섬웨어 공격을 받았다. 2017년 넷플릭스는 돈을 내지 않으면 드라마 〈오렌지 이즈 더 뉴 블랙〉의 중요 에피소드를 불법 공유 사이트 파이어럿베이Pirate Bay에 공개하겠다는 협박을 받았다. 넷플릭스는 선례를 남기지 않기 위해 거절 의사를 밝혔고, 결국 드라마는 공개되어 넷플릭스의 영업에 큰 손실을 입혔다. 많은 회사가 민감한 정보를 해킹당했다는 사실이 밝혀져 망신을 당하고 고객을 잃기보다는 돈을 주는 쪽을 택한다. 심지어 해킹 공격에 대비해 비트코인 지갑에 돈을 채워두는 기업도 있다.

더 심각한 경우 기업이나 정부 컴퓨터를 해킹해, 돈을 주지 않으면 컴퓨터 파일을 읽을 수 없는 상태로 만들거나 아예 삭제해버리겠다고 협박하기도 한다. 2017년 영국에서 병원 16곳이 해킹당하는 대규모 사이버 공격이 벌어졌을 때도 해커들은 병원이 환자의 의료 기록을 보지 못하게 막았다. 이 일로 거의 모든 병원에서 응급 수술을 제외한 모든 수술 계획이 취소됐다. 돈을 내지 않으면 영업을 못하게 만들거나 고객 명단을 공개하겠다고 협박하는 경우도 있다. 불륜 알선 사이트 애슐리 매디슨 Ashley Madison 은 해커들로부터 고객의 이름과 주소는 물론 성적 취향까지 공개하겠다는 협박을 받고 엄청난 돈을 지불해야 했다.

인터넷이 발달하면서 새로운 범죄의 가능성도 계속 늘고 있다. 2018년 음악 방송에 귀에 들리지 않는 명령어를 삽입하면 아마존의 알렉사나 애플의 시리 같은 널리 쓰이는 인공지능 비서 프로그램을 해킹할 수 있다는 사실이 밝혀졌다. 이런 방식으로 은행 계좌에 접근하거나 온라인에서 물건을 구매할 수도 있는 일이다.

한편 많은 온라인 범죄가 정부의 사주를 받아 행해지거나, 아예 정부기관에 의해 행해진다는 사실은 고위층의 부패와 불법 행위로 골머리를 앓았던 고대 로마인들이 했던 질문을 다시금 떠올리게 한다. '누가 감시자를 감시할 것인가? Quis custodiet ipsos custodes?'

Basic

다크웹/딥웹 dark web/deep web. 세계 경제의 어두운 수면 아래에는 '딥웹'과 '다크웹'
이라 불리는 감춰진 세상이 존재한다. 딥웹과 다크웹은 같은 뜻으로 쓰일 때가 많지만, 사
실 의미가 전혀 다르다. 일반적으로 딥웹에서는 불법이 아니라, 그저 모든 사람에게 드러
낼 필요가 없는 활동이 이뤄진다. 일반적으로 인터넷 뱅킹, 의료 정보 아카이브, 회사 인
트라넷 같은 사설망이 딥웹에 해당한다. 이런 사설망에서 이뤄지는 활동을 모든 사람에게
공개할 필요는 없다. 반면 인터넷 세상의 가장 깊숙한 곳에 숨겨진 다크웹은 주로 범죄나
비밀스러운 활동을 감출 목적으로 이용되기 때문에 이런 이름을 얻었다. 다크넷(Darknet)
이라고 불리기도 한다.

암시장 사람들이 원하는 물건이나 서비스의 이용이 법으로 금지되면, 구매처를 잃은 소
비자를 만족시키기 위해 암시장이 생기는 경우가 많다. 예를 들어 환전이 금지된 일부 국
가에서는 일반적으로 은행과 환전소가 하는 일을 암시장이 한다. 암시장에서는 정부 규제
를 피해 성매매, 마약, 성인물, 도박 등 온갖 지하경제 거래가 이뤄진다.

Level 6

밀레니얼부터
그린뉴딜까지, 미래 경제

기후 변화는
어떻게 세계 경제를 위협할까

#기후 위기 시대의 경제

지난 1만 년 동안 지구의 평균 기온은 항상 섭씨 15도 정도를 유지했다. 100년이 가도, 1000년이 가도 기온은 거의 변하지 않았다. 하지만 지난 수십 년 동안 세계 경제가 빠르게 성장하면서 지구 대기로 배출되는 이산화탄소, 메탄, 아산화질소의 양이 급격히 증가했다. 그 결과 온실 효과로 인해 평균 기온이 급격히 상승하는 지구 온난화 현상이 나타났다. 기온이 얼마나 더 상승할지에 대해서는 이견이 있지만, 대다수 과학자는 우리가 온실가스 배출을 멈춘다고 해도 지구 평균 기온이 계속 올라 사상 최고치에 달할 것으로 예상한다.

기온이 상승하면 일부 좋은 점도 있을 것이다. 특히 스칸디나비아처

국가별 화석연료로 인한 이산화탄소 배출량(2017)		
국가	화석연료로 인한 이산화탄소 배출 비중(%)	1인당 이산화탄소 배출량(톤/년)
세계 전체		4.9
중국	29.3%	7.7
미국	13.8%	15.7
유럽연합	9.6%	7.0
인도	6.6%	1.8
러시아	4.8%	12.3
일본	3.6%	10.4
독일	2.2%	9.7
한국	1.8%	13.2
이란	1.8%	8.3
사우디아라비아	1.7%	19.4
캐나다	1.7%	16.9

자료: 세계은행, 유엔, 위키피디아

럼 추운 지방은 여름이 더 더워지고 길어지면서, 식량 생산이 늘고 전반
적으로 삶이 나아질지도 모른다. 하지만 대부분 가난한 세계의 더운 지
방 사람들에게 지구 온난화와 기후 변화는 그야말로 재앙이다. 기온이
오르면 농업 생산량이 줄어들 뿐 아니라, 허리케인, 홍수, 가뭄 등 자연
재해도 늘어난다. 국제통화기금은 앞으로 몇십 년 동안 기후 변화로 인
해 개발도상국의 1인당 GDP가 최대 20퍼센트가량 낮아질 수도 있다는

예측을 내놓았다. 사실상 모든 국가가 기후 변화의 영향을 받게 되면 긴급 구호와 재해 복구 비용으로 정부 재정도 악화될 것이다.

게다가 세계 인구가 계속 증가하고 개발도상국의 소비가 늘면서 미래 온실가스 배출량은 분명 늘어날 것으로 보인다. 사실 개발도상국은 이미 전 세계 온실가스 배출량의 3분의 2를 배출하고 있지만, 여전히 1인당 평균 배출량은 선진국보다 훨씬 낮다. 이 같은 상황을 고려할 때, 멕시코나 중국 같은 나라의 1인당 온실가스 배출량이 선진국 수준에 도달할 경우, 지구 온난화가 극적으로 심해질 것이라는 불길한 예측을 할 수밖에 없다. 더군다나 개발도상국은 대개 산업 생산 효율이 낮아서 GDP 1000달러당 배출하는 온실가스의 양이 선진국의 세 배 이상 높은 실정이다.

지구 온난화의 영향

개발도상국 인구 중 대부분이 시골에 거주하며 농사를 지어 생계를 꾸린다는 사실을 고려할 때, 기후 변화는 선진국 사람들보다는 이들의 삶에 훨씬 큰 영향을 미칠 수밖에 없다. 일부 지역에서는 가뭄이, 일부 지역에서는 홍수가 계속되면서 아프리카, 아시아, 중남미 시골의 가난한 이들은 앞으로 20~30년 동안 기후 변화의 가장 큰 희생양이 될 가능성이 크다. 중남미에서는 안데스산맥의 빙하가 녹으면서 식량 생산이 큰 타격을 받고 대형 홍수 등 심각한 자연재해가 더 자주 발생할 것으로 보인다.

선진국의 농업 또한 지구 온난화로부터 큰 영향을 받을 것이다. 일부 예측에 따르면 멕시코만에 접한 미국 남동부 지역의 농업 산출량이 반 이상 하락할 수도 있다. 바깥 기온이 오르면 사람들은 집과 사무실의 냉방을 늘릴 것이고, 에너지 가격은 치솟을 것이다. 전 세계 담수의 70퍼센트가 농업용수로 사용되는 현실을 고려할 때, 강우량이 크게 변한다면 국가의 경제력과 상관없이 세계 전역에서 식량 공급 대란이 일어날 가능성이 있다.

지구 기온의 상승은 전 세계 해수면 높이에도 엄청난 영향을 미친다. 기온이 상승하면 빙하, 극관 얼음, 그린란드와 남극을 둘러싼 빙상만 녹는 게 아니라 바다 자체가 팽창한다. 수온이 오를수록 물의 부피가 커지기 때문이다. 지난 세기 동안 이루어진 해수면 상승의 절반 정도가 수온 상승 때문으로 보인다. 해수면 상승으로 인해 전 세계 저지대는 더 잦은 태풍 피해를 입게 될 것이다. 2005년 뉴올리언스, 2012년 뉴욕을 마비시킨 홍수 피해를 떠올려보라. 심지어 일부 저지대는 영원히 물에 잠길지도 모른다.

2018년 미국이 파리기후변화협정을 탈퇴하기 전에도 협정 참여국들은 금세기 동안 지구 온난화로 인한 기온 상승을 2도 이하로 막겠다는 협정 목표를 달성하는 데 어려움을 겪고 있었다. 오늘날의 경제 발전 속도와 온실가스 배출 증가 추이를 고려할 때, 2100년까지 지구 기온은 3도가량 오를 것이다. 이렇게 되면 해수면 상승으로 세계 여러 도시가 잠기는데, 특히 아시아 도시들이 위험하다. 비영리 환경단체인 클라이미트 센트럴Climate Central의 계산에 따르면 침수 예상 지역의 현 거주 인구수는 2억 7500만 명에 달한다. 일본 오사카의 많은 지역은 완전히 물에 잠겨 1조 달러 이상의 재산 피해가 발생할 것이며, 이집트 알렉산드리아 또한 대부분 물에 잠기면서 800만 명이 고지대로 이주해야 할 것으로 보인다. 브라질 리우데자네이루의 유명한 해변들은 모두 사라지고 올림픽 경기가 열렸던 바하다티주카 지역도 전부 물에 잠길 것이다. 마이애미는 이미 주기적으로 물에 잠기고 있다. '거대 조수'라고 불리는 파도가 밀려들어 오면서 시내 저지대에 무릎까지 물이 차오르는 것이다. 현재 예상대로 해수면이 높아진다면 가장 타격을 받을 도시는 상하이로, 1700만 명 이상이 침수 예상 지역에 살고 있다.

그나마 앞서 언급한 산업화된 도시들은 대부분 허리케인 카트리나 피해를 입은 뒤 뉴올리언스가 했던 것처럼 방조제를 쌓거나 배수 설비를 설치할 돈이 있다. 하지만 세계의 가난한 지역에서는 해수면 상승에 대응하기가 훨씬 어려울 것이다. 현재 추세대로라면 방글라데시의 저지대가 완전히 물에 잠기는 것을 막을 방법은 없으며, 이로 인해 수억 명의 이재민이 발생할 것이다. 이들 기후 난민들은 2010년대 말에 전쟁으로 파괴된 시리아와 아프가니스탄의 난민들이 그랬듯 결국 유럽이나 북미로 이주할 수밖에 없을 것이다.

그린뉴딜

눈덩이 효과가 나타날 가능성까지 고려하면 전망은 훨씬 암울해진다. 기온이 오르면 극지방의 영구동토층이 녹는 속도가 점점 더 빨라지면서 더 많은 이산화탄소가 대기로 배출된다. 이 현상이 시작되면 지구 자체가 기후 변화를 가속하기 시작해 지구 온난화를 제어하기가 불가능해질 것이다. 전 세계 영구동토층에 갇혀 있는 탄소의 양은 인류가 산업혁명 이래 19세기부터 지금까지 화석연료를 태워 배출한 탄소의 양보다 더 많을 것으로 추정된다.

2018년, 유엔 IPCC(기후 변화에 관한 정부 간 협의체)는 수년 내에 이산화탄소 배출량을 크게 줄이지 않는 한 기후 변화로 인한 재앙을 막을 수 없을 것이라고 예측했다. IPCC는 경제활동으로 생성되는 이산화탄소의 배출량만큼 이산화탄소를 재흡수해 총 배출량을 0으로 낮추라고 각국에 권고했다. 하지만 세계 인구가 100억 명을 향해 가는 상황에서 이정도 양의 이산화탄소를 흡수할 만큼 많은 나무를 심을 땅을 찾기란 거의 불가능하다. 가장 좋은 해결책은 조류나 지하 저장고 등을 활용해 대규모 탄소 포집 장치를 만드는 것일 수도 있다. IPCC는 보고서에서 적어도 풍력이나 태양열 같은 신재생 에너지를 사용한 전기 생산량을 크게 늘리라고 강력히 권고했다.

미국의 일부 정치인들은 미국을 화석연료 의존국에서 신재생 에너지 기반 국가로 바꾸기 위해 '그린뉴딜Green New Deal'을 해야 한다고 주장한다.

그린뉴딜의 첫 번째 목적은 탄소 배출 제로 경제로 전환하는 것이지만, 두 번째 목적은 정부 자금을 대거 투입해 침체된 경기를 살린 1930년대 대공황기의 뉴딜 정책처럼 경기를 전반적으로 부양하는 데 있다. 경기 부양을 통해 소득 불평등을 줄이고 녹색 경제로 전환하는 과정에서 생길 화석연료 의존 분야의 대량 실업 같은 경제 문제도 해결한다는 계획이다. 이를 위해서는 일자리를 잃은 사람들을 재교육시키고 이들에게 공공 의료보험 등을 제공하기 위해 정부 예산을 늘려야 한다.

기후 변화와 지구 온난화의 단기적 영향은 비교적 분명히 알 수 있다. 기온과 해수면의 상승은 이미 수억 명의 경제활동과 생활에 심각한 영향을 미치고 있다. 하지만 장기적 영향은 전혀 예상할 수 없는 방식으로 인류 문명을 바꿔놓을지도 모른다.

Basic

기후 변화 대기 중 온실가스의 양이 급격히 증가하면서 지구 대기에 갇히는 태양 광선의 비율이 높아졌다. 이로 인해 세계 여러 지역의 기온이 상승했으며 대형 태풍이 발생하고 날씨 양상이 변했다. 교통, 산업 생산, 농업 활동 등으로 지구 대기에 늘어난 미세먼지도 지구 온난화를 촉진했다. 허리케인이나 홍수 같은 재난을 포함한 지구 온난화의 경제적 비용은 수조 달러에 이를 것으로 예상된다.

파리기후변화협정(파리협정) 2015년 196개 국가가 모여 기후 변화를 억제하기 위해 파리협정을 채택했다. 파리협정은 탄소 배출량 제한부터 신재생 에너지에 대한 투자까지 많은 분야를 포괄한다. 파리협정의 목표는 세계 평균 기온 상승을 섭씨 2도 이하로 제한하는 데 있다.

More

도로 이용료 일부 도시에서는 오염을 줄이고 공공 도로의 혼잡을 막기 위해 도로 사용을 감시하는 전자 장비를 갖추고 도로 이용료를 징수한다. 샌디에이고, 런던 등에 도입된 도로 이용료는 시내 중심가로 진입하는 차를 줄이는 데 큰 성과를 냈다. 도로 이용료는 시간에 따라 이용료를 다르게 매기는 경제적 유인책을 활용해 효과적으로 교통 체증을 줄인다. 사람들은 출퇴근 시 도로를 더 효율적으로 이용하게 되고, 카풀이나 대중교통처럼 오염물질을 덜 배출할 방법을 찾기도 한다.

물과 공기, 북극곰에 가격을 매겨야 하는 이유

#환경오염 비용

이제 세계 경제는 그 기반이 된 행성마저 영원히 바꿔버릴 만큼 거대해졌다. 세계 인구는 빠르게 늘어나 거의 80억 명에 육박하며, 매년 약 800만 명이 더 태어나고 있다. 우리는 이 모든 사람이 자원이 한정된 세상에서 일하고 살아갈 방법을 찾아야만 한다.

경제 규모를 측정하는 전통적 지표인 GDP는 자원에 한계가 없다는 가정이 보편적으로 받아들여지던 시절에 만들어졌다. GDP를 사용하는 경제학자라면, 그 지역 사람들의 삶의 질을 매해 생산된 상품과 서비스의 금전적 가치로만 판단할 것이다. 환경오염이 이대로 계속될 경우 앞으로 100년 안에 지구의 많은 지역에 사람이 살 수 없게 되는데도 GDP는 희소 자원 감소에 따른 비용이나 환경오염은 고려하지 않는다.

현대 경제학에서 말하는 '공유지의 비극'이란 국가, 기업, 개인이 바다나 공기 같은 공유지에 대해 책임감을 느끼지 않아서 발생하는 문제를 의미한다. 중세 사람들이 마을 공유지에 너무 많은 소를 풀어 목초지를 황폐하게 만들었듯, 오늘날의 많은 기업과 개인은 공유지에 대한 책임감을 느끼지 않는다. 이러한 책임감의 결여는 세계 공공 자원을 파괴하는 집단적 행동으로 이어진다.

이 문제를 해결하기 위해 오두막에 살며 텃밭에서 기른 음식만 먹는 옛날의 전원생활로 돌아가자고 주장하는 사람들도 있다. 하지만 인구 2000만 이상의 대도시인 상파울루, 멕시코시티, 뭄바이, 도쿄 등을 비롯한 도심 지역에 세계 인구의 반 이상이 거주하는 현실을 보면 시골 생활을 고려하는 사람은 많지 않은 것 같다. 현재 도시 인구와 앞으로 도시에 살게 될 수십억 명을 부양하려면 경제와 기술이 계속 발전해야만 한다.

경제는 여러모로 자전거와 닮았다. 넘어지지 않으려면 계속 앞으로 나아가야 한다. 늘어나는 세계 인구의 더 나은 삶을 향한 열망을 충족시키려면 경제는 계속, 그것도 일부 예측에 따르면 기하급수적으로 발전해야만 한다. 그래야 경제적·사회적·정치적 붕괴를 피할 수 있기 때문이다. 이 같은 사실은 정치적·경제적 붕괴 이후 사회 기반시설이 와해되면서 시리아와 베네수엘라의 시민들이 어떤 혼란을 겪었는지만 봐도 알 수 있다.

오염물질에 가격 매기기

경제가 발전할수록 환경오염으로 인한 비용도 늘어나기 때문에 경제활동의 비용과 효용을 모두 포괄하는 더 나은 경제 생산 지표를 도입하는 일은 무척 중요하다. 예일대학교와 컬럼비아대학교 연구진은 환경성과지수 Environmental Performance Index(EPI)를 개발했다. 환경 GDP라 할 수 있는 환경성과지수는 대기 질과 수질, 농수산업이 환경에 미치는 영향 등 다양한 환경 활동을 측정하는 지표로 국제적으로 통용된다. 환경성과지수는 토지, 노동력, 맑은 공기, 물 같은 모든 생산 요소는 고유한 '가격'을 가진 희소 자원이므로 이들의 가격을 모든 사업 및 소비 결정에 반영해야 한다는 가정 아래 만들어졌다. 환경성과지수를 사용하면 경제활동의 거의 모든 측면을 고려해 국가를 평가하고 순위를 매길 수 있다.

이론상 기업과 소비자는 환경오염을 방지하기 위해 드는 비용보다 환경오염으로 인해 발생하는 비용이 더 크다는 사실을 깨달아야만 환경오염을 줄이기 위해 노력할 것이다. 지금까지 환경오염이나 환경 파괴의 부정적 외부효과는 생산 비용에 포함되지 않았다. 경제학자들이 '시장 실패'라고 부르는 이 문제는 몇 가지 방법으로 해결할 수 있다. 가장 확실한 해결책은 오염에 가격을 붙여 환경을 오염시킬 때마다 비용을 지불하게 하는 것이지만, 안타깝게도 깨끗한 강, 바다, 공기, 북극곰의 생존에 모두가 인정할 만한 적절한 가격을 매기기란 무척 어려운 일이다.

일부 국가에서는 정부가 탄소 배출량이나 대기 및 하수도로 방출할

환경성과지수(2018) (100점: 환경 보건과 생태계 지속성 면에서 완벽한 성과 0점: 최악의 성과)			
1. 스위스	87.42	9. 아일랜드	78.77
2. 프랑스	83.95	10. 핀란드	78.64
3. 덴마크	81.60	25. 캐나다	72.18
4. 몰타	80.90	27. 미국	71.19
5. 스웨덴	80.51	60. 한국	62.30
6. 영국	79.89	150. 중국	50.74
7. 룩셈부르크	79.12	177. 인도	30.57
8. 오스트리아	78.97		

자료: 예일대, 예일대 환경법 및 환경정책센터Yale Center for Environmental Law & Policy, 2018

수 있는 오염물질의 총량을 제한한다. 대기 오염과 탄소 배출량에 따라 세금을 매기는 나라도 있고, 신재생 에너지를 사용하는 기업과 개인에게 세금 혜택을 주는 곳도 있다. 다만 이런 정책을 시행하려면 정치적 힘이 필요하기 때문에 정치인들이 환경에 관심이 있는 나라에서만 이런 해결책을 쓸 수 있다.

더 쉬운 해결책은 오염물질에 가격을 붙여, 기업이 직접 정부에 탄소세 형태로 오염 비용을 납부하도록 하는 것이다. 흔히 볼 수 있는 예로는 기업이 아닌 소비자 부담이기는 하지만, 거의 모든 나라에서 경유 및 휘발유에 대해 부과하는 세금이 있다. 일부 국가에서는 탄소의 국제 가격을 정하자고 제안했지만, 세계 모든 국가의 참여를 독려하기가 어렵다는 문제가 있다. 파리기후변화협정 과정에서 보듯 아무런 강제성 없이 온실가스 배출량을 제한하자는 단순한 선언에 모든 나라가 동의하는 것조차도 어려운 일이다.

탄소 배출권 거래제

논란은 있지만, 더 시장 친화적인 방식으로 '탄소 배출권 거래제'가 있다. 배출권 거래제는 정부가 온실가스 배출량의 최대치를 정한 뒤 기업이 '온실가스를 배출할 권리'를 서로 사고팔 수 있게 하는 것이다. 이런 방식이 낯설게 느껴질 수도 있겠지만, 배출권 거래제는 여러 환경단체로부터 지지를 받고 있다. 경제 발전과 깨끗한 환경이라는 동시 달성이 불가능해 보이는 두 가지 목표를 한 번에 이룰 수 있는 방법이기 때문이다. 배출권 거래제는 경제 내 모든 사람에게 오염을 줄이라고 강요하는 대신 시장의 보이지 않는 손이 경제적으로 용인되는 오염과 그렇지 않은 오염을 구분하게 해준다.

예를 들어 효율적인 휠체어 공장은 비효율적인 휠체어 공장보다 더 적은 오염을 배출한다. 옛날 방식의 오염 저감 정책이라면 두 공장 모두에게 오염을 줄이라고 요청할 것이다. 하지만 배출권 거래제를 도입하면 효율적인 휠체어 공장은 초과 이윤으로 덜 효율적인 휠체어 공장의 배출권을 사들여 더 많은 휠체어를 생산할 수 있다. 이렇게 되면 사회는 오염 한 단위당 더 많은 휠체어를 생산할 수 있게 된다. 전체 오염 배출량을 늘리지 않고도 경제 구성원 모두의 효용이 높아지는 것이다.

오염 저감에 경제적 인센티브를 주는 이런 방식은 환경에 매우 큰 영향을 미칠 수 있다. 사용하지 않은 배출권을 팔면 현금을 손에 넣을 수 있다는 사실은 모두에게 강력한 동기가 된다. 미사용 온실가스 배출권을 팔 수 있다면 기업과 개인은 모든 수단을 동원해 오염을 줄이려 할 것이다. 또한 적절한 경제적 인센티브를 준다면, 오염물질을 줄이기 위해 신기술에 투자하는 사람도 늘 것이다.

게다가 많은 은행과 투자 회사가 지속 가능한 기업에 투자하고 싶어 하므로, 친환경적인 기업의 주주와 경영진은 상당한 금융 인센티브까지 받을 수 있다. 실제로 탄소 발자국 저감을 위해서 탄소를 더 적게 배출하면서 더 많은 제품을 생산하는 기업의 주가는 시장 평균보다 빠르게 상승하는 경우가 많다. 확실히 맹목적으로 환경을 파괴하는 기업보다는 태양광 전지와 풍력발전기를 만드는 기업이나 지속 가능한 기술을 개발하는 기업이 훨씬 매력적인 투자처일 것이다.

경제적 관점으로 환경을 바라보기

최근 선출된 부유한 나라의 포퓰리스트 정치 지도자들은 환경 보호나 기후 변화 방지의 반대쪽을 택했다. 심지어 기후 변화 자체를 부정하는 사람도 있을 정도다. 개발도상국은 개발도상국대로 기아 구제 같은 더 시급한 문제에 밀려 기후 변화를 신경 쓰지 못하는 경우가 많다. 환경 쿠즈네츠 곡선에 따르면 이론상으로는 경제가 계속 발전해도 오염은 일정 수준 이상으로 늘지 않는다. 스웨덴 사례에서 보듯, 경제가 일정 수준까지 발전하면 녹색 기술에 투자할 돈이 생기면서 경제가 발전할수록 오히려 오염이 줄기 때문이다.

경제와 환경의 관계는 한쪽의 이득이 다른 한쪽의 손실이 되는 제로섬 게임이 아니다. 21세기 경제에서 우리가 내리는 모든 결정에는 득과 실이 있을 뿐, 절대선과 절대악은 없다. 그런 게 있다면, 우리는 산소 소비량을 줄이고 이산화탄소 배출량을 줄이기 위해 숨 쉬는 걸 멈춰야 할지도 모른다.

그러니 우리는 비용, 효용, 개인의 선호를 모두 신중히 따져야만 한다. 소 사육으로 인해 대기로 방출되는 엄청난 양의 메탄가스가 지구 온난화의 주범이라는 말을 들으면, 당장 채식주의자가 돼야겠다는 마음이 들지도 모르겠다. 하지만 만약 채식주의자가 되는 대신 장거리 여행을 취소해도 같은 양의 온실가스를 줄일 수 있다면 어떤 선택을 하겠는가? 마찬가지로 목욕보다 샤워할 때 드는 물이 더 적다는 걸 알게 되면 단순히 샤워하는 쪽을 선택하면 될 것 같다. 하지만 씻는 데 사용한 물이 재사용된 물인지, 물을 데우는 데 쓴 전력이 지구 온난화에 얼마나 기여하는지 등을 따져봐야 하지 않을까?

우리는 경제를 잘 아는 소비자인 동시에 환경에도 신경 쓰는 소비자가 돼야 한다. 경제적 관점으로 환경을 보면, 지구를 지키고 공기와 물을 보호하는 것은 우리의 건강을 지키는 일일 뿐 아니라, 세계 경제를 앞으로 수십 년 동안 지속 가능한 방식으로 건강하게 성장시키기 위한 일이기도 하다.

Basic

보이지 않는 손 시장의 보이지 않는 손이 소비자와 기업이 올바른 경제 결정을 내리도록 이끈다는 개념으로, 18세기 경제 철학자 애덤 스미스가 처음 언급했다. 애덤 스미스의 이론에 따르면 시장은 자유롭게 두면 스스로 가장 효율적인 방법을 찾는다.

쿠즈네츠 곡선 Kuznets curve. 경제학자 사이먼 쿠즈네츠(Simon Kuznets)가 1950~1960년대경 고안한 곡선에 따르면, 환경오염과 불평등한 부의 분배는 경제 성장 초기에 심해지다가 1인당 소득이 늘면 점점 해소된다. 쿠즈네츠 곡선은 기술 혁신의 효과를 예측하지 못했다는 비판을 받는다. 기술 혁신으로 세계 1인당 소득이 기록적 수준으로 늘어나면서, 부와 소득의 불평등도 함께 커졌기 때문이다. 2010년대 말 현재, 세계 30대 부자가 지닌 부는 세계 소득 하위 50퍼센트 이하 인구의 전 재산을 합친 것과 같다.

탄소 발자국 특정한 활동을 하는 과정에서 배출된 온실가스의 양. 탄소 발자국에는 메탄이나 이산화황 같은 다른 온실가스 배출량도 포함되지만, 비교와 이해를 쉽게 하기 위해 다른 온실가스 배출량을 이산화탄소 배출량으로 환산해서 합산하는 경우가 많다. 환경에 관심이 많다면, 온라인에 있는 탄소 발자국 계산기를 이용해 자신의 탄소 발자국을 계산할 수 있다. 미국 버지니아주 알링턴에 위치한 환경단체인 컨저베이션펀드(Conservation Fund) 등이 이런 서비스를 제공한다.

More

국제산림관리협의회(FSC) 세계의 숲을 감시하는 기구다. 세계자연기금(WWF)이 세운 국제산림관리협의회는 소비자와 기업이 임업 제품을 살 때 참고할 수 있도록 인증 마크를 부여한다. FSC 마크는 목재나 목재 가공품이 지속 가능한 방식으로 벌채되었음을 인증한다. 가령 FSC의 권고에 따르면 숲과 주변 생태계를 보호하기 위해 완전 벌채 대신 나무를 선택적으로 벌채해야 한다.

멸종위기에 처한 야생동·식물의 국제교역에 관한 협약(CITES) 유엔환경계획(UNEP)과 함께 멸종위기 동식물의 거래를 규제하는 기구. 코끼리 상아 거래를 단속해 코끼리 밀렵을 최소한으로 규제하는 등의 활동을 한다. CITES는 거래와 수렵을 완전 금지하는 수준의 보호 조치를 취해야 하는 동물을 '부속서 I종', 개체 수 유지에 무리가 가지 않는 수준의 '수렵'이 허용되는 동물을 '부속서 II종'으로 나누어 차등 규제한다.

시에라클럽 Sierra Club. 세계 주요 환경 보호 단체 중 하나. 시에라클럽은 도로 이용료처럼 오염을 줄이고 환경 파괴를 방지하기 위한 경제적 유인책을 고안하는 데 주력하고 있다. 시에라클럽은 1892년 환경보호주의자인 존 뮤어(John Muir)가 설립했다.

자본주의에도
종류가 있다

#더 나은 자본주의

리옹, 시애틀, 서울 등 세계 각지에서 자본주의가 아닌 다른 경제 체제를 요구하는 젊은이들의 목소리가 높아지고 있다. 기득권에 유리하게 왜곡된 자본주의 체제로 인해 전 연령대의 노동자들이 낮은 생활수준에 시달리게 되자, 21세기 경제 참여자들은 대안 경제 체제를 찾기 시작했다. 지금보다 부를 더 평등하게 분배하는 것부터 사회주의, 심지어 공산주의까지 여러 가능성이 제시되고 있다. 문제는 사회주의, 공산주의, 자본주의에 대한 정의가 사람마다 다르다는 것이다.

자칭 사회민주주의자이며 미국 대통령 후보였던 버니 샌더스의 목표는 운 좋은 사람 몇 명이 부와 생산 수단의 대부분을 차지하는 체제가 아닌, 모든 사람을 위한 사회민주주의 체제를 만드는 것이었다. 생산 수단을 모두 민간이 소유하는 순수 자본주의 모델과 달리, 사회주의의 이상향은 경제 운영과 생산된 부의 분배 방식을 정부가 정하는 것이다. 공짜 등록금과 보편적 의료보험은 빙산의 일각에 지나지 않는다.

사회주의 체제에서는 시장에 자율권을 주는 대신, 정부가 개입해 사회 전체에 도움이 되는 경제 방향을 정한다. 또한 경제적 상류층이 부를 소유하고 원하는 곳에 쓰게 두는 대신, 이들에게 많은 세금을 물리고 이렇게 거둔 돈을 도움이 필요한 사람들에게 쓴다.

많은 사회주의 지도자가 자본주의 체제는 사실 '부자에게는 사회주의이고 하층민에게는 냉혹한 개인주의'일 뿐이라고 비판한다. 이들은 주택담보대출 이자를 세금에서 공제해주거나 자본 소득에 낮은 세율을 매기는 등 상류층에게는 엄청난 경제적 보조를 제공하면서도, 가난한 사람이 주택을 마련하고 좋은 교육을 받고 아이를 양육할 수 있도록 지원하는 일에는 인색한 정부 정책의 모순을 지적한다. 억만장자인 투자자 워런 버핏도 세계에서 손꼽히는 부자인 자신이 비서보다도 낮은 세율을 적용받는다며 '자본'주의 체제에 내재된 모순을 꼬집었다.

사회민주주의

사회주의를 지지하는 사람들 가운데 대부분은 자본주의 체제는 그대로 유지하되, 자본주의로 인한 과실을 더 공평하게 분배하는 체제를 선호한다. 이런 체제를 사회민주주의라고 부르는데, 사회민주주의는 자본주의의 이점과 사회주의의 목표인 평등을 동시에 추구하는 융합형 모델이다. 사실 미국과 프랑스를 포함해 대다수 자본주의 국가는 이미 수 세기 동안 자본주의와 사회주의 시스템을 적절히 조합해 국가를 운영해왔다. 예를 들어 미국의 뉴딜 정책에는 최저임금, 실업보험, 주 40시간 노동, 사회보장제도 등 많은 사회주의 정책이 포함돼 있었다. 또 프랑스를 비롯한 거의 모든 현대 국가는 의료비 지불 능력과 상관없이 모든 사람에게 동일한 수준의 기초 의료를 제공하는 국가 의료보험을 운영하고 있다.

　많은 사회민주주의 지지자가 이상적이라고 생각하는 체제는 덴마크, 노르웨이, 스웨덴, 핀란드 같은 스칸디나비아 국가의 북유럽 모델이다. 스칸디나비아 국가만큼은 아니지만 독일, 오스트리아, 네덜란드 등 다른 북부 유럽 국가에서도 비슷한 모델을 채택하고 있다. 1인당 소득, 성평등지수, 국가청렴지수, 행복지수 등 거의 모든 국가 평가 지수에서 상위권을 차지하는 이들 국가에서는 자본주의를 살짝 비틀어 수준 높은 사회복지를 제공하면서도 시장이 제 기능을 다하게 한다. 예를 들어 덴마크의 고용 '유연안정성' 모델은 고용 안정성이 전혀 없는 극단적 자본주의도 아니고 평생직장을 보장하는 극단적 사회주의도 아닌 중간 지대에 위치한다. 북유럽 모델을 채택하고 있는 많은 나라에서는 모두에게 질 높은 일자리를 보장하고 파업이나 불필요한 실업 같은 혼란을 최소화하기 위해 기업과 노동자가 함께 노력한다. 예를 들어 독일의 중소기업인 미텔슈탄트^{Mittelstand} 기업들에는 경영자와 노동자가 정기적으로 만나 최선의 사업 운영 방안에 대해 논의하는 관례가 있다.

자본주의의 다양한 모습

자본주의와 사회주의 그리고 심지어 공산주의까지, 경제 체제 사이의 경계가 모호해지면서 세계 여러 나라는 각 경제 체제에서 자국에 맞는 부분만 골라 적용하게 됐다. 공산주의라고 하면 중국과 베트남, 또는 페레스트로이카와 글라스노스트* 이전의 러시아가 떠오르겠지만, 오늘날 중앙 권력 기구가 모든 경제 결정을 내리는 순수 공산주의로 운영되는 나라는 거의 없다. 계급 차이가 없는 평등한 '공산' 사회를 구현하자는 희망은, 19세기 산업혁명 기간에 착취적 자본주의의 대안으로 떠올랐다. 당시는 아동 노동과 비위생적 작업 조건, 노동자 학대가 만연한 시대였다. 21세기인 오늘날 이런 열악한 노동조건은 찾아보기 힘들지만, 극소수 엘리트에게 부가 쏠리는 현상이 심화되면서 평등한 사회를 향한 욕망은 그때보다 오히려 강해졌다.

자본주의라는 말을 들으면 대부분 다원주의, 법치주의, 자유시장, 민주주의를 강조하는 서구식 자본주의를 떠올린다. 하지만 중국 경제의

---

* 정보 공개 및 검열 완화 조치.

성공과 인도, 한국, 베트남 같은 떠오르는 아시아 국가들은 다양한 자본주의가 있음을 보여준다. 경제학자들은 많은 국가가 적어도 두 가지 유형의 자본주의를 혼용하고 있다고 말한다. 예를 들어 미국 경제는 대기업 자본주의와 기업가 자본주의의 조합이다. 미국 경제에는 애플, 구글 같은 대기업과 수많은 신생 닷컴 기업이 공존한다. 미국을 비롯한 많은 나라가 대기업 자본주의와 기업가 자본주의를 조합한 모델을 택해 경제 발전의 기초인 생산성을 크게 높이고 전례 없는 경제적 번영을 누렸다.

반면 명목상 공산국가인 중국은 주요 경제 결정을 중앙정부가 내리는 국가 지도 자본주의와 기업가 자본주의를 혼합하는 데 성공했다. 중국의 이런 융합경제 시스템은 현재까지는 무척 성공적으로 보인다. 수억 명이 가난을 벗어나 급증하는 중산층의 일원이 되었을 뿐만 아니라, 곧 세계에서 경제 규모가 가장 큰 나라도 중국으로 바뀔 전망이다. 한편 러시아는 소수의 기업가에게 권력을 몰아주는 과두 자본주의와 20세기 초 제정 러시아 시대와 별반 다르지 않은 국가 지도 자본주의를 혼합해 경제를 운영한다. 헝가리, 폴란드 같은 동유럽 국가에서는 엘리트 기업가가 엘리트 정치인과 결탁해 국가 전체에 손실을 끼치면서까지 이득을 취하는 '정실자본주의' 경제 체제가 나타났다.

자본주의의 적절한 비율은?

모든 경제 체제에는 장단점이 있다. 러시아의 과두 자본주의는 포스트 소비에트 시대의 경제적 혼란에 질서를 부여했다. 대신 러시아의 경제 성장률은 다른 브릭스 국가보다 뒤처지게 됐다. 정부와 대기업이 서로 복잡한 관계로 얽힌 일본은 혁신주의자인 아베 신조 총리가 경기 부양책인 **아베노믹스**를 통해 재정 지출과 통화량을 크게 늘렸음에도 불구하고 21세기 들어 경제성장률이 눈에 띄게 낮아졌다. 또한 중국은 다른 민주주의 국가에서라면 받아들여지지 않았을 독재정치에 기반을 둔 높은 수준의 '사회 통합'을 통해 경제 강대국이 되었다. 하지만 아마도 중국 경제가 성공한 주원인은 세계 시장을 향해 무역과 경제 발전의 문호를 개방한 데 있을 것이다.

대안 경제 체제 또는 비주류 경제 체제에는 여러 형태가 있으며, 이들 가운데 일부는 순수 자본주의 모델의 현실적 대안이 될 수 있다. 예를 들어 이스라엘에는 집단노동, 땅에 대한 애정, 평등주의에 기초한 키부츠를 중심으로 대안 공동체 경제에 참여하는 사람들이 있다. 그러나 요즘에는 많은 공동체 회원이 더 높은 임금을 받고 키부츠 밖에 집을 마련하기 위해 떠나면서, 젊은이들을 잡아두기 위해 집을 소유하는 것과 공동 소득에서 더 많은 몫을 분배받는 것을 허용하는 키부츠가 많아졌다. 심지어 일부 키부츠에서는 회원이 아닌 사람에게 땅을 분양하기 시작했다. 땅을 분양받은 사람은 공동 육아, 학교, 농장에서 만든 유기농 먹을 거리 등 일부 공동체 서비스를 이용할 수 있다.

한편 베네수엘라와 볼리비아 등에서는 쿠바의 마르크스-레닌주의 정권을 본떠 중앙정부가 주요 생산 설비를 통제하는 사회주의 유토피아를 만들려는 시도가 있었다. 이론적으로만 생각하면 '능력에 따라 일하고 필요에 따라 분배받는' 원칙에 기초한 사회주의 경제에서는 자본주의로 인한 고통과 불평등이 없어야 한다. 그러나 2010년대 후반 베네수엘라 경제는 붕괴했고, 독재정권은 자신들의 경제 정책이 아닌 외국의 간섭과 주 소득원인 원유의 가격 하락이 원인이라며 책임을 돌렸다. 노동 의욕을 잃은 사람이 늘고 기업이 시장에 접근하기 어려워지면서 베네수엘라는 수백만 명이 굶주리고 수천 명이 현대 의약품이 없는 병원에서 죽어가는 경제적 재앙을 겪었다.

거의 모든 성공한 국가는 여러 경제 모델을 섞어 사용한다. 문제는 적절한 혼합 비율을 찾아내는 것이다. 순수 자본주의 체제의 '창조적 파괴'는 분명 전 세계 수십억 명에게 전례 없는 번영을 누리게 해주었지만, 그 과정에서 많은 부작용도 나타났다. 핵심은 각 나라 사람들에게 제일 잘 맞는 체제를 찾아내는 것이다. 나라마다 문화와 경제가 다르므로, 한 가지 경제 체제가 모든 나라에 잘 들어맞을 수는 없다. 결국 어떤 비율이 적절한지는 그 나라 사람들이 결정해야 할 일이다.

Basic

공산주의 공산주의의 목표는 완전히 평등한 사회를 만드는 데 있다. 19세기 경제사상가 카를 마르크스와 프리드리히 엥겔스가 제안한 이 유토피아적 사회는, 아동 노동, 비위생적인 노동 환경, 노동자 착취 등 산업혁명 초기에 만연했던 자본주의 체제의 횡포를 없애고자 하는 바람에서 제안되었다.

사회주의 사회주의는 국가가 나서서 부를 평등하게 분배해야 한다는 생각을 기초로 한다. 공산주의와 같은 개념으로 오인되기도 하지만, 공산주의와 달리 사회주의는 생산 수단을 사인(私人)이 소유하는 것을 허용한다. 사회주의 자유시장 국가는 많이 있다. 프랑스인들이 사회주의 정부를 선출했을 때도 파리는 계속해서 화려하고 북적이는 자유시장 경제의 수도로 기능했다. 스웨덴을 비롯한 북유럽 국가들 또한 자본주의와 사회주의가 모두의 이익을 위해 공존할 수 있다는 사실을 잘 보여주는 예다.

아베노믹스 정부와 대기업이 서로 밀접한 관계를 맺고 있는 일본의 경제 성장 속도는 21세기 들어 크게 느려졌다. 아베노믹스는 아베 신조 총리의 이름을 딴 경제 계획으로, 재정 지출과 통화량을 늘려 침체된 경제를 살리려는 경기 부양책이다.

자본주의 생산량과 가격을 대중과 시장이 결정하게 하는 경제 체제. 자산을 국가가 소유하는 명령경제나 공산경제와 달리, 자본주의는 사유 재산권에 기초한 경제 체제다.

창조적 파괴 신기술이 낡은 기술을 밀어내는 경향. 1930년대에 조지프 슘페터가 주창한 이론으로, 경제 성장이 도약적으로 일어난다는 생각에 기초를 두고 있다. 이 이론에 따르면 신기술, 신제품, 새로운 생산 및 유통 방식에 적응하지 못한 기업은 파괴된다. 더 온화한 표현을 쓰자면 기존 기업은 새로운 기업에게 자리를 내주고 사업을 접게 된다.

최저임금 국가가 법으로 정한 시간당 임금의 최솟값. 일부를 제외한 대부분의 현대 산업 국가는 최저임금제도를 시행하고 있다. 많은 사람은 최저임금이 가난을 줄이고 소득 격차를 해소하는 효과적인 제도라고 믿는다. 그러나 일부 정치인과 여러 경제학자는 최저임금제도의 부작용을 지적한다. 최저임금을 너무 높게 정할 경우 소상공인에게 타격을 주어 새로운 직원을 채용하는 일을 꺼리게 되기 때문이다.

페레스트로이카 러시아어로 '경제 개혁'을 뜻하는 페레스트로이카는 1980년대에 미하일 고르바초프가 추진한 소련의 대담한 개혁 계획을 부르는 말이다. 페레스트로이카의 목적은 정치 개방 운동인 '글라스노스트'와 함께 의사결정의 분권화를 통해 경제 효율을 높이는 데 있었다.

More

과두제 소수에게 권력이 집중된 정부 형태. 과두제 정치 지도자는 입으로는 노동자를 위한다고 말하면서, 실제로는 노동자를 희생시켜 자신과 가족의 배를 불린다. 많은 나라에서 지배 정당과 긴밀한 관계가 있는 과두제 정치인들이 경제 전반을 장악하고 있다.

국유화 민간 소유였던 기업의 소유권을 정부가 넘겨받는 것을 국유화라고 한다. 모든 생산 수단을 정부가 소유하는 것을 선호하는 사회주의 또는 공산주의 정권에서는 국유화를 흔히 볼 수 있다. 정부가 기존 소유주에게 가격을 지불하지 않고 기업을 국유화하는 경우에는 기업 몰수라는 말을 쓴다.

다운사이징 downsizing. 기업의 대규모 구조조정을 가리키는 말로, 1970년대부터 사용되기 시작했다. 기업은 일반적으로 비용을 줄여 수익을 높이기 위해 구조조정을 한다. 하지만 이 방법이 항상 성공하는 건 아니다. 숙련된 노동자가 줄면서 생산성이 낮아지고 근로 의욕이 저하되어 수익이 아닌 손실을 보는 경우도 많다.

세계경제포럼 World Economic Forum. 세계경제포럼(다보스포럼)은 매년 스위스 다보스의 스키 리조트에서 열린다. 전 세계 기업가와 정치인들이 모여 자유로운 분위기 속에서 세계의 주요 사회 및 경제 문제를 논하는 자리다.

세계사회포럼 World Social Forum. 매년 열리는 세계사회포럼은 사회 문제를 고민하는 지도자들이 모이는 토론회로, 다보스 세계경제포럼보다 덜 '자본주의적' 시각을 가지고 세계 문제를 논의한다. 세계사회포럼은 대개 세계경제포럼과 같은 시기에 열린다.

자본 capital. 자본과 노동은 경제 생산의 두 가지 주 투입 요소다. 회계상 자본에는 기업이 가진 현금뿐 아니라 토지, 건물, 로봇과 기계 같은 물리적 자산도 포함된다. 경영의 전문성이나 브랜드명 같은 무형자산도 자본에 포함될 수 있다.

중앙 계획경제 정부 관료가 결정 권한을 갖는 경제 체제. 중앙 계획경제 체제에서는 누가 어떤 물건을 생산해 얼마에 팔지를 국가가 결정한다. 자원 배분 방식 또한 중앙 결정 기구에서 정한다. 명령경제 또는 계획경제라고 부르기도 한다.

카를 마르크스 Karl Marx. 공산주의의 아버지. 독일의 경제사상가이자 사회학자로, 공산주의 경제 모델의 기틀을 최초로 확립한 책인 《자본론》의 저자다. 그는 《자본론》에서 자본주의의 종말을 예언하고 "능력에 따라 일하고 필요에 따라 분배받는" 원칙에 기초한 사회주의 경제 체제를 구축해야 한다고 주장했다.

21세기에도 노동조합이
힘을 가지려면

#노동조합의 미래

2016년, 런던에서 자전거나 스쿠터로 음식을 배달하는 딜리버루 배달원들이 파업 시위를 벌였다. 이들의 요구 사항은 최소 생활 임금을 보장하라는 것이었다. 딜리버루의 주요 고객인 피자 전문점이나 체인 레스토랑이 이 요청을 거절하자, 영국 노동당은 노동자에 대한 일상적 착취와 끔찍한 작업 환경으로 악명 높았던 19세기 '빅토리아 시대 영국'으로의 회귀라며 강력하게 비난했다.

노동조합은 21세기 경제의 유연한 근무 환경과 신기술로 인해 역할을 재정립할 수밖에 없게 되었다. 과거의 노동조합은 주로 안전, 근무 환경, 근무 시간, 급여 등의 문제를 다뤘다. 하지만 지난 수십 년 동안 많은 나라에서 근로안전보장법이 통과되면서 이들의 초점은 노동자의 급여와 복지에 맞춰지게 됐다. 그러나 공유경제가 등장하면서 딜리버루, 우버 같은 여러 기업에서 근로자들을 '사업가'라 칭하며 이들에게 전일제 노동자와 같은 연금이나 의료보험 혜택을 줄 필요가 없다고 주장하기 시작했다. 게다가 21세기 들어 전통적 노동조합에 가입해 근로 보장 혜택을 누리기보다는 주당 근로 시간을 스스로 정할 수 있는 유연성을 가지는 편을 선호하는 노동자가 많아졌다.

노동조합이 사라지고 있다

젊은 세대의 비정규·단시간 일자리 선호 현상 외에도, 노동조합 가입률이 하락한 데는 여러 가지 이유가 있다. 특히 기술 변화가 큰 역할을 했다. 거의 모든 현대식 공장은 옛날 공장과는 극명한 차이가 있다. 20세기 초 포드자동차 공장에서는 눈 닿는 곳마다 조립 라인을 가득 메운 수천 명의 반숙련공을 볼 수 있었다. 하지만 로봇과 기계를 사용하는 오늘날의 현대식 공장에서는 제조 공정에서 일하는 반숙련공을 찾아보기 힘들다. 당연히 이들의 노동조합 또한 많이 사라졌다. 실제로 최근 미국 남부에 새로 들어선 공장 가운데 노동조합이 있는 곳은 거의 없다.

21세기 경제에서 가장 빠르게 성장하는 산업인 서비스 산업 또한 노동조합이 활동하기 어려운 환경이다. 대부분의 서비스직 인력은 쉽게

전체 노동자 중 노동조합 가입자 비율
(국가별 백분율)

국가	비율	국가	비율
아이슬란드	90.4%	독일	16.7%
스웨덴	66.1%	오스트레일리아	13.7%
벨기에	54.2%	멕시코	12.0%
이탈리아	34.3%	한국	10.5%
캐나다	25.9%	미국	10.1%
아일랜드	24.2%	터키	8.6%
영국	23.2%	프랑스	7.9%
일본	17.1%		

자료: OECD/ Statista 2019

구할 수 있고, 이들 중 많은 수는 노동조합에 가입되어 있지 않다. 호텔이나 기업 청소업체 같은 저숙련 노동자를 고용하는 업체는 손쉽게 기존 인력을 교체하거나 외부 인력을 동원할 수 있다.

숙련 노동자와 반숙련 노동자는 늘어나는 로봇과 기계로, 비숙련 노동자는 넘쳐나는 비조합원 노동 인력으로 언제든 대체될 수 있는 세상에서 노동자를 위해 정치권에 압력을 행사하던 노동조합의 영향력은 점점 더 위태로워지고 있다.

지난 50년 동안 거의 모든 산업국가에서 노동조합 가입률은 큰 폭으로 감소했다. 일부 스칸디나비아 국가에서는 여전히 가입 비율이 높은데, 이는 정부가 세금으로 실업급여를 지급하는 다른 여러 서양 국가와 달리, 노동조합이 실업급여를 제공하기 때문이다. 미국의 노동조합 가입률은 지난 50년 동안 약 절반가량 감소해, 이제는 OECD 회원국 가운데 가장 낮은 수준이다.

미래 지향적 노동조합

노동조합 간부들은 가입률이 떨어진 것이 세계화로 인해 제조업 일자리가 임금이 낮은 국외로 이전했기 때문이라고 말한다. 그러나 세계화가 진행되지 않았어도 어차피 기술 발전으로 인해 많은 제조업 일자리가 사라졌을 거라고 지적하는 이들도 있다. 기업 활동 가운데 일부를 외부 기업에 위탁하는 아웃소싱이 흔해지면서, 많은 일자리가 저임금 국가로 옮겨갔다. 지난 수십 년 동안 고임금 국가에서는 아웃소싱으로 인해 많은 일자리가 사라졌고 노동조합 가입자 수도 함께 줄어들었다.

결국 노동조합은 점점 서비스 산업 종사자와 공공기관 근로자에게 의존하게 됐다. 일부 국가에서는 지방정부 소속 공무원을 포함해 국가 기관에서 일하는 사람은 모두 노동조합에 강제 가입되며, 가입을 거부하는 경우에도 조합비를 내야 한다. 노동조합 활동이 모든 노동자의 이익을 증진하므로 모든 노동자가 조합비를 부담해야 한다는 논리에서다. 미국에도 이런 관행이 있었지만, 연방대법원은 2018년 노동조합 가입 또는 조합비 납부를 강제하는 것은 수정헌법 제1조 표현의 자유를 침해한다고 판결했다. 노동조합 활동 가운데 노동자 친화적 법안이 통과되

도록 로비하는 일이나, 공무원 임금을 올리고 복지를 강화하겠다고 약
속하는 후보에 대한 선거자금 지원이 포함돼 있다는 이유에서였다.

　이런 정치적·사법적 역풍 외에도 노동조합은 많은 나라에서 세대 변
화로 인한 어려움을 겪고 있다. 노동조합 가입에 우호적이던 기존 노동
자들이 은퇴하고 노동조합이 자신의 직업적 선택이나 근무 환경에 개입
하기를 원치 않는 젊은 노동자들이 그 자리를 채우고 있기 때문이다. 긱
경제의 젊은 노동자들은 불만이 있으면 파업을 선언하지 않아도 소셜
미디어를 이용해 나쁜 고용주에게 망신을 주거나 불합리한 사업 관행을
고발할 수 있다.

　여전히 노동조합의 힘이 건재한 나라는 노동조합 스스로 21세기 경
제 상황에 맞춰 쇄신을 꾀한 곳뿐이다. 이런 나라 중에는 노동조합의 힘
이 오히려 커지고 있는 곳도 있다. 예를 들어 독일에서는 노동조합과 노
조 위원회가 자신들이 일하는 기업의 방향 설정에 적극적으로 참여한
다. 노동자가 경영에 참여하면 노동조합이 기업 운영의 적극적인 지지
자가 되면서 작업 효율이 오르고 기업의 생산성과 이윤이 증대되는 효
과가 있다. 많은 경우 이렇게 얻은 초과 수익은 노동자에게 돌아가는데,
이는 노동조합이 혁신과 변화를 추진할 유인이 된다.

　또한 미래 지향적인 노동조합들은 노동자들이 자동화와 디지털화의
수혜를 누릴 수 있도록 모든 노동자에게 전문 직업훈련을 받을 권리를
보장하라고 요구하는 등 노동자의 경쟁력을 키우는 일에도 관여한다. 노
동조합은 현재 자리를 지키겠다고 고집하기보다는 미래 노동자의 생존

능력을 높이는 데 더 집중해야 한다. 그들이 속한 기업과 마찬가지로 디지털에 능한 저비용 집단이 되는 데 집중한다면, 미래 노동조합은 21세기에도 제 역할을 할 수 있을 것이다.

★★★
만만한
경제 용어

아웃소싱 많은 선진국 기업은 통신과 컴퓨터 기술을 활용해 다양한 저숙련 업무를 해외로 이전하고 있다. 21세기 들어 인도의 콜센터부터 동유럽의 부기 업무까지 다양한 분야에서 인건비가 싼 나라로 아웃소싱이 일어났다. 심지어 인터넷을 통해 주로 개발도상국에 사는 시간당 수업료가 저렴한 가정교사로부터 언어, 수학 등 다양한 개인 교습을 받는 온라인 과외 서비스까지 등장했다.

미국 공정노동위원회(FLA) Fair Labor Association. 대학 캠퍼스를 중심으로 활동하는 인권단체 중 하나인 미국 공정노동위원회는 기업, 소비자, 사회운동가 들이 모여 개발도상국 공장의 노동력 착취 행태를 개선할 방법을 모색하는 기구다. 이들은 소비자의 지지를 바탕으로 노동조합 설립의 자유, 최저임금, 최대 노동 시간, 위생, 근로자 안전 등을 보장하는 법을 만들기 위해 노력하고 있다.

보편적 의료보장제도는
국가 경제를 어떻게 바꾸는가

#의료보험과 기대수명

다른 모든 것에는 가격을 매겨도, 건강만은 정말이지 가격을 매길 수 없다. 그래서 경제적 번영을 측정하는 지표인 GDP에도 건강이나 행복은 반영되지 않는다. 하지만 건강 대신 의료에 가격을 매길 수는 있다.

　미국의 의료비는 다른 모든 선진국에 비해 평균 두 배 이상 비싸다. 비싼 의료비의 원인으로 높은 비만 인구 비율, 많은 당뇨병 환자, 다른 나라보다 병원을 자주 가는 미국인의 특성 등 여러 가지가 지목됐다. 하지만 통계를 자세히 들여다보면, 미국인은 평균적으로 다른 선진국 사람들보다 병원에 훨씬 적게 간다. 또 미국의 비만과 당뇨 환자 비율이 높은 건 사실이지만(2017년 현재 15세 이상 미국인 가운데 38.2퍼센트가 비만이며, 10.8퍼센트가 당뇨를 앓고 있다), 의료비 지출이 훨씬 적은 캐나다나 멕시코, 헝가리, 영국에 비해 엄청나게 높지는 않다.

다른 나라는 어떻게 의료비를 낮게 유지하는 걸까? 세계 대다수 선진국은 단일 보험자 체계*를 갖추고 있으므로 병원이나 제약회사 같은 의료 업체들과 협상해 가격을 낮게 유지할 수 있다. 예를 들어 정부가 의료비의 대부분을 부담하는 캐나다에서 의료 업체들은 캐나다 시장을 아예 떠날 게 아니라면 낮은 가격에 계약을 체결하라는 압력을 받게 된다.

미국에서도 메디케이드, 메디케어, 재향군인부 같은 정부 프로그램의 지원을 받는 의료보험은 다른 보험보다 평균 의료비를 훨씬 적게 지출한다. 미국에서는 정부 기관이 협상하는 경우 민간 의료보험이나 직장 의료보험이 내는 평균 의료비보다 반 이상 저렴한 의료비가 책정될 확률이 약 5분의 1에 달한다.

응급실에 가면 파산할 수도 있는 나라

더 심각한 문제는 2010년대 말 현재, 미국인의 10퍼센트가 넘는 약 3000만 명이 어떤 형태의 의료보험에도 가입돼 있지 않다는 것이다. 이

• 단일 보험자 체계란 전 국민이 의무적으로 국가에서 정한 의료보험(한국의 경우 국민건강보험)에 가입해야 하는 체계를 말한다. 미국의 경우 다보험자 체계를 채택하고 있어 국민 모두가 의무적으로 가입해야 하는 공공 의료보험이 존재하지 않는다.

들은 병원 응급실에 가기만 해도 파산할 수 있다. 병원은 보험이 없는 환자에게 메디케어 환자보다 훨씬 높은 비용을 청구함으로써 다른 곳에서 발생한 손실을 메우곤 한다.

하버드대학교 연구에 따르면 미국 내 개인 파산의 60퍼센트 이상이 의료비를 지불하지 못해 발생한다. 의료비 때문에 파산을 신청한 사람 중 대다수는 의료보험이 있지만, 병원비를 다 내기에는 부족하다. 하늘 높은 줄 모르는 미국의 의료비는 메디케이드나 NHS* 같은 정부 의료보험의 부재와 비효율적인 시장의 합작품이다.

다른 모든 분야에서는 가격이 공개되고 이를 바탕으로 소비 결정이 이뤄지지만, 의료 분야는 유독 가격이 투명하게 공개되지 않는 경우가 많다. 이는 미국만의 문제가 아니고 다른 여러 나라에서도 나타나는 문제다. 심장마비로 쓰러져 병원에 실려 가는 중이라면 병원비 걱정은 뒤로 미뤄지게 마련이다. 환자들은 건강해지기 위해서라면 약과 치료에 얼마든지 돈을 쓰려 한다. 이처럼 수요가 가격에 민감하게 반응하지 않을 때, 경제학자들은 수요가 '비탄력적'이라고 말한다. 그리고 이런 수요의 비탄력성 때문에 다른 나라에서는 몇 달러에 팔리는 약이 미국에서는 수백, 수천 달러에 팔리는 일이 벌어진다.

단일 보험자 체계인 다른 나라와 달리, 미국에는 의료보험이 너무 많아서 수요자들이 단결해 의료비를 협상할 수 없다. 미국의 의료보험들

* 영국의 국민의료보험.

순위	국가	의료비 지출 (1인당 지출액, 단위: 달러)	의료비 지출 (GDP에 대한 비율)	기대수명(년)
		OECD 주요 국가의 의료비 지출액		
1	미국	9,892	17.2%	79.3
2	스위스	7,919	12.4%	83.4
3	룩셈부르크	7,463	6.3%	82.0
4	노르웨이	6,647	10.5%	81.8
5	독일	5,551	11.3%	81.0
6	아일랜드	5,528	7.8%	81.4
7	스웨덴	5,488	11.0%	82.4
8	네덜란드	5,385	10.5%	81.9
9	오스트리아	5,227	10.4%	81.5
10	덴마크	5,199	10.4%	80.6
13	캐나다	4,644	10.3%	82.2
17	영국	4,192	9.7%	81.2
23	이스라엘	2,776	7.3%	82.5
25	한국	2,729	7.7%	82.3
29	헝가리	2,101	7.6%	75.9
31	칠레	1,977	8.5%	80.5
35	멕시코	1,080	5.8%	76.7

자료: 블룸버그, 2017

은 의료 서비스 제공자에게 가격을 낮추라고 압박할 만한 힘이 없고, 그래서 의료 기관이 마음대로 가격을 높여 부를 수 있다.

미국은 세계에서 1인당 의료비 지출이 가장 많은 나라인 동시에 선진국 가운데 기대수명이 가장 짧은 나라이기도 하다.

의료보험이 경제에 미치는 영향

기대수명은 식단, 기후, 살인율 등 여러 요인의 영향을 받지만, 아직까지는 의료가 가장 큰 영향을 미친다. 일부 개발도상국에서는 기초적인 의료 서비스조차 받기 힘든데, 전 세계에는 이런 곳에 살며 말라리아, 에이즈, 결핵에 걸려도 제대로 치료받지 못하는 사람이 수십억 명에 달한다. 당연히 이들 지역 주민의 기대수명은 매우 낮다.

기대수명과 효율성을 기준으로 볼 때 좋은 의료를 제공하고 있다고 판단되는 나라들은 대개 정부가 관리하는 단일 보험자 체계를 기본으로 더 완벽한 보장을 받길 원하는 사람은 다양한 민간보험에 추가로 가입할 수 있게 하고 있다. 좋은 의료 체계를 갖춘 나라에서는 거의 모든 시민이 어떤 방식으로든 의료비를 보장받는다.

영국 레가툼 연구소 Legatum Institute가 2017년에 발표한 국제번영지수 Global Prosperity Index에서는 가장 성공적인 의료 시스템을 갖춘 국가로 룩셈부르크 등 열 곳을 꼽았다.

최고의 의료 시스템을 갖춘 국가 순위

● **1. 룩셈부르크, 평균 수명: 82.2세**

보편적 의료 보장. 이 작은 나라에서는 거의 모든 국민이 세금으로 운영되는 의무 건강보험에 가입돼 있으며, 약 75퍼센트는 나머지 비용을 보장받기 위해 추가 보험료를 납부하고 있다. 보험사는 자유롭게 선택할 수 있다. 대부분의 의료 행위는 수가가 정해져 있다.

● **2. 싱가포르. 평균 수명: 84.7세**

보편적 의료 보장. 국영과 민영 병원 혼재. 싱가포르에서 일하는 모든 노동자는 소득의 약 37퍼센트를 의무 저축 계좌에 저축해야 하며, 이 돈은 나중에 의료비 등으로 쓰인다. 정부는 권한을 행사해 의약품 가격과 치료비를 낮춘다.

● **3. 스위스. 평균 수명: 82.5세**

보편적 의료 보장. 모든 시민은 민간 의료보험에 가입해야 하며, 이 중 약 30퍼센트는 보험료를 정부로부터 보조받는다. 의료 제공 주체는 민영 병원과 정부 운영 병원이 섞여 있다. 보험사들은 기본 치료는 비영리로 운영하고, 1인실 사용료 같은 추가 비용이 발생하는 서비스를 통해서만 돈을 벌어야 한다.

● **4. 일본. 평균 수명: 84.7세**

보편적 의료 보장. 공공 의료보험 가입이 의무이며, 보험료는 주로 고용주가 낸다. 환자는 의료비의 20퍼센트를 선지급한다.

● **5. 네덜란드. 평균 수명: 81.2세**

보편적 의료 보장. 모든 사람이 의무적으로 주요 질병을 보장하는 보험에 가입해야 한다. 장기 치료비와 노인 의료비는 세금으로 운영되는 정부 보험에서 보장한다. 민간 보험사는 환자의 나이와 건강 상태에 관계없이 모두 같은 보험료를 청구해야 한다.

● **6. 스웨덴. 평균 수명: 82세**

보편적 의료 보장. 개인이 12개월 동안 지출한 의료비가 일정 금액을 초과할 경우 세금으로 운영되는 건강보험에서 나머지 의료비를 지급한다. 처방 의약품에 보조금이 지급되고 의약품 가격은 정부의 관리를 받는다. 일부 처치나 수술에 대한 우선권을 주는 민간 의료보험이 있지만, 가입자 수는 100만 명 미만이다.

7. 홍콩. 평균 수명: 82.8세

보편적 의료 보장. 공공 의료기관과 민간 의료기관이 혼합돼 있다. 민영 의료보험 가입자는 민간 병원을 이용하지만, 대다수는 정부 지원을 받는 공공 병원과 공공 의료보험을 이용한다. 홍콩 여성은 세계의 모든 인구 집단 가운데 가장 기대수명이 길다.

8. 오스트레일리아, 평균 수명: 82.2세

보편적 의료 보장. 오스트레일리아 국민 가운데 약 50퍼센트는 민간 보험에 가입돼 있으며 나머지는 국가가 운영하는 메디케이드에 가입돼 있다. 처방 의약품에 대해 의약보조금제도 Pharmaceutical Benefits Scheme(PBS)를 통해 보조금을 지급한다. 민간 병원과 정부 운영 병원이 함께 의료를 제공한다. 공공 병원의 치료비는 무료이며, 민간 의료보험에 가입하는 이유는 대부분 1인실 사용료를 보장받기 위해서다.

9. 이스라엘, 평균 수명: 82.3세

보편적 의료 보장. 모든 이스라엘 거주자는 쿠파트 홀림Kupat Holim이라 불리는 네 개의 국영 보험기관 가운데 한 곳에 가입해야 한다. 쿠파트 홀림은 비영리 기관으로 운영되며, 소득이나 병력에 관계없이 모든 거주자에게 의료 서비스를 제공한다.

10. 독일, 평균 수명: 80.7세

보편적 의료 보장. 모든 시민은 크란켄카세Krankenkasse라 불리는 공공 의료보험에 의무적으로 가입해야 한다. 고소득자라면 더 보장 범위가 넓은 민영 보험에 가입할 수도 있다. 보험료를 납입할 수 없는 경우 정부가 보험료를 지불한다. 민간 병원과 정부 운영 기관이 함께 의료를 제공한다.

자료: 레가툼 연구소, 2017, CIA 월드팩트북, 2019

환자가 병원과 의사를 선택할 권한이 없고, 진료 대기 시간이 길고, 정부 지출이 늘어나는 등의 단점에도 불구하고 보편적 의료보장제도는 의료 인력과 기초 의료 서비스가 몹시 부족한 가난한 나라들에 좋은 해결책이 될 수 있다. 개발도상국에 아주 기본적인 의료보험을 도입하는 것만으로도 사람들이 제 능력을 발휘하지 못하게 하는 여러 질병과 합병증을 줄일 수 있다는 증거가 있다. 게다가 공공과 민간 분야를 함께 운영하면 세금을 많이 올리거나 정부 지원에 모든 것을 의존하지 않아도 된다.

코스타리카와 칠레 등은 저렴한 의료비가 국가 발전에 도움이 된다는 것을 깨닫고 보편의료제도를 도입했다. 치료비가 미국의 약 8분의 1 수준인 이들 국가의 기대수명은 미국과 비슷하거나 오히려 더 높다. 제대로 된 의료보험을 갖춘 나라는 건강한 인력이 제공하는 노동력과 경영 기법을 활용해 더 많은 상품과 서비스를 생산할 수 있으며, 이렇게 번 돈으로 다시 의료보험의 보장성을 높일 수 있다.

★★★
만만한
경제 용어

탄력성(수요 탄력성, 공급 탄력성) 행동을 바꾸는 경향 또는 '신축성'을 의미하는 경제 용어로 기간에 따라 달라진다. 가령 수요의 가격 탄력성은 제품 가격이 변할 때 그 제품의 수요가 얼마나 크게 변하는지를 나타낸다. 수요 탄력성이 큰 소비자는 제품 가격을 인하하면 바로 소비를 늘리는 경향이 있다. 수요 탄력성이 작은 소비자는 더 싸게 파는 가게가 있어도 항상 같은 제품을 같은 가게에서만 사는 경향을 보인다.

복지국가 개인이 모든 것을 책임지는 나라와 달리, 정부가 시민의 기초적 건강과 안녕을 보장하는 국가를 복지국가라고 부른다. 많은 현대 국가는 복지국가를 모델로 세워졌다. 복지국가의 중앙정부는 교육, 의료, 일자리 창출 등 요람에서 무덤까지 시민 복지를 책임진다.

경제 트렌드를 바꾸는
새로운 세대의 등장

#밀레니얼 이코노미

나라마다 정확한 시기는 다르지만, 2010년대 들어 전 세계에서 밀레니얼 세대가 가장 큰 인구 집단이 됐다. 이전 수십 년 동안 세계에서 가장 큰 인구 집단은 베이비붐 세대였다. 2차 세계대전 이후 20년 동안 이어진 폭발적 인구 증가 시기에 태어난 베이비붐 세대는 부모 세대나 자식 세대보다 훨씬 큰 영향력을 가지고 많은 경제적 결정권을 행사했다.

전후 시대에는 새로운 집과 차를 마련하려는 끊이지 않는 수요가 세계 경기를 부양했다. 이는 이전에도 없었고 이후에도 다시 오지 않을 높은 경제성장률로 이어졌다. 1950~1960년대 활황기 동안, 미국을 비롯한 여러 나라의 실질 GDP는 이후 시대보다 약 두 배 더 빠르게 성장했다. 당시 지배적 인구 집단이던 베이비붐 세대는 경제활동 전반에 큰 영향을 미쳤다.

일반적으로 세대별 인구 집단은 다음과 같이 분류한다.

- 1945년~1960년 중반: 베이비붐 세대
- 1960년대 중반~1980년대 중반: X세대(MTV 세대)
- 1980년대 중반~2000년: 밀레니얼 세대(Y세대, '나' 세대the me generation)
- 2000년~2020년: Z세대(i세대, 스마트폰 세대)

일반화하기는 어렵지만, 한 인구 집단의 구성원들은 대체로 핵심적인 기본 신념이나 행동을 공유할 때가 많다. 세대별 인구 집단도 예외는 아니다. 가령 베이비붐 세대는 2차 세계대전 이후의 빠른 경제 발전과 번영에 힘입어 매우 긍정적이고, 새집과 차를 마련하는 데 열심인 경향이 있었다.

그다음 세대인 X세대는 시장에 대해 훨씬 회의적 시각을 가진 것으로 보인다. 1970년대 경제위기와 1980년대 경제 호황기에 레이거노믹스와 대처주의를 겪은 이들은 경제에 회의적이며 일과 삶의 조화를 중시한다.

2000년대로 향하는 시기에 태어나, 2001년 9·11테러와 2008년 대침체의 영향을 받은 밀레니얼 세대는 무분별한 경제 성장의 가치에 대해 X세대보다도 더 회의적이다. 이들은 사회적 평등, 지속 가능한 환경,

삶의 질을 강조한다.

　컴퓨터, 태블릿, 스마트폰 등 디지털 기술은 밀레니얼 세대와, Z세대라는 임시명이 붙은 그다음 세대의 경제 행동에 다양하게 영향을 미친다. 이들이 항상 사용하는 스마트폰과 스마트폰을 통해 접속할 수 있는 소셜미디어는 신세대의 행동에 근본적 변화를 일으키고 있으며, 아직 그 영향력은 다 파악할 수 없다.

세대마다 달라지는 소비 방식

디지털 기술은 전 세계 젊은이들의 경제적·사회적 행동을 다방면으로 바꿔놓았다. 요즘 젊은이들이 현실 세계에서 사회적 관계를 만드는 대신 온라인에서 가상 우정을 쌓는 데 훨씬 많은 시간을 쏟는 것은 한 가지 예에 불과하다. 1990년대 이후 술과 마약의 소비가 큰 폭으로 감소했으며, 많은 나라에서 담배 소비량이 절반 이하로 떨어졌고, 성관계를 경험한 고등학생의 수도 25퍼센트 이상 줄었다. 사람들이 텔레비전보다 더 작은 화면을 보며 시간을 보내게 되자, 광고업체와 언론의 행동도 바뀌었다. 넷플릭스, 아마존, 애플TV에서 제공하는 비디오 스트리밍이 주요 미디어가 되면서, 21세기 언론의 제작과 배포 방식은 완전히 변했다.

　생산과 마케팅 분야의 기존 패러다임은 기술에 익숙한 신세대에 의해 상당 부분 깨졌다. 베이비붐 세대는 남에게 뒤처지지 않으려 최신 자동차와 텔레비전을 사고, X세대와 일부 밀레니얼 세대는 최신 유행하는 옷이나 음반을 산 데 반해 요즘 젊은 소비자들은 '자기만의 물건'을 가지려 한다. 선호하는 브랜드나 상품을 보면, 이들이 대중적 경제 행동에서 벗어나 개인의 스타일과 콘텐츠를 중시하는 방향으로 가고 있다는 사실을 알 수 있다.

이들이 표준화된 아메리칸드림에 맞는 경제 행동을 하지 않으면서, '중산층'의 상징처럼 여겨지는 상품을 '입장권'처럼 판매하던 기업은 쇠락하기 시작했다. 이러한 경향은 시어스백화점이나 케이마트 같은 오래된 기업뿐 아니라(2017년, 시어스는 미국에 있는 300개 점포의 문을 닫았다), 옛날 브랜딩 기법대로 개성 있는 옷차림보다 이상적 스타일을 따를 것을 강조하는 아베크롬비 같은 기업에도 영향을 미쳤다. 개인주의와 독립성을 강조하는 신세대는 21세기 상품의 생산과 판매 방식을 새롭게 변화시키고 있다.

소셜미디어는 대중 시장이 개별 소비자 맞춤형 시장과 틈새시장으로 전환되는 데 큰 역할을 했다. 베이비붐 세대와 X세대는 대중을 위해 제작된 TV 프로그램과 신문에서 정보를 얻으며 자랐다. 하지만 이제는 레딧, 페이스북, 팟캐스트부터 코미디 뉴스 프로까지 온라인을 이용해 정보를 선택적으로 취득할 수 있으며, 구세대들마저도 이런 새로운 방식에 익숙해진 상황이다.

삶의 질을 중시하는 사람들

이제 정치·사회 분석가들은 개인 중심 사회가 도래하면서 사람들이 자신과 반대되는 의견이나 행동을 '틀렸다'고 여기는 세상이 오지는 않을까 우려하고 있다. 1960년대 히피 자본주의로 대표되는 이전 세대의 다원주의 사회에서 아무도 반대 의견을 듣거나 자신과 다른 행동을 보고 싶어 하지 않는 자기중심적 고립 사회로 바뀔 수 있다는 것이다. 많은 젊은이가 텔레비전 방송사, 신문, 잡지 같은 기존의 뉴스 매체를 버리고 소셜미디어에만 의존해 세계 전반을 배우고 이해하려 한다는 사실은 이런 상황을 더 악화시킨다. 이런 행동 때문에 세상에는 점점 더 편향된 시각이 늘고 있다.

예를 들어 많은 사람이 경제 협력이 주는 이점을 무시한 채, 정치적 올바름을 이유로 최저임금이 낮은 나라에서 만든 물건을 불매하고 있다. 그런가 하면 언제나 지역 상품을 사는 것이 가장 좋다는 생각도 널리 퍼져 있다. 하지만 사실 신중히 고려하지 않고 지역 농산물만 소비할 경우, 예기치 못한 환경 문제가 발생할 수 있다. 네덜란드나 캐나다에서 온실을 지어 직접 토마토를 기르려면, 항공과 선박 운송 과정을 모두 고려하더라도 스페인이나 멕시코산 토마토를 수입할 때보다 훨씬 더 많은 탄소를 배출해야 할지도 모른다.

이전 세대의 경제 행동이 신세대에게 경각심을 심어준 것은 분명해 보인다. 가령 베이비붐 세대는 집을 짓기 위해 숲과 농경지를 심하게 훼

손시켰다. 이는 밀레니얼 세대가 회사와 편의시설에 가까워서 교통 체증에 덜 시달리고 오염을 덜 배출할 수 있는 시내 중심가의 작은 집이나 아파트를 선호하는 결과를 낳았다.

심지어 베이비붐 세대 중에서도 나이가 들고 은퇴를 준비하면서 값비싼 마당이 딸린 큰 집을 포기하고 더 작은 집이나 아파트로 이사하는 사람이 늘었다. 작은 집으로의 이사는 이들의 삶의 질을 높이는 동시에 경제활동에 따른 탄소 배출량을 줄여주었다. 은퇴를 앞둔 베이비붐 세대는 생의 마지막 단계에 삶의 질을 높이기 위해 대안적 삶을 존중하고 편안한 삶을 지향하기 시작했다. 이들은 골프나 크리켓을 테마로 한 실버타운부터 동성애자만 들어갈 수 있는 숙식 공동체까지 다양한 곳으로 이동하고 있다.

인구가 기존에 살던 교외에서 북적이는 도심으로 이동하는 현상은 사회에 좋은 영향과 나쁜 영향을 동시에 미친다. 교외에 주택을 짓지 않으면 가구, 집 수리, 마당 관리에 필요한 지출이 줄어들 뿐 아니라, 교외 주택을 짓거나 출퇴근용 차를 만드는 인력에 대한 수요도 줄어든다. 이런 블루칼라 일자리가 크게 감소하면 부자와 가난한 자 사이의 격차는 더욱 벌어질 것이다. 반면 자동차가 내뿜는 매연이 줄어들어 환경에 많은 도움이 된다는 점과 도시 중심 라이프스타일로 경제의 생산성이 높아진다는 것은 장점이다. 실제로 밀레니얼 세대가 직장이나 주로 활동하는 지역에서 가까운 곳으로 이사하면서 흥미로운 시너지 현상이 나타나고 있다. 많은 연구에 따르면 인구 밀도가 높은 지역에서는 다른 사람과 밀접하게 교류하며 아이디어를 나누고 서로 협력하기 쉽기 때문에 생산성이 크게 높아진다. 많은 밀레니얼 세대가 작은 아파트(대개 개인 생활 공간은 작지만, 다른 거주자와 교류할 수 있는 넓은 공동생활 공간이 있다)에 모여 살기 시작하면서 협력으로 인한 긍정적 시너지 효과도 커지고 있다.

그들이 공유경제에 열광하는 이유

밀레니얼 세대는 부모 세대보다 적은 임금을 받고, 학자금 대출 빚에 시달리는 곤경을 겪고 있다. 금전적 어려움 때문에 이들은 옷부터 집까지 갖가지 물건을 교환할 수 있는 온라인 사이트와 공유 자동차 등의 기술을 적극적으로 사용한다. 영국의 경우 밀레니얼 세대의 주택 자가 보유율은 같은 나이 베이비붐 세대의 약 절반 정도다. 젊은 노동자의 자동차 보유율도 많은 나라에서 줄어들고 있다.

소유가 아닌 이용이 강조되면서 자동차 제조사 등은 기존의 사업 계획을 근본적으로 다시 생각하게 되었다. 실제로 포드자동차는 집카를 통해 북미 250개 대학 캠퍼스에 공유 자동차를 공급하기로 했다. 이들의 목적은 밀레니얼 세대에게 제품을 홍보하는 데 있다. 특정 자동차에 익숙해진 사용자들이 나중에 그 차를 구입하길 바라는 마음에서다. 하지만 밀레니얼 세대는 물론이고 구세대 사이에서도 차를 사는 것보다 공유하는 편이 더 경제적이고 편하다는 생각이 퍼지고 있다.

이전 세대와 다른 새로운 세대의 경제 행동은 경기 부양을 위한 이자율 인하 같은 거시경제 정책의 효과에도 영향을 미친다. 1980년대 초 미국에서는 경기침체를 벗어나기 위해 '레이건식 경기 부양 정책'이 시행됐다. 정부가 세금을 인하하고 지출을 늘려 재정을 적자 운영하고 연방준비제도가 이자율을 내리자, 베이비붐 세대는 새집과 새 차를 장만하기 위해 달려들어 경기 회복에 원동력을 제공했다. 하지만 오늘날에는 정부 지출을 늘리고 이자율을 인하한다 해도 밀레니얼 세대의 소비 패턴이 바뀔지는 미지수다. 공유 자동차나 대중교통이 더 편하다거나 빚을 더 낼 마음이 없다고 말하는 사람이 많기 때문이다. 2010년대 말 미국 학자금 대출의 총 규모는 1조 달러를 넘어섰다. 학생 한 명당 평균 3만 7000달러 이상의 빚을 지고 있는 셈이다.

사실 여러 유럽 국가에서는 주택 소유를 필수가 아닌 선택으로 여긴다. 예를 들어 독일과 스위스의 주택 자가 보유율은 미국이나 캐나다보다 훨씬 낮지만, 이런 현상이 이들 국가의 경제에 나쁜 영향을 미치지는 않는 듯하다. 밀레니얼 세대를 비롯해 무주택자들은 대부분 주택을 소유하지 않음으로써 늘어난 가처분소득을 직업교육 등 자신에게 더 중요한 일에 투자한다. 아이디어가 중요한 현대 경제에서 공학 기술을 비롯한 유용한 기술을 습득하는 일은 개인은 물론 경제 전체에 어마어마한 가치를 창출할 수 있다.

밀레니얼을 위한 투자법

많은 밀레니얼 세대와 이들보다도 어린 Z세대는 집과 차를 사는 대신 세상을 더 좋은 곳으로 만드는 일에 돈을 쓴다. 예를 들어 이들은 푸드뱅크에 참여하거나 크라우드펀딩 웹사이트에 올라온 자선 프로젝트에 돈을 낸다. 큰돈을 쓸 곳이라고는 스마트폰 정도인 많은 밀레니엄 세대는 비영리 단체, 선거 캠페인, 스타트업 등 원하는 곳에서 저임금 또는 무급 직원으로 일하기 위해 근로 시간을 줄이기도 한다.

일부는 해외여행을 가거나 개발도상국에서 봉사활동을 하는 데 시간과 에너지를 쏟는다. 이들은 개발도상국에 학교를 짓고 기후 변화로 인한 가뭄으로 고통받는 지역에 우물을 판다. 대개의 경우 이런 경제활동은 GDP 같은 전통적 경제지표는 물론이고 그린 GDP라 불리는 환경 GDP에도 포함되지 않는다. 그렇다고 해서 이런 일을 하는 밀레니얼 세대나 은퇴한 이전 세대 사람들이 세계 경제에 미치는 엄청난 영향을 과소평가할 수는 없다.

물론 차와 집을 사지 않음으로써 늘어난 가처분소득을 투자할 수도 있을 것이다. 하지만 전 세계적으로 밀레니얼 세대의 대다수는 투자를 전혀 하지 않는다. 비교적 낮은 임금과 과도한 학자금 대출이 일부 영향을 미친 것으로 보인다. 밀레니얼 세대는 투자를 하더라도 미래 가치 상승 여부가 불확실한 비트코인 같은 비전통적 자산에 투자하는 경우가 많다. 하지만 장기적으로 안정적인 재정 상태를 유지하려면, 신중한 금융 계획을 세우고 투자 계좌의 돈을 꾸준히 늘려나가야 한다.

많은 밀레니얼 세대는 투자는 부자만 할 수 있다거나 은퇴가 가까워질 때 시작해도 된다는 생각을 가지고 있다. 하지만 디지털 기술에 익숙하다면 밀레니얼 세대는 물론 이들보다 더 어린 세대도 얼마든지 투자를 할 수 있다. 단기 소득을 노리고 가격이 급변하는 암호화폐를 사는 대신 스마트폰이나 온라인 플랫폼을 통해 적은 돈부터 투자를 시작해보자. 넛메그Nutmeg, 머니팜Moneyfarm, 웰시파이Wealthify 같은 온라인 플랫폼을 이용하면 은행이나 투자 회사를 방문해 계좌를 만들지 않아도 적은 돈을 쉽고 안전하게 투자할 수 있다. 발전하는 디지털 경제가 제공하는 다양한 기회를 활용하면, 밀레니얼 투자자들은 경제적으로 안정적이면서도 흥미로운 삶과 이전 세대가 경험하지 못한 다양한 투자 방식을 누릴 수 있을 것이다.

Basic

X세대, Y세대, Z세대 1945년부터 1960년대 중반 사이에 출생한 베이비붐 세대의 다음 세대들은 적절한 이름이 붙기 전에 먼저 알파벳을 부여받았다. X세대(미국에서는 'MTV세대'로 불리기도 한다)는 1960년대 중반부터 1980년대 중반까지 태어난 사람들을 가리킨다. Y세대는 1980년대 중반부터 2000년까지 태어난 사람들을 지칭하며, 주로 '밀레니얼 세대' 또는 '나(me) 세대'로 불린다. 2000년 이후 출생자를 가리키는 Z세대는 영미권에서는 'i세대(iGen)' 또는 '스마트폰 세대'로, 중국에서는 '00년 이후 출생'했다는 뜻인 '링링허우'로 불린다.

패러다임 게임의 법칙. 경제에서 패러다임 전환은 경제에 대한 인식을 바꿈으로써 경제의 작동 방식을 바꾸는 것을 말한다. 가령 인터넷은 제품 및 서비스를 생산하고 판매하는 방식에 대한 패러다임을 바꿔놓았다. 세계관(weltanschauung) 개념에 기초한 패러다임은 한 사회나 경제 체제를 이루는 믿음과 가치의 총합을 말한다.

노동이 줄어드는 시대의
일과 삶

#일에 대한 새로운 정의

데이터, 로봇, 인공지능이 21세기 경제에 혁신을 일으키면서, 국가와 개인은 이전의 경제 모델을 되돌아보게 됐다. 지난 수십 년, 아니 수백 년 동안 일은 인간의 가장 중요한 활동으로 여겨졌다. 일부 국가에서는 일을 '하늘이 인간에게 내린 소명'으로 여기기까지 했다. 하지만 이제 옛날에 사람이 하던 일은 대부분 기계로 대체되었고 우리에게는 다른 존재 의의를 찾아야 할 필요가 생겼다. 드디어 '어떤 경제 모델이 우리를 가장 행복하게 해줄까?'라는 질문을 던져야 할 시대가 온 것이다.

신세대 노동자들은 이전과는 완전히 다른 우선순위와 기대를 품고 세계 경제에 발을 들인다. 이들의 주요 고려 사항은 워라밸^{work-life balance},

즉 일과 삶의 균형을 맞추는 것이다. 돈을 많이 벌겠다는 한 가지 목표를 가지고 직업을 선택했던 구세대와 달리, 요즘 사회 초년생들은 돈을 적게 벌더라도 일을 덜 하는 편을 선택한다. 경제 생산량을 늘리고 부를 축적하는 것에 목표를 둔 과거의 '터보 자본주의' 모델 속에서 인간은 최대한 긴 시간 일해 경제를 떠받치는 존재로 여겨졌다. 하지만 오늘날 세상에서 이런 경제 모델은 점점 더 구식이 되어가고 있다.

예를 들어 덴마크 사람들은 직업적 삶과 다른 가치 사이에 균형을 잡기 위해 노력하고 있다. 이들은 덜 부유하더라도 더 행복한 삶을 선택한다. 덴마크의 '휘게^{hygge}' 철학은 기본 욕구만 충족할 수 있으면, 더 많은 돈이 더 행복한 삶을 보장하지는 않는다는 생각에서 나왔다. 실제로 무상 의료나 무상 대학 교육, 편리한 대중교통 등으로 기본 욕구가 채워지고 모든 필수품을 갖추고 나면, 돈을 더 많이 버는 것이 삶에서 가장 중요한 일이라는 생각은 들지 않을 것 같다.

다른 나라에서도 돈에만 중점을 두지 않고 삶의 다양한 면을 종합적으로 고려하려는 시도가 나타나고 있다. 예를 들어 '삶의 의미'로 번역할 수 있는 일본의 '이키가이^{いきがい}'는 우리 삶에서 중요한 네 가지 가치를 동시에 충족하는 일을 말한다. '잘하는 일', '돈을 벌 수 있는 일', '세상에 필요한 일', '좋아하는 일'을 모두 충족하는 일이 바로 이키가이다. 이 개념에 따르면 앞의 두 가지 조건이 합쳐지는 곳에는 '직업'이 위치하고, 첫 번째 조건과 마지막 조건이 합쳐지는 곳에는 '열정'이 위치한다. 이 모든 조건을 충족하는 일을 할 때, 즉 즐기면서 잘할 수 있고 세상에 필

요한 일이면서 돈도 벌 수 있는 일을 할 때 우리는 진정한 행복과 '삶의 의미(이키가이)'를 찾을 수 있다. 돈을 받고 고급 레스토랑을 찾아 요리에 대한 기사를 쓰는 성공한 음식 평론가나 전 세계 콘서트 티켓을 매진시키며 커리어를 쌓아나가는 재능 있는 음악가 등이 그 예다.

　이외에도 많은 나라에서 종합적 시각으로 21세기 경제 속에서 일과 삶의 조화를 찾는 경향을 볼 수 있다. 예를 들어 스웨덴의 '라곰lagom'은 자연과 조화를 이룬 단순한 삶을 의미한다. 스웨덴 가구 회사 이케아는 전 세계에 공급되는 자사 제품을 통해 이 개념을 널리 알렸다. 네덜란드의 '허젤러흐gezellig'는 편안한 장소·물건·사람들에 둘러싸인 순간의 가치를 높이 평가하는 철학이다. 허젤러흐는 사전적으로 '친근한' 또는 '사교적인'이라는 의미다. 핀란드의 '팬츠드렁크päntsdrunk' 또는 '칼사리캔니kalsarikännit'는 혼자 취하는 휴식의 가치를 찬양한다. 유명한 호머 심슨 그림으로 '칼사리캔니'를 재치 있게 설명하는 밈•은 칼사리캔니를 '밖에 나갈 생각 없이 집에서 속옷 바람으로 하는 혼술'이라고 설명한다.

노동이 사라지는 시대

많은 전문가에 따르면 21세기 사람들이 직업을 구할 때 가장 많이 고려

● meme. 그림이나 사진에 재치 있는 문구를 붙인 게시물.

하는 것은 일과 삶의 조화라고 한다. 로봇 기술이 발전해 인간이 할 일이 없어질 거라는 일부 미래학자들의 예측을 생각하면, 다가올 기계 시대에 과연 인간이 할 일이 남아 있을지 궁금해진다. 이미 인공지능은 운전과 흉부 엑스레이 판독부터 와이파이가 연결된 냉장고에 즐겨 먹는 음식을 주문해 채워 넣는 일까지, 점점 더 많은 일을 인간 대신 처리하고 있다. 기계와 인공지능이 거의 모든 일을 스스로 할 수 있는 수준에 도달하면 우리는 무슨 일을 해야 할까?

한 가지 가능한 시나리오는 저숙련 일자리의 대부분을 기계가 대체하는 대신, 인간에게는 로봇 설계 같은 더 복잡하고 새로운 일자리가 주어지는 것이다. 이 시나리오대로라면 오늘날 저숙련 노동자가 주로 하는, 공장에서 냉장고를 조립하는 일이나 레스토랑에서 재료를 다듬는 일 등은 많이 사라질 것이다. 실제로 일부 분석에 따르면 20~30년 이내에 숙박·요식업 일자리의 60퍼센트와 제조·운송·물류·소매업 일자리의 50퍼센트가 사라진다고 한다.

단기적으로는 방문 물리 치료, 개인 간병인, 고객 서비스 분야의 고용이 증가하면서 많은 저숙련 노동자가 일자리를 찾을 수 있을 것으로 보인다. 그러나 자동화로 직장을 잃은 저숙련 노동자가 높은 수준의 공학적 전문성을 요구하는 고소득 직장으로 이직하기는 어려울 것이다. 인공지능 시대에는 소득 불평등이 지금보다 더 심해질지도 모른다.

어떻게 하면 이 문제를 해결할 수 있을까? 제대로 된 교육의 중요성은 점점 더 커지고 있다. 전통적으로 대학 교육은 직업시장에서 성공해 좋은 직장을 얻을 수 있는 확실한 길로 여겨졌다. 많은 분야에서 여전히 그렇기는 하지만, 역설적이게도 대학이 경영학 학위 같은 '실무' 능력을 갖춘 졸업자를 길러낼수록 기업은 빠르게 변하는 21세기 경제에 적합한 다재다능한 구직자를 찾아내기가 힘들어진다. 미래에 기업에서 가장 선호할 구직자는 실무 능력과 함께 전통에 구애받지 않는 창의적 사고를 갖춘 사람이 될 것이다. 미래의 근로자에게는 변화를 받아들이고 끊임없이 자신을 재교육해 바꿔나가는 능력이 가장 중요하다.

여기에 더해 기계를 다루는 능력과 함께 기계가 쉽게 흉내 낼 수 없는 창의성과 비판적 사고, 감정 지능, 융통성, 협동성을 겸비한 인재라면 성공 가능성이 높을 게 틀림없다. 역설적으로 이러한 능력을 기르는 가장 효과적인 방법은 기계를 등지고 다양한 문화를 경험하며 시간을 보내는 것이다.

독일, 오스트리아, 스위스 등에서는 젊은이들에게 일반 대학을 가는 대신 학업과 직업훈련을 병행할 수 있는 산학 연계 프로그램에 등록할 것을 장려한다. 이런 산학 연계 프로그램은 정부와 민간 기업이 힘을 합쳐 실무 능력과 높은 교육 수준을 함께 갖춘, 직무에 적합한 인력을 공급하겠다는 취지로 만들어졌다. 이 프로그램은 세 나라가 청년 실업률을 세계적으로 낮은 수준에 머물게 하는 데 도움이 됐으며, 많은 사람에게 지속적 재훈련을 통한 직업적 성장 기회를 제공했다. 스위스에서는 중등교육을 마친 학생 가운데 3분의 2가 산학 연계 프로그램을 선택한다. 스위스 UBS은행 총재인 세르지오 에르모티Sergio Ermotti 또한 이 프로그램

출신으로, 루가노의 한 작은 은행의 수습 직원으로 일을 시작해 2010년 대 초 세계적 은행의 CEO가 됐다. 그러나 아쉽게도 많은 나라에서 산학 연계 교육 과정은 일반 4년제 대학교에 들어가지 못한 사람이나 택하는 과정이라는 오명에 시달리고 있다.

21세기의 새로운 노동, 긱 경제

어떤 경우에는 자동화로 인해 제품 수요가 늘면서 오히려 일자리가 더 많아지기도 한다. 주로 기술 지원이나 관리직 일자리가 새로 생기는데, 특히 인사나 조직 관리 분야는 기계 도입 이후 생산 효율이 높아지고 회 사 규모가 커지면서 일자리가 늘었다. 미래에는 다양한 능력을 갖춘, 변 화에 잘 적응하는 사람일수록 좋은 일자리를 찾을 확률이 높아질 것이다.

기계로 점철된 21세기 직장에서 기계를 다루고 프로그래밍하고 설 계하는 능력은 점점 더 중요해지고 있다. 안타깝게도 기존 직원이나 주 로 나이가 많은 해고된 직원은 새로운 융합경제의 노동 수요에 맞는 교 육을 받지 못한 경우가 대부분이다. 고용주들은 경쟁 업체가 인재를 가 로채면 직원 교육에 투자한 돈을 잃을 수도 있다는 두려움 때문에 직원 교육에 회의적이다.

역설적이게도 기계가 점점 더 많은 일을 대신하는 오늘날, 많은 사람 이 일을 줄이기보다는 늘려야 하는 상황에 처해 있다. 예를 들어 50대

초반에 직장에서 해고된 사람들은 은퇴 자금이나 공공 연금으로는 부족한 생활비를 충당하기 위해 제2의 직장을 찾아야 하는 상황에 내몰린다. 사실 미국 가정 가운데 반 이상은 소득이 적다거나 예상치 못한 의료비를 지출했다거나 투자가 두렵다는 등의 이유로 은퇴 자금을 따로 모으지 않는다. 기존의 은퇴 연령이 지난 뒤에도 일해야 하는 사람이 늘어나면서 일부 현대 국가에서는 완전히 새로운 현상이 벌어지고 있다. 도저히 일할 수 없는 상태가 되거나 죽을 때까지 계속 일해야만 하는 사람들이 늘어나, 우리가 알던 은퇴라는 개념이 사라진 것이다. 게다가 생명공학의 발전으로 앞으로 10년 동안 기대수명은 더 늘어날 전망이다. 기대수명이 100세를 넘기기 시작하면, 예전처럼 45년 정도 직장생활을 해서 충분한 은퇴 자금을 모으기란 몹시 어렵거나 불가능해질 것이다.

임시직 중심의 긱 경제는 부족한 연금에 보탤 생활비를 벌려는 퇴직자부터 기존의 직장 개념을 거부하는 젊은이들까지, 21세기 경제를 사는 많은 이들에게 대안 일자리를 제공한다. 스내그워크Snag Work와 워놀로Wonolo 같은 앱이나 웹사이트는 임시로 일손이 필요한 상점이나 레스토랑이 파트타임 근로자를 안정적으로 구할 수 있게 해준다. 디렉틀리Directly라는 웹사이트에서는 임시 전화 상담원까지 구할 수 있다. 이 서비스를 신청하면 전문 상담원이 약간의 수수료를 받고 콜센터가 아닌 자신의 집에서 고객의 전화를 받아 고객 상담을 해준다. 리프트Lyft나 우버 같은 카셰어링 기업의 경우, 고용 인원 가운데 대부분이 주말 등 정해진 날에만 일하는 파트타임 직원이다. 이런 임시직 일자리가 더 안정적인 직장으로 가는 진입로 역할을 할 수 있다고 말하는 사람도 있다.

긱 경제의 단점은 임시 직원에게 주어지는 권리나 보호 장치가 적다는 것이다. 대체로 임시직은 직업 안정성이 낮고 건강보험료도 지원받지 못한다. 하지만 젊은 층을 비롯한 긱 종사자 중에는 직업 안정성 자체에 관심이 없다고 말하는 사람이 많다. 당장 잘릴지도 모르는 직장 한 군데에서 일하는 것보다 여러 임시직을 지속적으로 하는 편이 오히려 더 안정적이라고 말하는 사람도 있을 정도다. 퓨리서치센터에 따르면 2010년대 말 현재 미국에서는 약 네 명 중 한 명이 긱 경제에 종사한다.

미래의 일

혁신적 기술이 지배하는 세상은 확실히 우리에게 이전에 없던 방식으로 일하고 살아갈 기회를 줄 것이다. 예를 들어 무인 자동차가 믿을 만한 교통수단으로 발전한다면, 우리는 모든 운송 방식과 자동차 소유에 대해 새로운 시각을 가지게 될 것이다. 차를 하루 평균 22시간 동안 주차장에 세워두는 대신 다른 사람에게 보내 공유할 경우 여러 사람에게 교통수단을 제공하면서 추가 소득도 올릴 수 있다. 일에 대한 정의도 바뀌고 있다. 한때는 공장이나 사무실에 출근해 매일 여덟 시간씩 일하는 것만 일이라고 생각했지만, 화상 회의나 클라우드 컴퓨팅 같은 신기술이 도입되면서 일의 개념은 재정의됐다. 요즘의 근로자는 카리브 해안부터 스위스 스키 리조트까지 아무 데서나 언제든지 일할 수 있다.

　시간이 돈만큼 중요하다는 인식이 널리 퍼지면서 21세기 들어 부와 삶의 질 사이의 상관관계는 점점 더 약해지고 있다. 긱 경제의 부상 외에도 이런 현상을 보여주는 사례는 많다. 일례로 스마트 워킹*은 일은 회사 사무실에서 업무 시간 동안 하는 것이라는 고정관념을 깨고 자기 시간을 온전히 관리하고 싶어 하는 근로자들의 소망에 부응해 언제 일하고 쉴지를 근로자 스스로 정하게 해준다.

　관리자가 고분고분한 근로자에게 어떤 일을 어떻게 하라고 지시하는 톱다운 방식의 비즈니스 모델은 점점 더 구식이 돼가고 있다. 생산성은 이제 능률보다는 결과로 평가받기 시작했다. 원하는 결과만 얻을 수 있다면 어떤 방식으로 하는지 상관하지 않는 것이다. 밀레니얼 세대를 비롯해 디지털 기술에 능숙한 근로자들은 소셜미디어를 통해 다양한 방식으로 소통할 수 있는 시대에 왜 회사 회의실에서 오랜 시간을 보내야 하는지 이해하지 못하는 경우가 많다.

　전 세계 기업은 직원이 업무를 즐기고 성취감을 느낄 수 있도록 근무 환경을 개선하고 있다. 시애틀 아마존 본사 건물의 실내 식물원부터 덴마크, 싱가포르 등 전 세계 기업에 설치된 수면 캡슐과 유치원까지, 더 나은 직장생활을 원하는 근로자들의 요구를 충족시키는 새롭고 혁신적인 업무 공간이 늘고 있다.

● 정보통신 기술을 활용해 장소와 시간에 구애받지 않고 일하는 근무 형태.

정리하자면, 미래에 일은 새로운 사회·기술·경제에 맞춰 완전히 변할 것이다. 앞으로는 꼭 출근해서 일하지 않아도 목적을 가지고 하는 활동은 모두 직업으로 인정받을 것이다. 그 목적이 세상을 더 나은 곳으로 만드는 것이길 바란다.

More

401(k) 많은 정부가 소득의 일부를 은퇴 자금으로 모으는 사람에게 비과세 혜택을 준다. 미국에서 이 비과세 혜택을 받은 돈은 '401(k)'라고 불리는 연금 계좌에 입금된다. 영국에는 'SIPP(self-invested personal pension)', 스위스에서는 제3의 기둥이라는 뜻인 '드리트조 일레(dritte säule)'라고 불리는 비과세 연금 계좌가 있다. 이들 연금 계좌는 모두 정부나 기업이 지급하는 퇴직연금을 보충하는 역할을 한다.

다츠사라 だつサラ. 일본에서 직장인이 직장을 떠나 다른 일을 찾는 것은 드문 일이다. 이런 사람을 칭하는 '다츠사라'라는 신조어까지 있을 정도다. 하지만 오늘날의 국제 경제에서, 한 직장에서 평생 일하는 '샐러리맨'을 기대하기는 어렵다. 다츠사라를 직역하면 '탈 샐러리맨'이다.

유연근무제 직원들에게 9시부터 6시까지 하루 여덟 시간 근로를 강요하는 대신, 일하는 시간을 직접 정할 수 있게 하는 것. 유연근무제를 도입했더라도 특정 시간에는 다른 동료들과의 소통을 위해 꼭 출근해야 하는 회사가 많지만, 이 시간만 지키면 자유롭게 출퇴근할 수 있다.

이 가 영　　KAIST 전기 및 전자공학과를 졸업하고 서울대학교에서 경제학 석사 학위를 받았
다. 옮긴 책으로《유전자는 우리를 어디까지 결정할 수 있나》,《빅데이터 인간을 해
석하다》,《보석 천 개의 유혹》등이 있다.

세계 경제가 만만해지는 책

초판 1쇄 발행 2020년 7월 15일
초판 7쇄 발행 2023년 7월　7일

지은이 | 랜디 찰스 에핑
옮긴이 | 이가영
발행인 | 김형보
편집 | 최윤경, 강태영, 임재희, 홍민기, 김수현
마케팅 | 이연실, 이다영, 송신아
디자인 | 송은비
경영지원 | 최윤영

발행처 | 어크로스출판그룹(주)
출판신고 | 2018년 12월 20일 제2018-000339호
주소 | 서울시 마포구 양화로10길 50 마이빌딩 3층
전화 | 070-5080-4037(편집) 070-8724-5877(영업) 팩스 | 02-6085-7676
이메일 | across@acrossbook.com

한국어판 출판권 ⓒ 어크로스출판그룹(주) 2020

ISBN 979-11-90030-55-7　03320

만든 사람들
편집 | 최윤경
교정교열 | 오효순
디자인 | [★]규
일러스트 | 최광렬